passion

of the books, by the books, for the books

Passion 28

漫遊女子

大城小傳，踩踏都會空間的女性身姿

Flâneuse

Women Walk the City in Paris, New York, Tokyo, Venice and London

作者：蘿倫・艾爾金（Lauren Elkin）
譯者：許淳涵
責任編輯：張雅涵
封面設計：野生国民小学校
美術編輯：Isabelle
校對：許景理

出版者：英屬蓋曼群島商網路與書股份有限公司台灣分公司
發行：大塊文化出版股份有限公司
台北市 10550 南京東路四段 25 號 11 樓
www.locuspublishing.com
TEL：(02)8712-3898　FAX：(02)8712-3897
讀者服務專線：0800-006689
郵撥帳號：18955675　戶名：大塊文化出版股份有限公司
法律顧問：董安丹律師、顧慕堯律師

總經銷：大和書報圖書股份有限公司
地址：新北市新莊區五工五路2號
TEL：(02)8990-2588　FAX：(02)2290-1658
製版：瑞豐實業股份有限公司

初版一刷：2018 年3 月
定價：新台幣450元
ISBN：978-986-6841-99-6

Printed in Taiwan

漫遊女子

Flâneuse
Women Walk the City in Paris, New York, Tokyo, Venice and London

大城小傳，踩踏都會空間的女性身姿

蘿倫・艾爾金 Lauren Elkin　著
許淳涵　譯

獻給崔薇雅，三叉路女神

她流浪，居無定所，離鄉背井，
她逃難，被放逐，她漫步，她是遊蕩的樂手。
她有時想定下來，但好奇心、憂傷與憤慨不讓她定下來。

——黛博拉．李維，《吞下地理》
Deborah Levy, Swallowing Geography

目錄

Flâneuse
Women Walk the City in Paris, New York, Tokyo, Venice and London

HARCUTERIE
Défense d'Afficher et de faire aucun Dépôt le long de ce

楔子
Prologue

在巴黎街上，一個女人停了下來點菸。她一手抽出火柴，一手拿著火柴盒和手套。當攝影師按下快門，她修長的身影和路燈的影子相合，兩兩豎在身後的牆上。她稍縱即逝。她停了下來。她永垂不朽。

牆上的標語很醒目：禁止張貼廣告與放置任何雜物在……（Défense d'Afficher et de faire aucun Dépôt le long de ce...）相片外框將標語的其他字切掉了。禁止張貼（Défense d'Afficher），巴黎的牆壁常見這種警告。禁貼廣告，一道十九世紀末的禁令，試圖防止城市變成看板如山的廢墟。標語上方有些就著模板漆上的廣告字樣——是故意違規的嗎？還是它們先在那裡的？——字樣顯示有間肉鋪（charcuterie）可能一度在那裡，或不遠處。下方還有人草草描出一張臉的輪廓。

這是一九二九年。女人當眾吸菸的景象漸漸成了家常便飯。不過這張照片仍有著越界的元素。那天會結束，那個女人會動身，攝影師會動身，太陽也會動身，燈影尾隨在後。但對我們而言，這就是我們能看見這地方過去的全部了：一個女人背後襯著一堵牆，上有禁令與違逆針鋒相對。她正要點根菸。沒名沒姓，永垂不朽，獨一無二，她站在那裡。

我總會被這時期的城市黑白照片所震撼，尤其是女攝影師的作品：瑪麗安．布雷斯勞爾（Marianne Breslauer），拍下這張照片的人，或洛荷．阿爾邦吉佑（Laure Albin-Guillot），或伊爾瑟．賓（Ilse Bing）以及婕爾曼．庫洛（Germaine Krull）。婕爾曼是華特．班雅明（Walter Benjamin）的朋友，喜愛同他或獨自偷偷摸摸地在巴黎的長廊間徘徊拍照。這些女人不聲不響地來到巴黎（她們也許生於巴黎，或從別處來），做她們想做的事，隨心所欲。

我會獨自爲那些缺乏攝影、日記或小說記敘的時刻，在心中描繪相似的畫面。一張畫下的是喬治．桑（George Sand），她身穿男裝走過街頭，成爲人海中的一粒沙，失形於城市裡。另一張是珍．瑞絲（Jean Rhys），她書中的女性角色走經露天咖啡座，如影隨形的坐客眼光總使她們倒抽一口氣，意識到自己外來人的身分。布雷斯勞爾和其他我想得到的人的照片，點出了城市經驗核心的關鍵問題：我們究竟是個體，還是人群的一部分？我們到底想卓爾不群，還是低調融入？這可能嗎？無論性別，我們希望自己在公眾眼中是什麼樣子？我們究竟是想吸引還是逃避那些目光？當個自由自在的隱形人好嗎？要鶴立雞群還是平淡無奇？

禁止張貼。別打廣告。但她就在那裡。她張揚著自己，展現著自己。她面向城市現了身。

女子漫遊進行式
Flâneuse-ing

Flâneur 這字，這麼特別，充滿法式風情又這麼優雅，有著尖尖的 â 和舌頭捲捲的 eur，我是在哪裡第一次見到這字的？我知道那是九〇年代來巴黎念書的時候，但我想不是在書上讀到的。那學期我指定讀物念得不多。很難確切說是在何時，也就是說，在我知道 flâneur 是什麼之前，我已經成爲其中一員了，我漫步在學校附近的街頭，在巴黎的美國大學理當要出現的位置附近——左岸。

Flâneur，沒有目的漫遊者，源自法文的動詞 flâner，誕生於巴黎十九世紀前半葉由玻璃與鋼骨覆蓋的廊街（passages）。當奧斯曼開始像切割沾了灰的山羊乳酪一樣，用他敞亮的大道穿過黑暗雜亂的房舍時，漫遊者也在那裡晃蕩，見識了城市的奇觀。享有男性的特權、閒情、時間和金錢，並且不用擔起引人注目的責任，巴黎鮮少有人比漫遊者還懂巴黎，因爲他對城市暸然於足。每個角落、巷弄和階梯都能把他帶入夢境：這裡發生了什麼事？誰經過了這裡？這裡代表什麼？漫遊者和他的城市分享著心有靈犀的頻率，不點自通。

我自以爲我發明了漫遊（flânerie）。我來自美國郊區，在那裡人們開車代步，沒事走路是件怪事。在巴黎我能走好幾小時的路，但始終沒走「到」哪裡去。我只是看著城市的樣子，四下瀏覽野史的蹤跡：某座豪宅門面的彈痕、一間麵粉行牆面遺留下的油漆字跡，或一間停業報社的外牆（被某些塗鴉藝術家拿來替作品增色），或因爲修路而被翻出來的鋪石子路，好幾層好幾層，埋在現世的路面下，漸漸冒了出來。我尋找的是殘留物、質地、意外及各種不期而遇和超展開。我最富意義的城市經驗不是來自它的文學、食物或博物館，甚至不是來自我在證券交易所一帶的閣樓公寓所經歷過的傷心事，而是來自走來走去。在第六區的某處，我領悟到我想在一座城裡度過餘生，講確切些，我想在巴黎度過餘生。我覺得這個願望跟那份拔足向前，一腳越過一腳，純然而全面的自由有關。

到了巴黎，我成了蒙帕納斯大道（Boulevard Montparnasse）的常客，因爲我得往返於薩

i 第二帝國（一八五二年—一八七〇年）時期，拿破崙三世任命奧斯曼男爵（Baron Georges-Eugène Haussmann，一八〇九—一八九一）為塞納省長（préfet de la Seine），執行大規模的都市更新計畫，又稱為奧斯曼工程（travaux haussmanniens）。該工程形塑了巴黎都市規畫的今貌。

克斯大街（avenue de Saxe）的住處和薛佛斯路（rue de Chevreuse）上的學校。路上餐廳的店名教了我一些課本不會教的法文。薩祖（Les Zazous，指的是四〇年代的爵士潮男，身穿格子獵裝、頭抹髮油）。西南公司（Sud-Ouest & Cie）教了我法文「公司」的縮寫。[ii]從一間叫Pomme de pain 的麵包店，我學會了毬果的法文，pomme de pin，雖然我搞不懂這個諧音有什麼可取之處。[iii]每天上學的路上，我會在一間叫公爵夫人安妮（Duchesse Anne）的扭結麵包店買杯柳橙汁喝。我會尋思她是誰，她和扭結麵包有什麼關係。我曾推敲過法國人亂七八糟的美國地理觀，是如何給一間美墨式餐廳安出「印第安那咖啡館」的名字。[iv]我經過所有大道上出名的咖啡館：圓亭咖啡、菁英咖啡、圓頂咖啡和圓拱咖啡。[v]它們灌溉著一代代旅居巴黎的美國作家，他們的鬼魂佝僂在遮陽棚下，對二十世紀發展出的眞貌不帶好感。我穿過瓦芳路（rue Vavin）與同名的咖啡館，所有酷酷的高中生放學都會去那裡：他們是群拖著過長衣袖、足蹬Converse 帆布鞋、自恃不凡的吸菸者，男孩蓄著黑捲髮，女孩不化妝。

不久後，我膽子就大了。我遁入盧森堡公園往四周輻散的小巷裡，離學校腳程不出幾分鐘。我走近當時正在整修的聖敘爾畢斯（Saint-Sulpice）教堂，它像聖雅各塔（Tour Saint-Jacques）一樣，也整修好幾十年了。沒有人知道塔外的鷹架到底什麼時候才會撤掉。我會坐在聖敘爾畢斯廣場畔的區政廳咖啡館（Café de la Mairie），看世界在我面前熙來攘往——我見過最瘦巴巴的女人們，身穿在紐約會有點遜，但在巴黎自領風騷的亞麻衣，修女兩、三人，還有任由她們家小男孩在樹邊小便的雅痞媽媽。我寫下見到的所有事物，不知道早在一九七四年的某個星期，法國作家喬治·培瑞克（Georges Perec）也曾在同一座廣場上的同一間咖啡館做同樣的事，一樣看世界來來去去——寫計程車、公車、啖點心的人、風吹過的方式——用意無非是要引人發覺日常裡不經意的美麗，那些他稱爲「日常之下」（infraordinary）的東西——風平浪靜裡的波瀾。那時我還不知道，後來成爲我最愛的書之一的那本小說《夜林》（*Nightwood*），背景也是設在那間咖啡館和樓上旅店裡。巴黎開始蘊含並散發所有對我而言意義非凡、知性上與私人生活的參考點。我們才相見不久。

主修英文的我本來想去倫敦，但幸好出了些技術問題，我到了巴黎。一個月內，我就像被什麼攫住一樣，巴黎的街道就是有辦法讓我在半路上停下來，留步屏息。那裡充滿著一股存在

---

ii & Cie是法文Compagnie的縮寫，意同英文& Co.。

iii Pomme de pain是法國連鎖三明治店，直譯是「麵包的蘋果」。法文pain（麵包）與pin（松樹）諧音。

iv 美墨式料理（Tex-Mex）為綜合墨西哥與美國特色的料理，盛行於德州等美國南方地區，但印第安那州位於美國中西部偏北。

v 咖啡館原名依序為La Rotonde、Le Sélect、Le Dôme、La Coupole。除Le Sélect以外，其他三間咖啡館店名，皆指的是建築結構中相似或相關聯的構造，常在中譯時被譯作「圓頂」。

感，就算只有我獨自一人。有些什麼在那裡呼之欲出，或已然發生，或兩者皆有；在家裡或紐約我從不會有這種感覺，那兩地的生活以未來式運行。在巴黎，我會待在外頭，想像一則則故事在街頭上演。在那六個月裡，巴黎的街頭從家裡與各種目的地之間的中介，轉變成我所熱衷的標的。哪裡看起來有趣，我就往哪裡去——一面衰敗的牆、繽紛的櫥窗或街尾煞有其事的什麼，哪怕走去一看只是通向另一條街的轉角。任何東西，凡是突然浮現的細節，都能吸引我靠近。每個轉折都昭示著，那天是我的，我不需要去我不想去的地方。我對負責任驚人的免疫，因爲我對感興趣的事情之外的世界毫無企圖。

我記得我會搭兩站地鐵，因爲我並不知道各個地方其實靠得多近，巴黎多適合走路。走路給了我空間感，摸清地方和地方間的關係。有時我會走個五哩路，甚至更多，帶著腳痠和一、兩則故事回家講給室友聽。我見到在紐約沒看過的事物。乞丐（他們告訴我那都是羅姆人vi）長跪街頭，低頭執著字牌討錢，有些帶著孩子，有些帶著狗。無家可歸的人住在帳棚裡、樓梯間、拱廊下。巴黎每個曲角都有相應的悲慘故事。我卸下了我紐約客的漠然，給了我能給的。學會看見就表示再也無法撇過眼；走在巴黎的街上，好比走在命運的繩線上，一條條將我們彼此分開。

然後，好巧不巧，我得知這般走來走去、深深感受，時時刻刻把所見所感塗在我從聖米歇爾廣場畔的年輕吉爾貝書店[vii]買來的鬆散筆記本上，這樣的事是有個字來稱呼的——那些我下意識做的事，過去已所在多有，做到造出了個字：我是個漫遊者（flâneur）。

噢，不過，作爲一個認真學法文的好學生，我把這個陽性名詞轉成了陰性——我是個漫遊女子（flâneuse）。

*

【Flâneuse】〔音〕弗蘭訥絲，法文名詞，陰性；衍生自【flâneur】〔音〕弗蘭訥，遊手好閒之人，散漫的觀察者，常見於城裡。

這是個虛構的定義，許多法文字典裡甚至沒這個字。一九〇五年的《利特雷字典》（*Le Littré*）採納了「flâneur, -euse. 閒蕩之人」。但信不信由你，《活用法語字典》（*Dictionnaire Vivant de la Langue Française*）的解釋說這是某種沙發躺椅。

是在開玩笑嗎？一個女人閒著沒事去獵奇探勝，做的事就是躺下來嗎？

---

vi 羅姆人（Roma）常被稱作「吉普賽人（Gypsy）」，不過「吉普賽人」一詞常暗指該族群與犯罪、脫序行為連結，因而被視為貶義詞。

vii 年輕吉爾貝書店（Gilbert Jeune），法國連鎖書店，在巴黎聖米歇爾廣場（Place Saint Michel）有醒目的分店群。

一八四〇年左右，人們開始用這個字（當然是俚語），一九二〇年代使用率竄升到高峰，一直到今天，用Google圖片搜尋「flâneuse」，會跳出喬治・桑的畫像、坐在巴黎長椅上的年輕女子圖片，還有一些擺在室外的家具。

*

在紐約，大學要畢業那年，我修了堂叫做「群眾之人・街頭的女人」的專題研討課。吸引我的是標題的後半段，因爲我想要爲我怪異的新嗜好建立一個族譜脈絡，或姐妹會。我喜歡flâneur概念中與責任脫節的元素，但我還想知道一個女人如何在城市空間中找到一席之地。

開始準備關於左拉（Émile Zola）的《娜娜》（*Nana*）和德萊塞（Theodore Dreiser）《嘉莉妹妹》（*Sister Carie*）的畢業論文時，我很訝異地發現許多學者並不認同女性漫遊者這個概念。「不需要發明『漫遊女子』這樣的詞，」在一篇常被引用的文章裡，珍妮特・沃爾夫（Janet Wolff）寫道：「在十九世紀的性別界限裡這個角色不可能存在。」[1] 偉大的女性主義藝術史家葛麗瑟達・帕洛克（Griselda Pollock）也持相同意見：「漫遊者這個無比重要的男性角色，沒有對應的女性角色；漫遊女子不存在，也不可能存在。」[2]「城市觀察者〔……〕被視爲一個專屬男性的角色，」黛博拉・帕森（Deborah Parsons）這樣寫道：「漫遊（flânerie）的機會和活動顯然專屬於有一定經濟能力的男性庶民，因此『現代生活的藝術家』必須是中產階級男性。」[3]在《漫遊癖：步行的歷史》（*Wanderlust: A History of Walking*）裡，雷貝嘉・索爾尼（Rebecca Solnit）從她那些「步行的哲學家、漫遊者或登山客」岔題，問道：「爲什麼女人沒有也在街上漫遊？」[4]

根據那些評論家，街上的女人這個形象，多半是街頭妓女。我再讀了些資料，然後對漫遊女子作爲妓女這個觀念，提出了兩點質疑：一、街上分明有不是賣身的女人。二、漫遊者的自由不是四處狩獵目標的流鶯所能比擬的——妓女不能在城市各處自由出沒。妓女的行動受到重重規範，十九世紀中葉，有各式各樣的嚴格法條規定她得以在何時何地接客、該怎麼穿，她必須在市政府註冊，並且定時拜訪衛生警察。這不是自由。

要一探十九世紀街景爲何，男性視角是現有最方便的資料來源，但他們自有一套觀看的方式。男性的見證無法被當作客觀事實，他們特別注意某些東西，然後逕自臆測補白。波特萊爾神秘而魅惑的女過客，因〈致一個女過客〉（To a (Female) Passer-by）一詩而不朽，人多當她是個風塵女子，但對詩人而言她甚至不是一個現實世界中的女人，而是他的幻想成眞：

街道在我四周震耳欲聾地吼著
窈窕，纖瘦，服喪，莊嚴的哀愁
有個女人走過——伸出了隻奢華的手
撩擺她綴花的裙褶，

捷巧高貴，露出來的腿宛如雕像。
我像瘋了般顫動
在她眼中，黛青如暴風前的曇空
飲下誘人的甜美和奪命的歡暢。[5]

波特萊爾根本沒能看清她，她走太快了（但出於某些原因她也有像雕像的地方）。他不打算思考一下她眞正的身分爲何、從哪裡來、要往哪裡去。他眼中的她守護著謎團，有著下咒和下毒的法力。

漫遊女子在城市行走的歷史中難以被採信，這固然和女性在十九世紀的社會狀態有關，而人們對漫遊者的觀念也在那時鞏固成形。漫遊者（flâneur）最早在一五八五年被提及，有可能借用自斯堪地那維亞語的名詞flana，「漫遊的人」。漫遊的「人」——未必是男的。這個字並未廣爲流傳，直到十九世紀，它被賦予了性別。一八〇六年，漫遊者以「好好先生」（M. Bonhomme）的形式出現。好好先生是城裡的時尚玩家，有錢到有閒能隨意四處蹓躂，泡咖啡館，觀看城裡的芸芸眾生工作、休閒。他在意八卦風尚，但不特別在意女性。一八二九年有部字典定義漫遊者爲「喜歡什麼也不做的男人」，以閒晃爲樂。巴爾札克（Honoré de Balzac）的漫遊者有兩種：一種是普通漫遊者，另一種是藝術家漫遊者。普通漫遊者喜歡在街上漫無目的地晃，藝術家漫遊者則將他的城市經驗傾注進作品之中。後者是情況比較慘的漫遊者。巴爾札克在他一八三七年的小說《皮羅多興衰記》（*César Birotteau*）寫道：「他既是個絕望狂徒也是個閒人。」

波特萊爾的漫遊者是個「在人群中尋覓庇護」的藝術家，以詩人最喜歡的畫家康士坦丁．基（Constantin Guys）爲原型，一個在城裡晃蕩的人，要不是波特萊爾衝高了他的名氣，他可能已名不見經傳。愛倫．坡（Edgar Allen Poe）的短篇故事〈人群中的人〉（The Man in the Crowd）則提出了另一個問題：漫遊者是跟隨者，還是被跟隨的人？他是先融入再巧妙規避，或先退一步接著寫下他的見聞？法文的「我是」和「我跟隨」是一樣的：je suis[viii]。安德烈．布勒東（André Breton）在《娜賈》（*Nadja*）中寫道：「告訴我你一天到晚跟著誰，我就能告訴你你是誰。」[ix]就算是對男性漫遊者而言，漫遊也無法確保自由和閒暇。福樓拜（Gustave Flaubert）版本的漫遊反映了他自身面對社會感受到的窘迫不安。[6]漫遊者在十九世紀初還被與警察相提並論。一個待過魁北克的朋友甚至說，「漫遊者」在那指的是種騙子。

身兼監視與被監視的角色，漫遊者是個掩人耳目但實則空空如也的載體，一塊空白的畫布，任由不同時代投射自身的欲望與焦慮。他在我們需要的時候以我們期待的樣子出現。[7]漫遊者的觀念內建有許多衝突，雖然我們未必會在討論他的時候意識到衝突。我們自以爲清楚我們想表達什麼，其實不然。

關於漫遊女子也是。當然，女人可以出入什麼空間、禁止進入何種地方，是重要的問題。一八八八年，艾米．李維（Amy Levy）寫道：「聖詹姆士街上的漫遊女子，跑趴女，口袋裝著大門鑰匙，鼻梁掛著眼鏡，是想像力產出的奇幻生物。」[8]好吧，但城市裡肯定有很多女人，很多書寫城市的女人，誌記生活、說故事、照相、拍片，以任何形式和城市互動——包括李維她自己。在城市行走的快樂同屬男人和女人。認爲女版漫遊者無法存在，是用男性與城市互動的模式限縮女性與城市互動的方式。我們大可談論社會習俗與規範，但我們無法抹煞女人存在的事實。我們必須試著去暸解，行走於城市裡對她們有什麼意義。答案並不是要女人削足適履去適用男性的概念，而是重新定義概念本身。

回溯到過去，我們會發現始終有個漫遊女子和波特萊爾擦肩而過。

*

讀讀十九世紀女人的自白，我們會發現中產階級的女人拋頭露面，是個會牽動美德和名聲的危險賭注——走出去，賭的是丟臉與否。[9]上流社會的女人會乘敞篷馬車在布洛涅森林（Bois de Boulogne）露臉，或有教母隨侍去公園散步（封閉馬車裡的女子反而容易令人起疑，就像《包法利夫人》〔*Madame Bovary*〕裡出名的馬車場景一樣）。一個年輕獨立的十九世紀女人要冒上的風險，清楚寫在瑪麗·貝敘契夫（Marie Bashkirtseff）的八冊日記中（經摘要後出了英文版，被安上一個不可思議的標題：《我是世上最有趣的書》〔*I Am the Most Interesting Book of*

viii 「Je」是法文第一人稱單數代名詞，意指「我」，「是」的動詞原型為「être」，「跟隨」的原型為「suivre」，兩個動詞隨人稱變位後，第一人稱單數的型態皆為「suis」。

ix 此句為法文諺語，「Dis-moi qui tu hantes, je te dirais qui tu es.（告訴我你一天到晚找誰，我就能告訴你你是誰。）」，意近「近朱者赤，近墨者黑」。布勒東小說將諺語變成了一項雙關：「我是誰／我在跟著誰？如果我破例提起那句諺語，那這一切不也關係著我究竟『尾隨』了誰嗎？（Qui suis-je? Si par exception je m'en rapportais à un adage: en effet pourquoi tout ne reviendrait-il pas à savoir qui je "hante"?）」動詞 hanter 除了有常常造訪某人，也有像出沒的鬼一樣跟隨某人的意思。詳見 André Breton, *Nadja*, Paris: Gallimard, 1964, p. 11。

All〕）。日記記載了一個被過度保護的俄羅斯貴族女孩，搖身一變為成功藝術家的歷程，記錄她如何在決定認真習畫的短短兩年半之內，一舉在巴黎的沙龍展出作品，直到罹患肺結核過世，享年二十五歲。一八七九年一月，她寫道：

> 我渴望獨自出門的自由：去去杜樂麗花園，坐坐花園裡的長椅，尤其要去盧森堡公園，還要看看精心裝飾的商店櫥窗，進進教堂和博物館，晚上在老街蹓躂。這就是我想做的。沒這些自由，當不成出色的藝術家。[10]

瑪麗能失去的東西相對稀少，她知道她註定來日不長——那何不獨自去走走呢？她懷著自己會好起來的希望，直到過世前一個月。她準備要欣然使家裡蒙羞，卻還是內化了原生文化對於良家女孩獨自外出的禁制。內化程度之深，到她光是想要獨自外出，便已感到自責。日記中的她覺得就算抗拒了社會規範，她的「自由仍只有一半，因為在外晃悠的女人是不智的。」

背後有一隊人馬護駕，她仍出沒了巴黎貧民窟數天。筆記本在手，她畫下所見的景象，以及之後會成為數幅畫作的習作，包括一八八四年的《聚會》（*A Meeting*），現存於巴黎的奧塞美術館，畫的是一群街頭頑童的聚會。其中一個孩子正把手中的鳥巢現給同伴看，他們帶著小男孩的好奇湊攏著看，又想以漫不在乎掩飾關注。

她找到把自己包括在街景中的方式。男孩圈的右邊轉個彎是另一條街，背景中有個女孩拖著根辮子，自顧自走開了，看起來是獨身一人——雖然不是百分之百肯定，因爲畫到那邊就沒了，我們甚至看不見她的右手臂。這對我而言是全畫的精髓：瑪麗的簽名在小女孩下方，畫中右下角。若說瑪麗把自己畫進了街景，成了一個逕自走開的小女孩，應該不算過度解讀。男生便由他們去吧！

*

有些反對漫遊女子的論述探討的是可見度的問題——「漫遊者實際的活動必須是隱形的」，路克．桑特（Luc Sante）這麼寫道，他認爲漫遊者應該是男性而非女性，並爲自己對漫遊者的性別設定辯護。[11]這句話既不公平，卻又殘酷地一語中的。如果可以像男性一樣掩人耳目，我們何樂而不爲？並不是我們讓自己這樣醒目的——如果「醒目」指的是以桑特話中的意思來談被看見與隱形，來談一個女人隻身出現在公眾場所會引起的一番波瀾——是漫遊者觀看的目光讓想加入漫遊行列的女人顯得太突兀，以至於無法掩人耳目。但如果我們就是這麼突兀，爲什麼我們沒有被寫進城市的歷史之中呢？只有我們能以我們接受的方式，將自己畫回那片風景裡。

雖然同屬瑪麗·貝敘契夫之流的女人直到十九世紀末前，多自居家庭之內，但中下階層的女人有不少理由走出門外——店員、慈善志工、女僕、裁縫師，任何一種行業，她們大可出門遊樂和工作。而這些外出的活動可不只有功能或職業上的性質。大衛·蓋利歐（David Garrioch）在一部描述十八世紀勞工階層女性生活的研究裡，指出巴黎街道在某種程度上屬於女人。她們經營巴黎市場大多數的攤位，就算不外出工作，也會到街上坐在一塊兒，形成珍·雅各（Jane Jacobs）兩百年後稱作「街上的眼睛」的景象：她們「時時留意街上發生的大小事，往往是介入紛爭的第一線，分開鬥毆的男子。她們對路人衣著舉止的品頭論足，本身就是一種社會控制。」[12]她們比社區裡的任何人都清楚新聞掌故。

十九世紀後期，在諸如倫敦、巴黎和紐約的城市裡，所有階層的女人都能使用公共空間了。一八五、六〇年間，隨著百貨公司的興起，女人出現在公共空間的畫面變得不足爲奇。到一八七〇年代，倫敦已開始出現介紹「在倫敦城裡購物一日後，女士無需男伴作陪便可輕鬆用餐的地方」的旅遊書。[13]詹姆士·提索（James Tissot）一八八〇年代所作的《巴黎女人十五相》（*Fifteen Portraits of the Parisienne*），畫的就是女人在巴黎進行各式各樣的活動——從（有嬤嬤陪著）坐在公園裡，和丈夫參加藝術家午餐會（套著馬甲、女像柱〔caryatid〕一般僵立在背景裡），到在賽馬場裡駕車，穿得像羅馬戰士一樣，頭上戴個自由女神風的仙冠。提索一八八五年畫的《店小妹》（*The Shop Girl*）向觀眾大開門戶。畫中的主角店小妹身材瘦高，一襲低調黑衣，與我們攬門相對，歡迎光臨或銘謝惠顧。桌上有堆凌亂的絲綢，地上滾著條緞帶。畫作將公共空間的女人與市井裡毫無遮攔的商業主義結合在一起，但又暗示著鬆綁的規範以及靜淌的款曲——以一截墜落的緞帶，滾向更私密的空間去。

一八九〇年代開始出現騎腳踏車四處蹓躂的新女性（the New Woman），還有透過在公司行號工作獲得獨立的女孩。隨著二十世紀初電影和其他娛樂的普及，加上第一次世界大戰期間女性湧入職場，填補人力空缺，確立了大街小巷中女人的在場活動。但這也全仰仗著半公共空間的出現，包括咖啡館和茶樓，還有最私密的公共空間——女廁，使女人得不受干擾地獨處其中。[14]與都會女性獨立息息相關的，還有提供單身女子棲身之所的寄宿公寓，兼具清譽和實惠，一次滿足這些條件的住處往往是很難覓得的。瑞絲的小說裡，多的是名聲遊走於好壞界線之間的女子。她們的住處破落窮僻，但那兒的道德規範時常與破敗程度成正比。地方越差，包租婆管得越嚴。瑞絲筆下棲身破屋的都會單身女郎，和房東的關係永遠劍拔弩張。

*

一座城市給地標取什麼名字——尤其是路名，反映了城市秉持的價值，與時變換。爲了要將公共空間世俗化（以及表面上的「民主化」），歐洲城市中以女聖人、女貴族或神話人物命名的道路，到了現代便換冠世俗、民主的英雄名字——清一色是男的，有知識分子、科學家或革命家的名字。[15]這個公平心態可能忽視了文化階層中，那些缺乏文化與性別資本好在科層中爬升的族群，大行其道之際把女人劃入舊制，歸爲「私領域、傳統和反現代」的一類。[16]

她們出現時——這並不多見，在愛丁堡，狗的雕像數目是女人雕像的兩倍——往往被理想化或充當裝飾，化爲石雕上的託寓[x]或奴隸。巴黎協和廣場上的方尖塔，是國王路易十六被送上斷頭臺的所在（加上皇后、夏洛特・柯戴〔Charlotte Corday〕、丹頓〔Georges Danton〕、奧蘭普・德古日〔Olympe de Gouges〕、羅伯斯比爾〔Robespierre〕和卡米爾・德幕蘭〔Camille Desmoulins〕，還有數以千計名字被歷史忘記的人都亡命於此）。廣場周圍羅列著代表法國各座城市的女子雕像。詹姆士・布拉迪爾（James Pradier）爲史特拉斯堡所雕的女人像，模特兒有一說是維克多・雨果的情婦茱麗葉・杜威（Juliette Drouet），或福樓拜的情婦露易絲・柯列（Louise Colet）。[17]那座雕像在我眼裡，象徵的不只是史特拉斯堡，也象徵所有偉大作家、藝術家的情婦。她們也寫作，也畫畫，但大多走不出情人的影子。她們光天化日之下坐在巴黎的中心，抽象化成德法爭奪的一座城市。[18]

一九一六年，維吉尼亞・吳爾芙（Virginia Woolf）爲《泰晤士文學副刊》（*Times Literary Supplement*）評了愛德華・維洛・盧卡斯（Edward Verall Lucas）的《重訪倫敦》（*London Revisited*）。盧卡斯書中今昔的倫敦包含了一系列城市的地標，但他特意省略了一項。吳爾芙便問道：「爲什麼書裡沒提到面對芳德霖醫院（Foundling Hospital）大門的持甕女子？」[19]在柯藍遊樂園（Coram's Fields）對面一座安全島上，她和一口甕靜靜蹲在那裡，上頭有個看起來是現代的飲水器。[20]雕刻家是誰，沒有人知道。女子身裹某種羅馬長袍或束腰罩衫，捲髮及肩，有時候人們管她叫「提水女子」，或叫「薩馬利亞女子」，典故出自在井邊和耶穌說過話，認出他是個先知的女人。

走過任何一座大城的街道，認眞點看，你就會發現有另一種一動也不動的女人。一九八○年代，法國導演阿涅斯・華達[xi]製作過一部短片，名爲《所謂的女像柱》（*Les dites-cariatides*）。片中她與鏡頭一邊在巴黎漫遊，一邊找尋女像柱，這建築裡的奇景。女像柱是雕

---

x 託寓（allegories），以擬人方式表達抽象概念的藝術呈現手法。

xi 阿涅斯・華達（Agnès Varda，一九二八年——）又按阿涅斯一名的暱稱Anne譯作「安妮・華達」，比利時導演。

成女人樣子的載重石柱，支持著城中偉大的建築物。這些女像柱在巴黎比比皆是。它們成雙出現，或成四，有時還更大群，看建築物有多大的排場。有時石柱的人像是男的，名字叫亞特蘭特斯（atlantes），源自亞特拉斯（Atlas），神話中支撐世界的角色。華達發現，男像柱看起來魁梧有力、肌肉賁張，而女像柱則纖柔敏捷，姿態優雅不費力——如果建築物對它們而言太重了，光用看的是不會發現的。

話說回來，我們鮮少瞧過它們。華達的片尾將畫面停在第三區一座巨大的女像柱上，石柱有三層樓高，下臨繁忙的杜比果路（rue Turbigo）。她問附近的人們對那尊女石像有什麼看法。他們根本沒注意到它在那裡。作家羅伯特·穆齊爾（Robert Musil）曾說過，地標天生能掩人耳目。「沒錯，樹立它們的目的是要被看見，」他寫道：「甚至引人注目，但同時它們被賦予某種能脫離注意的能力。」不過，我們或多或少還是有意識到它們的。瑪麗娜·華納（Marina Warner）在《地標與少女》（*Monuments & Maidens*）中曾說，如果有人把波旁宮廣場（Place du Palais-Bourbon）上的法律像（將法律以女子形象化）給移走，就算不知道到底不見了什麼，我們仍會發覺有東西不見了。我們對環境習以爲常的程度超乎自身所覺察。

*

至今，就算我們傾向認爲漫遊女子多少能在城市中恣意活動，她仍致力被看見。

波特萊爾式的漫遊，至今發展出了一種當紅的版本，政治性更高，形式則來自漂移（dérive）。二十世紀中有群激進的詩人和藝術家，自稱爲情境主義者（Situationists），並發明了「心理地理學」（psychogeography）的概念。在心理空間中，漫步變成了漂移，抽離的觀察轉成了對戰後都市發展的批判。都市的探索者藉由漂移來標記城市中承載各種情感的疆域，並瞭解建築如何與地誌學（topography）結合，勾勒出「心理空間的輪廓。」[21]羅伯特·麥克法倫（Robert Macfarlane）是鄉間出色的行走作家（writer-walker），對心理空間地誌學的實踐有番見解：「攤開倫敦街道圖，在上頭任一處朝下放個玻璃杯，沿著杯口畫出一個圓。帶著地圖出門去，沿著那個圓走，試著不要偏離圓弧，並記下這段經驗，媒材不拘——影像、攝影、文字或錄音。捕捉一路上所見的文字，塗鴉、垃圾上的商標，對話中的斷簡殘篇。尋找符號，記下資訊流。對譬喻浮現的巧合保持警覺，注意視覺上的重複意象、巧合、比方、親緣上的雷同，和變換於一條條街的氛圍。」[22]心理地理是麥克法倫那代的人要不擁抱（有時帶點反諷），要不就排斥的詞彙。威爾·瑟夫（Will Self）便用這詞來爲他的文集命名；伊恩·辛克萊（Iain Sinclair）對之抱持懷疑，因爲它被歪曲成了「某種糟糕的品牌」。伊恩偏好將心理地理學視爲「具深度的地誌學」，這詞來自瑟夫的好友尼克·帕琶迪米特里烏（Nich Papadimitriou）。

帕琶迪米特里烏倡議要以行走「仔細研析」一個特定的環境。

愛怎麼叫便怎麼叫吧！這些情境主義者二十世紀晚期的傳人也承繼了波特萊爾對過街女人的狹隘觀點。瑟夫曾表明——帶著些可惜的語氣——心理地理學是項男性的研究，肯定了在城市作爲行走者是男性的特權。[23]瑟夫甚至宣稱心理地理學者儼然結成某種兄弟會：「身穿Gore-Tex外套的中年男子，手持相機筆記本，靴履城郊火車站月臺，在苔綠盎然的公園裡向茶水亭的掌櫃伸出空的保溫杯討茶，並詢問郊區巴士的時刻表〔……〕因爲攝護腺肥大的緣故，得踩過碎玻璃，在邊城一處廢棄酒廠後頭方便。」

眞的，他和路易・胡華（Louis Huart）在一八四一年定義漫遊者時，根本相去不遠：「一旦要成立個漫遊者的俱樂部〔……〕好手好腳、耳聰目明〔……〕是任何一個夠格加入的法國男人都需要具備的生理要件。」[24]那些城市的偉大作家，偉大的心理地理學者，你會在週末的《觀察家報》（*Observer*）上讀到那些人的文章——都是男的。同時你也會發現他們在文章裡談論著彼此的作品，製造出一系列具象化（reified）、屬於男性行走作家的經典文獻。[25]好像陰莖和手杖一樣，是走路必備的配件。

輕輕掃過《野蠻彌賽亞》（*Savage Messiah*），就能發現事實並非如此，這是本心理地理學的同好誌，由平面藝術家蘿拉・歐德菲・福特（Laura Oldfield Ford）所繪。福特足跡遍布倫敦從「市中心」到郊區的裡裡外外。她的素描呈現一個被巴拉德式[xii]郊區環繞的首都，無主屋、臨時屋的方塊磊在那裡，它停泊在一汪垃圾海、拒絕與憤怒的中央。就連吳爾芙（不列顛最彬彬有禮的現代主義者，也是男作家強化男子氣概時最愛批評的標靶）也喜歡在倫敦破敗的地方徘徊。一九三九年的某天，她行至南華克橋（Southwark Bridge）一帶，她看見了「一道階梯往河裡下去——我往下走——階梯尾有一截繩子——倉庫下緣就是泰晤士河濱——石繩凌亂，一片狼藉……滑得很；屋牆脫了皮，長了草，舊了……不好走。有隻老鼠，河濱地方嘛，大條鍊子，木造柱子，黏答答的綠東西，破磚，一根潮水沖上岸來的鉤子。」[26]

如果我們不需要區分性別——男行人、女行人、漫遊者和漫遊女子——那該有多好，甚至多理想。但關於行走的敘事一而再再而三地撇除了女人的經驗。[27]辛克萊曾表示在他所景仰的深度地誌學作品中，行走者成了一個十分不列顛的角色，一個自然主義者。[28]這般和世界產生互動的方式，並不太令我感興趣。我喜歡構築出來的環境，我喜歡城市，而非它們的邊際，那些城市成為非城的地方。就是城市，城中心，那些層次繁複的街區、城區和角落。而當女人走

xii 巴拉德式（Ballardian）一詞源自英國作家詹姆・葛蘭・巴拉德（James Graham Ballard，一九三〇—二〇〇九）。《柯林斯英語字典》（*Collins English Dictionary*）將「巴拉德式」定義為：「類似或暗示巴拉德小說與故事中呈現的特質，尤其是反烏托邦的現代性、荒涼的人造風景，以及科技、社會、環境發展所帶來的心理效應。」

進城市的核心，走在她們原先沒預料到的地方，她們便藉此在市中心得到了力量。走在別人（男人）行走的地方，而不引起品頭論足——十足的越界行爲。若你是個女人，要反叛的話，你不需要穿著 Gore-Tex 外套晃來晃去。走出門即可。

*

那些女子漫遊的初次實驗後過了近二十年，我仍住在巴黎、行走於巴黎。期間我走過紐約、威尼斯、東京與倫敦，爲了工作或愛情，我待過那些地方。這般走著是個難改的習慣。爲什麼走路呢？因爲我喜歡。我喜歡走路的節奏，我的影子在人行道上，始終超前我這麼一點。我喜歡想停下來就停下來，靠近一棟房子，在札記裡寫下些東西，或讀封電郵、寄則簡訊——讓世界在我做這些事之際，停下來。行走矛盾地，容許了靜止的可能。

走路是用腳畫地圖，幫你把整座城市織就成一塊——連結原本會是個別實體的區域，那些相繫相連但遙遙相隔的個別星體。我樂見實際上它們如何互相混合，也喜歡發覺它們之間的界線。走路讓我有賓至如歸的感覺，發現漫步使我和城市越來越熟，帶來一種小小的喜悅，我穿梭於城市不同的區域，有些我挺熟的，有些我有好一陣子沒見到了，就像與派對上遇過的人重逢一樣。

有事在心上的時候，我也會走走路。走路幫助我爬梳那些事情，讓它們迎步而解，像他們說的。[xiii]

我走路，因爲走路帶來——或重拾——在地的感覺。地理學家段義孚（Yi-Fu Tuan）說：一個空間之所以成爲地方，是當我們想體察、瞭解和經歷它的時候，透過發生其中的活動賦予空間意義。[29]

我走路，因爲它有點像閱讀。你知悉那些與你無關的生命和對話，你可以竊聽它們。有時候太壅塞了，有時候那些聲音太大聲了。但陪伴的感覺一直都在，你不是一個人。與活人亡者並肩，你在城裡走著。

*

一旦我開始找尋漫遊女子，各處都是她的蹤跡。我找到了她，站在紐約的街角，穿過京都的門廊，在巴黎的咖啡桌啜咖啡，在威尼斯橋頭，或搭著香港的渡輪。她正往某處去，或

xiii 原文引拉丁文諺語「Solvitur ambulando」，意即「走一走，此事便能迎刃而解」。

正從某方來，滿是兩地之間的風塵僕僕。她也許是個作家或藝術家，是個秘書或互惠生[xiv]。她也有可能失業了，或雇不得。她或許是個人妻，或當了媽媽，或自由自在。她累了，也許會搭個公車或地鐵。但大多數時候，她走路。漫步街道使她熟悉城市，探索晦暗的角落，望向門面的背後，鑽進秘密的中庭。我發現她把城市當作表演的空間，或藏身之處——當作追名逐利或隱姓埋名的地方。城市讓她從壓迫中解放出來，或去幫助受迫的人；讓她去宣布獨立；讓她去改變世界或被世界改變。

我發現她們之間有許多關聯。這些女人互相閱讀和互相學習，她們的互讀向外開枝散葉，直到延展成一脈抗拒分類的網絡。我在此記下的人物證明了漫遊女子不只是女的漫遊者，而是個有自我認知和啓發的角色。[30]她出外遊歷，走到她不應該去的地方，迫使我們去面對家和歸屬這類的字眼如何囿限了女人。她是個心意已決的能幹個體，深深熟知城市的創造潛能，以及一趟美好的散步帶來的解放可能。

只要我們撇開那些爲我們設好的路線，踏離爲我們劃清的疆域，漫遊女子就在那裡。

xiv 互惠生（au pair）源出法文，意為同等，指在一個家庭打工換宿的外國人，工作內容通常有托兒、雜務、語言交換或家教。

從桑肯草坪公園北面五十三號出來，出口ＳＭ３Ｅ，正對友客餐館，走北大門。i

你眞的得開車。

長島．紐約
Long Island．New York

紐約是我的第一個城市。

小時候，爸媽偶爾會從長島家裡開一個小時的車到曼哈頓去，帶我和我妹妹去戲院，或上博物館。那時的紐約由郭德華[ii]執政，讓有些長島人帶孩子去紐約時不太舒服。我父母都來自紐約的外行政區[iii]——布朗克斯和皇后區——而且他們有意讓我們在城外長大，在長島北岸[iv]的安靜郊區。他們屬於那群大量出走的中產階級。郊區無論如何都和他們的個性比較合：我媽媽不喜歡和鄰居擠在一起；我爸爸喜歡船和船塢。長島兩者兼備，有許多船和船塢，屋牆另一側和樓上樓下都沒有別人。

開車進城裡時，我爸媽會上緊發條戒備起來。開出中城隧道（Midtown Tunnel）之際，車門一聲悶響自動上了鎖。「別和別人對上眼，」我媽媽會在時代廣場對我們這麼說。那是八〇年代，朱利安尼[v]展開的大型公衛計畫還要等到十年之後；時代廣場還髒兮兮的，滿是脫衣舞俱樂部和毒蟲，還有長鬍子宗教狂熱分子，拿著大聲公叫囂：燒啊！你們都在燃——燒——但如果你問我，我會說今天還比較可怕，照相的觀光客你推我擠，不時冒出變裝成藍色小精靈和忍者龜的小伙子。

要上大學的時候，我不被准許申請城裡的大學。我去了州北念音樂劇場，那裡離加拿大邊境不遠，一股股冷風從安大略湖的另一端送來，上課要踏過兩呎深的雪。爸媽來看我時，坐在一堂表演課裡，看學費付到哪裡去——我們用默劇的方式來回拋接傳遞一顆網球。一年後，我認清自己不是混演藝圈的料，轉去哥倫比亞大學念英美文學。我爸媽感到十分幸運，再也沒對

i 地名原文依序為：桑肯草坪公園（Sunken Meadow）、友客餐館（Friendly's）。

ii 郭德華（Edward Koch，一九二四—二〇一三），美籍猶太人、民主黨員，一九七八年至一九八九年擔任紐約市長。

iii 紐約有五大行政區：曼哈頓（Manhattan）、布朗克斯（the Bronx）、皇后（Queens）、布魯克林（Brooklyn）、史坦登島（Staten Island）。曼哈頓區面積最小，人口密度最高，聚集了許多紐約著名地標，是經濟、文化中心；紐約當地人稱之為「城裡（the City）」。曼哈頓之外的四區，則統稱為「外行政區（the Outer Boroughs）」。

iv 長島北岸（North Shore of Long Island），美國紐約州長島北部長島海灣（Long Island Sound）沿岸的富裕地區，以奢華莊園聞名，有「黃金海岸（the Gold Coast）」之稱。

v 魯迪・朱利安尼（Rudolph Giuliani），律師、美國共和黨政治人物，一九九四年至二〇〇一年擔任紐約市長。

學校地址說一句話，反正那裡就在哈林南邊。從此之後我就一直住在城市裡了。

人群裡，低頻噪音和霓虹燈之間，樓下有著開通宵的雜貨店，街角有間外帶食物超好吃的衣索比亞餐館，我感到自在。當我向外走，感覺自己彷彿成了世界的一部分，能付出或從中取得什麼，我們都牽連在一起。這很難講清楚，但心理上，我覺得在城裡照顧自己的方式是在城郊做不到的。

現在當我回長島家裡，爸媽家鄰近空蕩蕩的街道讓我害怕。光出現個走路的人影都顯得不尋常，險象環生。天黑後我便不往窗外看，猶恐撞見後院冒出個人來，盯著我看。如果門鈴響時只有我一個人在家，我不會應門，會找個沒有窗戶的房間躲起來，到浴室或儲藏間去。我知道這樣的行爲反社會，甚至有點病態。都怪郊區吧！

*

城郊的美國夢誕生在長島上，出自一個名叫威廉·勒維特（William Levitt）的人之手。他從第二次世界大戰的戰場回來後，在長島買了大片大片的地，爲歸來的一個個老兵蓋房子。他在勒維特鎭（Levittown）蓋的房子像同個模子印出來的，一致地嚇人：四分之一公頃的地皮上是混凝土地基，地基上清一色建單層木板樓，樓上的閣樓半完成，一棟接著一棟，棟棟等距。便宜蓋也便宜賣，那些房子的出售速度驚人。一九四九年一天能有一千四百戶成交。從七千九百九十美元到九千五百美元（約當現在的七萬八千美元到九萬三千美元）不等，就能買到一棟勒維特式的屋子，附送一臺洗衣機。剛推出的幾年，勒維特鎮的交屋契約還有條規定，不准買家把屋子出租給非裔美國人。

*

雷貝嘉・索爾尼寫道，「城郊的歷史，記的就是整體碎成片段的歷史。」[1]這同時也是區隔與分化的歷史。今天大多數的美國人，逃離了擁擠污染的工業都市，都住在郊區（或郊外那些現稱爲「遠郊地區」〔exurb〕的巨大集合體）。他們要的是一點綠意和一點可以呼吸的空氣，可以在個（就像他們說的）「像樣的」地方把孩子帶大。但這樣一來，他們拋下了遍布貧民窟的大城，讓城市成了人錢皆少、權利被剝奪、犯罪率保證高的地方，恰好和驅離他們的推力如出一轍，讓他們更理直氣壯。這是則脫離各種集體束縛，和相似的人群住在一起的故事。

如果靠著房車和獨棟透天厝就能幫郊區住民隔開光怪陸離的遭遇，這在某種程度上也是立法劃區的結果，將城鎮內部切成一塊塊單一功能的區域。住宅區、商業區和工業區被井然分隔，使得你不開車，就無法在工作、家裡、購物和休閒之間日益擴大的星系裡運轉。通勤住宅區一開始聚集在火車站一帶，因爲它們仰賴往來對應城市交通的便利；久而久之這些地方開始自給自足，向原本的市中心外擴散。這主要是汽車的錯，汽車在二十世紀中葉後成爲主流的交通工具，使得地表上蔓生出密密麻麻的公路通連每座城市，將它們揉成一片擴張的團塊，並使步行來往的可能性不復存在。

郊區爲了要順應開車的交通模式，發展成現在的樣子。一九二九年，有個規畫師爲了要在這種新型移動模式下保持各住宅區之間的交通順暢，設計出一種模版，以弧形的郊區街道取代城市原有的網狀結構。自我封閉的「街坊單位」（neighbourhood units）便順著這些由主要幹道連結的內街成形了。一座城鎮所需的工商資源，在主幹道上應有盡有。「街坊」儼然是一種接近烏托邦生活的代名詞——街坊鄰居能更有意義地建立人際關係與人地關係，孩子能走路去上學，大人能不冒交通的風險去上班。但這不是郊區後來的眞貌。

開車的意思是，居民往往要大老遠跑去工作和遊憩，壓根無法培養在地共生的情感。隨著像廣播電視這樣的居家娛樂逐漸普及，家庭趨向重視各自的隱私，所謂「街坊單位」這樣的說法就更站不住腳了。甚至呢，這些自成一體的「單位」淪爲各式各樣種族、階級分化可怕案例的藉口。一旦看不見其他人是如何過生活的，看電視成了我們認識眞實世界的唯一管道；而電視向我們源源灌輸的，充其量是郊區白人家庭的視野，和我們在自己家裡坐井觀天見到的風景相去不遠。

文化供給我們的典範，是開車的典範。八、九〇年代的電視節目演的，十之八九是關於郊區的白人家庭。《天才老爹》（*The Cosby Show*）是個少見的例外，故事發生在紐約，但實際的場景跟《芝麻街》（*Sesame Street*）一樣，不出城裡的一個街區。《歡樂滿屋》（*Full House*）則發生在舊金山，裡頭的一家人開著車（事業有成才能開的紅色敞篷車）駛過金門大橋。影片往往以郊區爲背景，有時點綴著闖進邪惡大城市的冒險（像《蹺課天才》〔*Ferris Bueller's Day Off*〕和《保姆夜瘋狂》〔*Adventures in Babysitting*〕），然後以大家相安無事，回到大型殖民地的家收場。

郊區有很多地方是沒有人行道的。

我爸媽開車出去使我放不下心，講完電話他們不會說「愛你」，而是「開車小心」。[2]他們到哪都開車。他們有好朋友就住在街區另一邊，走個五分鐘（最多七分鐘）就到了，但他們會開車去串門子。這對不住在郊區的人很難解釋——我的意思不是要他們下車走路。白天還過得去，但一路上都是起起伏伏的小丘，晚上照明也不好，駕駛人也不會期望沒有人行道的路上冒出行人。如果在路上看到人，如果那人沒牽隻狗或穿運動服，會是樁怪事。在商店聚集的主要大路上，這尤其怪。如果你沒車，在郊區你會是個怪到不行的下等居民，不可親近的隱形階級，只有在錯誤地點出現時才會被發現——別人開車在路上跑，你偏沿著路走。[3]

*

一九七〇年代有一千三百萬人從城市出走到郊區，我爸媽就是其中一員。這一走不得了，城市慘了，因爲工作機會跟著中產階級移到郊區去。「早在一九四二年，貝爾電報電話公司（AT&T Bell Telephone）的實驗室從曼哈頓外移到紐澤西穆瑞山丘（Murray Hill）兩百一十三英畝大的園區去，空間又大又安靜，還有優雅彎曲的道路和新興郊區的田園風采，」雷·蓋拉格（Leigh Gallagher）在她關於郊區的書裡解釋：「到了七〇年代，有些績優股公司接連掀起從城裡到城外的出走潮，風潮一起就是數十年。ＩＢＭ從紐約市搬到紐約州的阿蒙克（Armonk）；通用電氣（GE）到了康乃狄克州的費爾菲爾德（Fairfield）；摩托羅拉（Motorola）從芝加哥搬到伊利諾州的紹姆堡（Schaumburg）。直到一九八一年，那些公司有一半的辦公空間都在市中心之外，到了一九九〇年代末期，這個比例成長到三分之二。」

這就是我爸爸建築事業的由來。他替那些公司在長島快速道路之外的荒地上，設計鋼骨玻璃的總部大廈。他的偶像是德國建築師路德維希．密斯．凡德羅（Ludwig Mies van der Rohe），因爲他的作品講究對稱、簡潔與合理。秉持同樣的精神，我爸爸蓋出島上一些比較好看的房子，大多是工商建築，造型、空間和機能都經過仔細的估量。他盡可能不毀掉原本的風景──有些設計還得了獎──但他的鼻子還是得被付錢的客人牽著走。他最引以爲傲的是，撇開美感不說，他的設計行得通。它們不會漏也不會塌。其他建築物很少是不漏不塌的，想來令人驚訝。

我記不得是從何時開始，會無時無刻不想到建築，想到空間和它們的意涵。從小到大，我都用成綑的藍圖量身高。爸爸的專業行頭就是我的

玩具：製圖桌、三角板、圓規和色鉛筆。爸爸教會了我對環境的敏感，也許這就是爲什麼我在長島上永遠不自在。我老家不像諾斯波特（Northport）、杭廷頓（Huntington）和傑佛遜港（Port Jefferson），有著那些奇妙的木板屋和古色古香的主幹老街，街上有男裝店和漁夫去的酒吧。我們家在那些地方的南邊兩哩處。才隔兩哩遠，差得可大了。我們鎮聚集在傑利科收費快速道路（Jericho Turnpike）一帶，那是條六線大道，開著一間接一間的商店，多的是七、八〇年代出現的機能醜房，滿是車庫、賣車的、加油的（和車有關的一切，眞的），附帶刺青店、閒置已久的中餐館、海溫游泳池（Haven Pools）、瘋鑽石（Crazy Diamond，一個可以買到槍械許可證的地方）、迪克山餐館（Dix Hills Diner）、狗狗屋、七天不打烊美容院。車往東或往西開，都會經過一串平頭車庫，上空橫著一條條電話線，連過一根又一根電線桿，劃開天空。長長一排磚頭屋，圍著柏

油地，運動型休旅車和家庭房車滑進滑出；再來是仿瑞士木屋、仿都鐸式外牆、IHOP餐館的藍屋頂、友客的紅屋頂，然後是一些煤渣磚屋，上頭噴的無襯線黑體字寫著家具、手**洗車**、**撞球**、**來德愛藥妝**（**RITE AID**）。不用講我也知道路上的銀行裡長什麼樣子：一股地毯味，亮著日光燈，鋪著塑膠墊的桌子配旋轉椅。

*

這不好看，但這是家。

*

這些建築的目的是要容納小型商店，但陽春得很，跟防空洞一樣。你進去，做要做的事，然後出來。在這裡工作生命會被榨乾，天天來這裡逛則是悲慘得可以，雖然逛的人未

必會注意到。人類學家馬克．歐傑（Marc Augé）稱這些地方爲「不是地方（non-places）」。不幸地，它們是二十世紀晚期的招牌地貌，也是二十一世紀美國的面面觀。

我們蓋出來的東西不但反映了我們是誰，也界定我們是誰、將會是什麼樣子。哲學家馬榭爾．伯曼（Marshall Berman）曾在一篇關於都會廢墟的文章裡說：「城市是一道趨向集體不朽的意念。我們終將死去，但我們希望城市的形貌和結構可以延續後世。」[4]這句話的反面恰恰就是郊區的現實：它沒有歷史，也不替未來傷過腦筋，那裡很少有什麼是爲了久存而設想的。[5]這樣一個文明永久處於移動的現在式，「後世」對它而言毫不相關，就像一個小孩不甚在意將來，也沒有過去的意識一樣。在路易斯．蒙佛特（Lewis Mumford）一九六一年的經典研究《歷史中的城市》（*The City in History*）中，他描述了郊區的「天眞」，賦予了郊區居民一種「稚氣的世界觀」。如果那不是純然的政治冷感，就是安全感的假象。[6]可怕的事情在其他地方上演，但永遠不會在這裡，不會是現在，不會在我們身上。這是爲人父母最自然的本能，想給孩子一個比自己的童年還美好的版本。但是那個世代發明了郊區的城市人，追求一種不可能實現的社會孤立時，遠遠「追過了頭」。那份他們未曾有過的童年，看起來不只是要給孩子的，也是要給他們自己的。郊區呈現給孩子的世界像加裝了安全護墊一樣，生活彷彿就是一家又一家商店疊加起來的買賣生意。美國文學和電影經常描寫孩子或成人失去純眞的過程，毫無所措地訝異原來生活的真貌很可怕：《死亡日記》（*The Virgin Suicides*）、《美國心玫瑰情》（*American Beauty*）、《真愛旅程》（*Revolutionary Road*）和《單身毒媽》（*Weeds*）問的問題無不是「所以這真的是這樣嗎？」要不就是「所以就是這個樣子嘍？」

我開車經過傑利科時，一見到這些潦草的建築就有氣。難道我們不值得更好的東西嗎？人並非不管被擺到哪都能繁衍壯大的吧？環境也不容小覷。環境有著巨大的決定性和塑造力；它是你之所以是你的原因，驅使你做你一貫會做的事。路易斯．康（Louis Kahn）是我爸爸最好的建築老師，他要學生跟光線一樣想事情，什麼使你投射向前，又是什麼使你轉向，這想通了，一棟房子的格局也就通了。

我如是思索著城市。

*

如果我小時候，能四處走走就好了。我們鎮上沒有一個可以供人聚會的地方，那裡沒有鬧區，沒有鎮中心。念高中時，我們就在工業區的鄧肯甜甜圈店（Dunkin' Donuts）裡混。就算其他店都關了，那家店仍很詭異地營業到晚上十點左右。從我家除了到普萊幕斯大道

（Plymouth Boulevard）和傑利科收費快速道路交叉口的購物中心，走路或騎腳踏車哪裡也到不了。Google 地圖告訴我，走去那間購物中心要三十一分鐘，因爲它在一點六哩外。聽起來還可以吧。是有些遠，但如果純粹想走去某處，走走看是值得的。那裡有間出租影片的（和圖書館一樣讓人感到自由自在的地方，我就是靠它弄熟了八〇年代的劇情片，諸如《古靈偵探》〔*Fletch*〕、《空前絕後滿天飛》〔*Airplane!*〕、《比佛利山超級警探》〔*Beverly Hills Cop*〕和《美人魚》〔*Splash*〕），還有間叫做美廉查理（Cheapo Charlie's），類似超大廉價商品店的地方。我在那裡買了一堆糖果——用一根白糖棒，沾著彩色糖粉一起吃。

我們時常覺得和其他地方隔著一道鴻溝。一大早起來，我踅進廚房，放狗去後院，在棉白的茫茫曙色裡，我能聽見火車駛進國王公園車站（Kings Park station）的遠笛，北邊好幾哩[7]。我喜歡那聲音。能聽見火車聲使我確定我們位於某處，確定我們位於郊區的靈薄獄[vi]。這裡還有路可走，我想著。我能搭火車。

*

我上大學那年第一次自己進城，搭灰狗巴士去找在紐約大學念書的朋友。我到的第一個早上她有課，所以我得在格林威治村（Greenwich Village）自己看著辦。有整整兩小時我可以去城裡任何想去的地方！我想去中央公園嗎？還是其中一間博物館？自己瞧瞧時代廣場是什麼樣子？我從來沒有感到這麼獨立過。城市顯得好大，每條街都是條選項。我走到第十街然後停了下來：呃，哪條路走到——哪裡去？街角有座教堂，那是東邊，還是西邊？我想往西走，但除非我邁開步子走，否則怎麼會知道我的方向是東還是西？可我又不想浪費任何一分鐘，我想去我正在前往的地方，就算我對自己正往哪裡去毫無頭緒。我賭一把往教堂走去，撞上了百老匯。再冒險走遠點，到了第四大道，其實我連那裡有個第四大道也不知道。我收足往回轉，繞著圈，想找到前一晚朋友帶我去的聖馬克餐館（St Mark's diner）。後來整個早上，我都泡在聯合廣場的邦諾書店（Barnes & Noble）裡。

大二時我搬進了紐約，住在第一一二街和阿姆斯特丹區，愛上了上西城（Upper West Side）。我來往於那些大道上：百老匯、阿姆斯特丹區，走上河濱路（Riverside Drive），轉向城西大道（West End Avenue），直直走到第一一〇街，穿過中央公園，到自然史博物館。我

vi 靈薄獄（limbo）詞源來自拉丁文 limbus，原意為邊界，也譯作「幽域」和「古聖所」。神學家認定靈薄獄是在耶穌降生前死去的善人等候救恩的地方；未受洗的嬰兒，以及沒有機會受洗又無重罪而去世的成人也居留該地。在現代的語境中，limbo 指尚未得到定奪、前景不明的空窗期。

目瞪口呆望著那些富麗的公寓大廈、寬廣的大道、賈巴食鋪（Zabar's）、H&H貝果店、賣著黏答答糖衣可頌的匈牙利糕餅店，還有百老匯街上用折疊桌擺著書賣的男子。在百老匯一間餐廳坐下來，看著世界在一旁來來去去，計程車與車流嘈雜駛過，感覺像遠遠觀望宇宙中心許久後，終於獲准能進入其中。

我開始天馬行空地想像畢業後的生活。我會住在一間公寓裡，而不是一棟房子裡。在河濱路或城西大道上一間堆滿書的老屋，那種一樓有遮陽棚伸向人行道的房子。我不太在意有沒有門房，但我要遮陽棚。我要有嵌入式書櫃、鋪土耳其地毯。然後我那些作精神分析的朋友來玩時，我們會一起喝正山小種茶，討論正在寫的書，還有最近在忙的事。這個夢混合了伍迪・艾倫的電影、拜訪教授的家，或某人姨婆公寓的幾次經驗。

在城裡放鬆散步時，我會經過第一一六街那些弧狀建築，到河濱公園找張長椅坐下來，並感到幸運。能起床，然後隨時隨地到我想去的地方，讓我感到好幸運。那就是自由的定義。那不只是隨時隨地的便利——我感覺那樣的環境是爲人而不是爲機器打造的，本著供人在公共場所舒服地停留來往、聚會的想法，闢出這樣的地方然後維護下去——能在這環境裡那樣隨心過日子，才是自由。

那時城裡還出沒著別的東西，譬如多洛西・帕克（Dorothy Parker）或是伊迪絲・華頓（Edith

Wharton）的鬼影，或者是我還沒讀過的某位作家。它們和巴洛街（Barrow Street）上的老朽房子住在一起，存在於從城中隧道口出來、穆瑞山丘上的茶色石頭裡。它們也在城西大道上汗牛充棟的公寓中，在那些方形的瓦片裡、那些老舊的浴室裡。我想用我的文字捕捉它們，我想成爲它們的一部分。有次我去應徵一個女人的研究助理，她請我上阿岡昆大飯店（Algonquin Hotel）喝一杯，我那時就想：就是這樣。這成眞了。

*

我在巴納德學院（Barnard College）學會了批判思考，並將之用在關於城郊的思索上。我開始懷疑整個建立在汽車交通上的文化——一個不走路的文化對女人而言很糟。這帶有一種權威的意味，一個不會去胡思亂想（wonder）的女人——不去想自己的需求，不去想那些需求是否已滿足——就不會走出家門（wander off）。郊區的面貌強化了約束她的界線——那些整齊的格子、離家不遠的購物中心、永無止盡的停車格——美國夢馴化了奔走在坦坦大路上的美式冒險。想想那些文學中把命弄丟了的叛逆城郊女，從《包法利夫人》到《眞愛旅程》都是。夢做得大，死得快。《末路狂花》（*Thelma & Louis*）的塞爾瑪和路易絲未曾回到郊區的家裡去。我開始用瑪格麗特·莒哈絲（Marguerite Duras）的方式去看待房子：房子是「特地要限制孩子與男人淘氣撒野用的地方，自亙古之初，他們便對冒險與逃脫渴望不已，房子讓他們得以從中分心，安定下來」，但針對「孩子與男人」，我要加上「還有女人」。8

自從我開始對城市有了警覺，我也開始對女人的歷史、文學和政治警覺了起來。好像不可能只碰一樣，而不去學另一樣。從西蒙・波娃到蘇珊・布朗米勒（Susan Brownmiller）的書，我通通讀。一旦我意識到那段另類的歷史，我便有了動力向前摸索，開始去追尋它散落世界各處的線索。

我並沒有天真到把城市理想化為一個進入門檻與機會都平等的地方。哥倫比亞大學和周圍社區複雜交錯的歷史就是鐵錚錚的反例。9但恰恰就是出入城裡，使我們有機會讓世界公平一點。城市的生活本身蘊含了自由的活動。

*

讓我走，讓我用自己的步調走。讓我感覺生活在我通身周身間流轉。給我作點戲。給我意想不到的圓弧街角。給我不安分的教堂和美麗的石階，還有公園，讓我能安然躺臥。

城市點醒你，敦促你去行動、變動、思索、欲求和投身。城市就是生活本身。

在杜洛克站搭十號線地鐵，在克魯尼—索邦站下車。沿布特比路往北走，迷路在中世紀老街的迷陣中。那裡滿是土耳其和希臘餐館，老闆招呼著你，光臨保證會有碰牆砸碎的盤子和美夢成眞的沙威瑪烤肉。走過突尼西亞烘焙坊，走過教堂，左轉到聖雅各路上。挨擠著觀光客。右拐進一條小巷，南臨小巷的公園名字沒有人知道，除了那裡的住户和書店的員工。[i]

巴黎·在咖啡館，他們
Paris · Cafes Where They

但如果她走進的是天堂呢？

——珍·瑞絲，〈在抵達路上〉（In the Rue de l'Arrivée）

我當時在巴黎左岸的莎士比亞書店，發現她正打量著我。這莫迪里亞尼的黑眼女子，有著修長的頸子，一雙杏仁形的黑洞權充作眼，嫵然躺在一本名爲《離開麥肯錫先生之後》的平裝書封面上。[ii]憂愁和情欲同時寫在她臉上。我拿起書，轉過來看封底，上面寫著：

茱莉亞·馬丁在巴黎，無計可施。

書的作者名叫珍·瑞絲。起先，那名字裡的「瑞絲」挑起了我的興趣。[iii]我初入青春期時拜讀雪倫·凱·潘曼（Sharon Kay Penman）的歷史小說，裡頭說的大多是十三世紀威爾斯失去獨立的事，凡是和威爾斯有關的事物都使當時的我著迷了一陣子。作爲一個困在市郊的青少年，我想我同情威爾斯。

這威爾斯人還寫了別本書，似乎都和巴黎有關。有本叫《四重奏》（*Quartet*），封底上印著：

她丈夫被逮捕之後，瑪莉亞·切利在巴黎獨自一人，身無分文。

還有本書名是向艾蜜莉·狄金生致敬，《早安，午夜》：[iv]

---

i 本段地名原文依序為：杜洛克站（Duroc）、克魯尼—索邦（Cluny-la-Sorbonne）、布特比路（rue Boutebrie）、聖雅各路（rue Saint-Jacques）。小巷的書店暗指柴火堆路（rue de la Bûcherie）上的莎士比亞書店（Shakespeare and Company）。

ii 《離開麥肯錫先生之後》（*After Leaving Mr Mackenzie*，一九三一年出版），珍·瑞絲著作之一。此處提及的是由美國出版社諾頓（W. W. Norton & Company）一九九七年所發行的版本，封面圖片是義大利畫家莫迪里亞尼（Amedeo Modigliani）一九一七到一九一八年之間所畫的《橫躺的裸女》（*Reclining Nude*）。

iii 瑞絲（Rhys）是一個常見的威爾斯姓氏。

莎夏．詹森回到了巴黎，她最快樂也最絕望的時刻都發生在那裡。

就算出版商特地找一群分外敏感的美國編輯合作，恐怕也無法那麼有效地正中讀者下懷。這些字句恰恰取得一個二十歲上下讀者的共鳴，她正要開始懷疑——不，開始希望——人生將會比她原先想像的還不愉快。我把手邊所有的珍．瑞絲作品或關於她的書，通通找來看。她簡練扼要的句子盈滿華麗的憂愁又環繞著善感。從她身上我學到一種拒絕自戀自憐的痛之美學。這項特點花了我一些時間去了解，而且往往被誤讀她的人所忽略。苦難在她小說中感覺是有意圖的、有意義的——若我必須經受這件恐怖的事情，至少我可以將之寫下來。但這是條險路，爲了寫下那件事，你得經受前所未有的恐怖經驗。

瑞絲的看法聰明多了。我們也得學著更聰明些，才能讀懂她。

*

二十歲的我並未擁有任何瑞絲筆下的人物的經歷：放逐、貧窮、拋棄、墮胎、喪兒、酗酒、幾進火坑，或她那些巴黎故事的困擾底襯：衰老。一個二十歲上下的人不知道身體退化是什麼。她只能想像，但那和登陸月球一樣難以想像——臉上長皺紋、原先沒發覺的細紋加深、皮膚失去彈性、頭髮毛囊放棄製造顏色、關節突然不聽使喚，原本好端端的字母也顯得不可思議地小。我運氣夠好，能靠父母支持念完大學。瑞絲筆下的女人有的沒家人，有的沒收入，往往保不住工作。她們得找個男人，給他們買杯喝的、塞張小鈔、添衣服、付房租。

我感到倦怠而厭世，無精打采。「噢天哪，我只有二十歲，然後我還要一直一直活下去」，瑞絲在她的札記（一本她某天在倫敦隨手拿來充當札記的黑色練習簿）裡這樣寫著。她一九三九年出的小說《早安，午夜》末幾行深得我心。失去了她原以爲能在一起的男人，莎夏（Sasha）讓一個完完全全的陌生人——一個鄰居，在小說裡原來從頭到尾出沒在走廊上，構成威脅——進入她的房間然後和她做愛。她在床上用手臂蓋住雙眼。有人進來了，有可能是雷內（René），那個離開的人，也有可能是住隔壁的那人。她沒看也知道是誰。書是這樣收尾的：

---

iv《早安，午夜》（*Good Morning, Midnight*）書名和題辭引用美國詩人艾蜜莉·狄金生（Emily Dickinson）同名詩前兩節：早安，午夜！／我正歸家，／白晝——已對我厭倦——／但我如何能厭倦他？（Good morning, Midnight!/ I'm coming home,/ Day—got tired of me—/ How could I of him?）陽光是甜美的處所，／我願留下——／但早晨如今不要我——／那麼晚安了，白晝！（Sunshine was a sweet place,/ I liked to stay —/ But Mom didn't want me — now —/ So good night, Day!）

他站在那裡，瞅著我。他不懷好意的眼睛裡閃著遲疑，不發一語。謝天謝地，他什麼也沒說。我直視著他，最後一次鄙視另一個天殺的人類，最後一次……接著我環手抱他，將他拉向床，叫著「嗯啊，好，好極了……」[1]

我那時還沒讀喬伊斯（James Joyce）的《尤利西斯》（*Ulysses*），所以我不知道那其實是在苦澀地呼應小說惡名昭彰的結尾，摩莉．布盧姆（Molly Bloom）中邪般的說「好，我說好，我願意，好。」莎夏對人生際遇死了般的撒手不管，對摩莉腳踏實地的肯定獨白而言是種嘲弄。初次失去愛情的經歷將我們區分成了莎夏或摩莉兩種人。那取決於你如何回應失去，當世界脫線失序，你覺得你活夠了，也不再關心自己的遭遇，或到底誰獲准上你的床。

瑞絲筆下的女人因為多半很相像，所以常被以單數稱呼為「瑞絲的女主角（Rhys's heroine）」。她們絕對是莎夏而不是摩莉，沒一個是快樂的。人生把她們的快樂都趕跑了。但她們並不是一模一樣的女人，也不是作者的小說分身。根據些許她們經歷中與瑞絲傳記共享的細節，她們是瑞絲最糟糕的噩夢中那一幢幢影子，夢的淨是她的人生可能演變成什麼樣貌。《在黑暗中航行》（*Voyage in the Dark*）中的安娜（Anna）跟瑞絲十分相似：出身西印度群島，當過一陣子合唱團女孩，跟過一個老富翁，死於粗劣的墮胎（瑞絲的出版社要她改掉這部分）。

《四重奏》裡的瑪莉亞（Marya）是一組密碼，她的經歷沒有前情提要，只偶有提示，談到她曾住在英格蘭，那期間短暫待過合唱團。她是個普通的僑家女，沒有祖國，沒有過去，也沒有未來。她混亂的情事啓發自瑞絲和作家福特·馬多克斯·福特（Ford Madox Ford）之間的戀情。繼瑪莉亞的故事線，《離開麥肯錫先生之後》裡的茱莉亞在故事中回到倫敦，期望她窮但有名望的家庭給她一點援助。她是第一個失去孩子的瑞絲女子，和瑞絲一樣，除非墮胎的安娜也算在內。茱莉亞有著橫跨歐陸的背景——她的孩子「死於中歐的某處」（麥肯錫在書中如此回憶道），但她媽媽、姐妹和她自己的童年時光則遺留在英國。簡單來說，她背後有一串故事。《早安，午夜》中莎夏的背景故事最完整，而且比瑪莉亞和茱莉亞更逼近瑞絲本人的經歷，除了在莎夏的年紀時，瑞絲已嫁給雷斯利·提頓·史密斯（Leslie Tilden Smith）並住在倫敦，即將前往巴黎爲小說尋覓題材。那段日子裡她也許有可能感到無望，但情形和莎夏不同。

那些女人被動得令人抓狂，爲了錢靠男人，款子一到手立馬花在衣服上。她們有自我毀滅的傾向，而她們的作者則爲自貶感到慰藉甚至痛快。瑞絲曾說，當她想著「我屬於這個男人，要完完全全地屬於他」時，她感到「羞愧和興奮」。[2]像莎夏這樣的角色，使許多瑞絲的讀者覺得反感，她推卸責任，放手把事情擺著，擺到爛。我不太確定這到底是被動，還是一種不想受傷的意志：一個對感情容易認眞的單身女子，躲避著會找上自己這種人的事。但要避開這些事就是要換個作法，不放感情，而沒有感情的話，活著要幹嘛呢？

在她未完成的自傳《請微笑》（*Smile, Please*）中，瑞絲說她曾告訴一個法國人：「『我可以把自己從我的身體析出來。』他看著我，好像我講的法文很破，說：『噢不，可是……這樣很嚇人。』但長久以來，我就是這樣。」這樣的意念會讓瑞絲的女角們顯得被動、遲滯不前，彷彿悻然等待世界帶來最糟的後果。在《離開麥肯錫先生之後》裡面，茱莉亞要計程車司機信手開到某處，這是她在倫敦找到旅館下榻的方式。《早安，午夜》裡的莎夏灌下過量的安眠藥，「這樣我才可以二十四小時中有十五個小時都在睡覺」。[3]《四重奏》的主人翁瑪莉亞被形容爲「義無反顧、懶、性好遊蕩」，[4]這敘述令她顯得好像別無選擇，只能一次次地無措「坐等收場」。儘管她屢次想逃離海德勒一家，但她就是裹足不前。她知道她的留步是非理性的，「我不喜歡也不信任他。我愛他。」

巴黎，這麼個原聲帶是小調譜成的城市，爲這種自我放棄提供了完美場景。有種關乎愛的痛苦會一直增長，增長到感覺起來彷彿是好的。當絕望帶來的成癮愉悅初次降臨在我身上，巴黎也是它理想的發生地。

*

瑞絲無法像其他人一樣遵循社會常規，往往爲她帶來麻煩——若不說那根本是悲劇的話。她第一個孩子早夭，她相信是夭於疏忽。她時常被指控酗酒和行爲不檢；她蹲過霍洛威（Holloway）監獄的牢房；還有個關係疏遠的女兒，瑪莉芳（Maryvonne），這女兒二戰時待過集中營。瑞絲陷於酒精上癮、文化錯置和疏離異化之間。低潮的怒火與創意的火花，通通燒進了她的小說和短篇集子裡。但她留下的第一手材料少之又少——她申明過不希望自己成爲傳記主角——但這使得她的傳記作者們只得向她的小說取材，彷彿小說是她人生的見證，像建構出瑞絲筆下的人物一樣重構了她。

一八九〇年生於西印度群島，取名艾拉・關多琳・芮絲・威廉斯（Ella Gwendolen Rees Williams），她父親是威爾斯人（啊哈！），母親則是蘇格蘭／克里奧[v]血統。她出身的莊園世家在多米尼克[vi]已過三代。雖然她爸爸寵愛有加，但媽媽較冷淡，而且父母倆都不會盯著她管，致使他們的朋友中至少有一人，趁四下無人時開了瑞絲瓜字初分的苞。

但回過頭來看，瑞絲在多米尼克的日子大抵是開心的。一切都懸在那裡，彷彿沒什麼事情會結束。但瑞絲一家在那裡待不下去了，家產散盡，他們正緩緩踏上歸途。在充塞的熱帶色彩裡，在加勒比海島懶洋洋的樹蔭下，瑞絲度過早年滿是幻夢時光，直到一九〇六年被送去英國上學。初來乍到，灰茫茫的一切將她打敗了。什麼都是「茶色、暗濛濛的」，並不符合她幻想中光亮繽紛的英格蘭。此行應該是歸途，但恰恰相反，成了最令人難過的放逐。她在劍橋的寄宿學校吃了不少苦，同學嘲笑她怪裡怪氣的加勒比口音，叫她「小黑仔」。她在學校的戲劇演出表現亮眼，於是認爲自己的才華也許在戲劇那塊，說服了她爸爸送她去倫敦的特里斯學院（Tree's School），也就是今天的皇家戲劇藝術學院。但她的口音仍使她格格不入。曾有個女孩想幫她改掉，但瑞絲拒絕了，她要人接納的是眞正的自己。她想，因爲瑣碎如口音的理由而被拒於門外，是世界有問題而不是她。

她爸爸過世後，家裡命令她回多米尼克，因爲他們無法繼續負擔她在外的生活了。但瑞絲開始自食其力，不打算回家或在倫敦憔悴抑鬱，她上了路。她加入了合唱團的《我們的吉伯斯小姐》（*Our Miss Gibbs*）製作，在北方巡迴演出。鄉間的城鎮和倫敦一樣濕冷，但至少它們提供了一點冒險。她意識到了自己的美貌，並學著以它們爲自己圖利。接著她和一個富有的男子在一起，但當然，沒結果。難以置信的是，他名叫蘭斯洛。[vii] 瑞絲未曾從這段感情中恢復，在接下來的日子裡，當瑞絲遇到困難時，她仍會找上蘭斯洛。她太我行我素了，而且太「拿不定主意」（她自己說的）致使保不住工作，使得她要仰仗朋友和情人的好意。爲了找到一份穩定感，她三番兩次結婚。

*

一九一九年瑞絲漂流到了巴黎，一個會使她成爲作家的地方。其實她是走去那裡的。

戰時她靠蘭斯洛接濟，並在尤斯頓（Euston）的食堂做義工，爲前往法國的士兵供膳。一九一八年初她遇見了一個叫做尚・藍格勒（Jean Lenglet）的荷蘭記者。他的公寓就在她倫敦布魯姆斯伯里（Bloomsbury）的住處附近，而且他們有共同朋友。晚上，他們時常在皇家咖啡館（Café Royal）抽菸和爭辯。他是法國外籍兵團的一員，在那負責情報工作。他不告訴珍自己具體都在做些什麼，但他必須從德國低調行經荷蘭、倫敦，和巴黎。他不在時珍會等他。停戰協議給了他們大好時機：他們在當年聖誕節前訂了婚，並在一九一九年的四月三十日於海牙成婚。

逃離英國讓瑞絲歡天喜地，但沒有國籍的藍格勒未必是值得投注的最佳人選。和瑞絲一

v 克里奧（Creole）一詞常用來指歐洲人在殖民地與當地原住民或非洲奴隸所生的後代，但在當時泛指於西印度群島上出生的人，可能是歐洲血統，也可能來自其他族群，或者是不同人種通婚而生的後裔。

vi 多米尼克（Commonwealth of Dominica），舊譯「多明尼加聯邦」，加勒比海島國，首都／第一大城為羅索（Roseau），第二大城為樸茲茅斯（Portsmouth）。

vii 蘭斯洛（Lancelot），亞瑟王（King Arthur）傳奇中圓桌武士之一。蘭斯洛英俊瀟灑，武藝高強，深受亞瑟王信任。但後來他與亞瑟之妻關妮薇（Guinevere）有染，因而使得亞瑟王朝廷分崩離析。

樣一頭熱，他先行而後思。他在第一次世界大戰熱血沸騰的早期丟了國籍，因爲他未經荷蘭准許，擅自志願加入法國外籍兵團，在荷蘭顯然是該開除國籍的重罪。戰後他想同懷孕的瑞絲去巴黎。但不幸地，護照正巧在當時成了國際旅行的必備文件，藍格勒的早沒了，瑞絲也沒有。所以他決定規避這個細瑣的問題，他們要以單刀直入的方式從比利時去法國：用走的。瑞絲在她的日記裡寫道：「我沒錢沒護照，而且就要生了。沒護照要從比利時入境法國，怎麼做？從邊境下手。夜裡沿著一排排的楊樹走，靜悄悄的，月亮掛著。一直走，走過崗哨，直到清晨你發現你已到了敦克爾克（Dunkirk），好累好累啊……太可怕了……我們到法國了，沒錢沒護照，而且我就要生了。」那年，世界各國位高權重的人到了巴黎，齊聚一堂爲和平協商，重劃歐洲地圖；瑞絲也到了，混過崗哨走到的。那是段可怕的夜路，但她從始於跬步的旅程中學到了一步一腳印的可靠道理。

一九一九年秋，他們抵達了巴黎。她立即愛上那座城市。天氣很宜人，他們坐在咖啡館外吃義大利麵，讓陽光灑在身上——她在英國心心念念的陽光——不像在多米尼克那樣熱，但仍是陽光。不難理解爲何她說感覺像出獄一樣，即便在倫敦街頭，她仍感覺像關在裡頭。「我很專一，再也沒愛上其他城市，」她後來寫道。

巴黎和多米尼克並不相像，但它們都不像倫敦。對瑞絲而言，它們都是天堂。巴黎的大道迥異於多米尼克的泥石小徑。奧斯曼像陽光一樣射穿了那些大道，爲漫步和作夢，或觀看和被看，任憑喜好，他爲之製造出完美的氛圍。在多米尼克，短短的距離可能需要長長的旅途才能穿過。瑞絲的編輯黛安娜·阿提爾（Diana Athill）說只有在去過了瑞絲的島嶼之後，才眞的懂她身上的異國感。除了羅索和樸茲茅斯之間的路，多米尼克還有那許多窄而顚簸的道路，光是這些路能存在就夠驚人了：許多需要移除的樹林、許多要克服的起伏、一個接一個又接著一個的髮夾彎，豐沛的熱帶陣雨沖走一路上剛建好的東西……身無分文，面對土堆手無寸鐵！那些勇敢的小路，維護它們是項大工程。」[5]曾有人想興建項縱貫全島的公路，拉風地命名爲帝國大道（the Imperial Road），但那條路（就像所有帝國一樣）從來沒有完工。在瑞絲眼中，道路乘載了許多意義。得以一己之力自由行走固然賦力可喜，但能在巴黎的美麗裡自由行走，是項贈禮。

*

一九一九年的巴黎感覺起來想必是文明世界的中心。從一月到七月，巴黎和會聚集了世界群首——從威爾遜、勞合·喬治、克里蒙梭到T·E·勞倫斯（T. E. Lawrence）、羅馬尼亞的瑪麗王后（Marie of Romania）及胡志明。藍格勒夫婦抵達時，凡爾賽和約已經簽了，國際聯盟也成立了，一鼓作氣之勢猶存。雖然像凱因斯（John Maynard Keynes）這樣的經濟學家曾經警告過，凡爾賽和約不公平，長遠看來會是個災難，但全世界正忙著欣慰戰爭終於結束了，異議分子便被鬆了口氣的喘息所淹沒。戰後的巴黎弱不禁風。杜樂麗花園中原有的玫瑰園成了個大洞；大道上的路樹被砍得光禿禿的，充作軍用柴薪；聖母院的彩繪玻璃被緩緩替換（移去他處保存）。煤炭、牛奶或麵包通通告缺。但巴黎決意捲起袖子站起來、爲新的開始重起爐灶。瑞絲心有戚戚焉——巴黎是個避風港。她並非隻身一人，移民蜂擁至巴黎，把大屠殺、革命和橫掃中、東、南歐的貧窮甩在背後。藝術上興起了各種前衛派（avant-garde）運動，同時還有訴諸傳統形式的回歸秩序運動（rappel à l’ordre），以喬治・布拉克（Georges Braque）一九一九年在現代之力藝廊（Galerie de L’Effort Moderne）的展覽爲先。回首觀之，前衛派大獲全勝。畢卡索、莫迪里亞尼、傑利科（Giorgio de Chrico）、夏卡爾、基斯・凡・東肯（Kees van Dongen）、蘇丁（Chaïm Soutine）、查那・歐洛夫（Chana Orloff）、康斯坦丁・布朗庫西（Constantin Brancusi）、塔瑪拉・德・藍碧嘉（Tamara de Lempicka）、曼・雷（Man Ray）、李・米勒（Lee Miller）、藤田嗣治、羅伯特・卡帕（Robert Capa）和安德烈・柯特茲（André Kertész）——皆爲正在巴黎進行的藝術形式實驗，和這座城市所體現的現代性，從世界各地紛至沓來。一九一九年在文學界也意義非凡：普魯斯特《追憶似水年華》的第二冊贏了龔古爾文學獎（Prix Goncourt）；安德烈・布勒東和菲利普・蘇波（Philippe Soupault）創辦了《文學》雜誌（*Littérature*）（不久便成爲初萌芽的超現實主義運動官方傳聲筒）；希薇亞・碧曲（Sylvia Beach）的莎士比亞書店在奧德翁（Odéon）站附近的多啤恬路（rue Dupuytren）開張了；還有珍・瑞絲來了。

八十年後的巴黎像個未受承認的文明中心。我對自己的好運難以置信，我走入的這座城市，在河岸書攤就能買到便宜的二手書，或一份內容充實（新聞，而不是娛樂消息）的報紙，然後找間咖啡店坐下來讀好幾小時。任何一間書店（那裡有上百間，到處都是）入門陳列的架上，多的是德希達、傅柯、德勒茲一流的書。巴黎是個知性的觀念混合體，極度有型，耐人尋味。我喜歡蒙帕納斯大道上的圓拱咖啡館，因爲它有裝飾風（art deco）的廊柱和馬賽克。如果你坐在吧檯邊點杯基爾酒，酒上來時還會附贈一碟乾果。菁英咖啡館我也很喜歡，它兼顧了現代和傳統，門下那些專業無庸置疑、穿燕尾服的侍者則風趣佻達。

在這個觀念混合體中，我品味的不只是知性的觀念，還有屬於個人的，不過那時它們並無二致。我到巴黎後不久，在朋友的派對遇上一個美國人。我們在第二區一間煙汗羼雜的酒吧桌上，跳舞直到凌晨四點。他也是長島來的，也在外念書。他長得就像猶太版的派屈克・丹普西

（Patrick Dempsey）。我不知如何是好，訝異這麼帥的人竟會對我有興趣。一開始，我們聊到我的背景。他問我：「艾爾金是哪裡的名字？」我答：「俄羅斯。」「所以你有猶太血統嘍？」「一半，」我說。但對保守派猶太教徒而言，沒有一半的猶太人，你要嘛是猶太人，要嘛不是猶太人。我不夠「猶太」所以當不成他的女朋友，成了他的女性友人，希望他有天回心轉意。

我還沒發現名義上的共識有多重要。我以爲在一起就是在一起，怎麼稱呼不要緊。但我們在一起越久，這段關係變得越令人不悅，甚至有點羞辱人。我們同床共枕、一起出遊，但如果我摸他的臉，他會把我推開。他擺明了不會在關係中放入一點愛，也不會鬆手讓裡面的愛流走。他把「非猶太」——或「不夠猶太」——搞得很像階級不平等，好像他是來日要媒妁世家的公子哥兒，而我只是他年少輕狂的印子。

後來我讀瑞絲根據她和蘭斯洛的關係寫成的《在黑暗中航行》，關於一個合唱團女孩如何變成一個紳士的情婦。他會帶她外出，在某些場合展示她，某些則不，久而久之對她失去興趣。瑞絲的小說幫我看清我和猶太版派屈克·丹普西是怎麼一回事。我是他的合唱團女孩！但和他分手絕不可能的。他是留學生之間特定朋友圈的班底。每次派對、酒吧聚會、每則對話裡都有他。我不可能避開他。而且反正我不想放棄。我相信他總有一天會回應我——反正這又不眞的是瑞絲的小說。從別人口中，我得知自己是他睡的第一個女生。我沾沾自喜這算是點成績。

噢，親愛的，可別沾沾自喜啊！我聽見瑞絲咯咯笑出了聲。

*

在瑞絲和藍格勒之間，命運有時是眷顧的，有時是殘酷的。她懷的孩子在出生幾週後，染肺病死了。他們倆在巴黎也無法久留。不出幾個月，藍格勒被派往維也納，接著往布達佩斯，然後是布魯塞爾。瑞絲在布魯塞爾生下了第二胎。藍格勒似乎總有門路讓他們在這些城市的生活小康無虞，唯一的代價是，他們得時時躲債，然後再度躲回巴黎。當藍格勒嘗試從巴黎到阿姆斯特丹尋求庇護時，因爲偷竊罪嫌被逮捕了。瑞絲囊空如洗又無人照應，只好把女兒送去布魯塞爾的一間診所託人照養，一九二四年同一個名叫姵羅·亞當（Pearl Adam）的記者朋友遷去該城。

珍，做得好！在二〇年代的巴黎，一切都得靠人脈。把自己交給朋友照顧牽起了她成爲作家的那條線。她得說故事，請姵羅·亞當替藍格勒找新聞工作的事。亞當不在乎藍格勒的作品，她反而問瑞絲本身有沒有寫作。瑞絲便把一些日記拿給她看。亞當留下了好印象，將之編纂成三節故事，題爲《蘇西說》（*Suzy Tells*），每節以不同男子的名字爲題。她把稿子寄給了《大西洋兩岸評論》（*Transatlantic Review*）當時的編輯福特．馬多克斯．福特。他決定指導瑞絲，當她第一本書《左岸故事集》（*The Left Bank*）在一九二七年出版時，他替她寫了序。

瑞絲置身巴黎外國人的社交圈外。雖然她筆下的波希米亞生活發生在第五、第六區，在河畔的聖米歇爾（Saint-Michel）和聖日耳曼（Saint-Germain）兩條大道一帶，她自己則住在貧困的十三區——巴黎南方窮陋之氣至今猶存的區域。[viii] 在一封一九六四年寫給黛安娜．阿提爾的信中，瑞絲說大家——亨利．米勒、海明威之輩——筆下的「巴黎」，根本不是巴黎，分明是美國在巴黎，或英國在巴黎。眞正的巴黎和那掛人沒干係——那些觀光客一來，眞正的蒙帕納斯人[ix]便收拾包袱，走了。[6] 透過福特，她認識了海明威、葛楚．史坦和愛麗絲．托克拉斯[x]。傳說中的「波西米亞女王」妮娜．漢奈特（Nina Hamnett）管她叫「福特的女孩」（Ford's girl）。[7] 但她自外於他們的圈子。

福特是個大塊頭——海明威說他根本像海象——權勢也不小。貴爲《大西洋兩岸評論》和《英國評論》（*English Review*）的編輯，他出過D．H．勞倫斯、溫德罕．路易斯（Wyndham Lewis）的作品，自己寫過《優良士兵》（*The Good Soldier*，一九一五年出版）。他的意見在文壇名聲響亮，而且舉足輕重。不過，他的私生活倒是有些令常人難以苟同之處。他塊頭雖然大，但很有異性緣。他不落俗的感情生活引發了醜聞，在一九二〇年代初迫使他與他的情人，澳洲畫家史黛拉·鮑溫（Stella Bowen）離開倫敦，住到國外去。喬伊斯曾這麼說他：

噢天父，噢福特，你眞不是蓋的。
爲了擁有你，少女、賢妻和寡婦通通求之不得。

福特不是瑞絲一再尋覓的那種踏實可靠的類型。他建議她把原本的名字艾拉·藍格勒改成珍·瑞絲，可說是創造了她。福特不只幫她成爲了一名作家，同時讓她將自己視爲作家。出於工作原則，她會關在房裡數小時寫稿，而他教會了她如何做文字的取捨。當一篇故事寫得太濫情，他教會她辨別過分在哪裡，他還給她寫作練習：如果一句話不對勁，他建議她把句子翻譯成法文，如果還是行不通，刪掉它。福特年輕時曾和年紀較長的作家約瑟夫·康拉德同住，全

viii 當代十三區有豐富且特色鮮明的亞洲飲食文化，以中越餐館居多，饕客如織。該區亦有若干美術用品批發行，可見當地學生與藝術工作者進出。
ix 蒙帕納斯人（Montparnos），指住在巴黎蒙帕納斯（Montparnasse）一帶的居民、藝術家、作家。蒙帕拿斯在第一次世界大戰後是文人雅士時常流連聚會的地段。
x 葛楚·史坦（Gertrude Stein，一八七四—一九四六），美國作家與詩人。愛麗絲·托克拉斯（Alice B. Toklas，一八七七—一九六七），美國作家，史坦的伴侶。

天候合作，同寫了三本小說。瑞絲一來和福特、史黛拉・鮑溫住，就輪到他來當她的駐點導師了。但瑞絲可不是蓄著鬍子的中年波蘭水手。對精力旺盛如福特的男人而言，客居家裡的漂亮小姐令他難以招架。他們之間的關係無可避免地超出了教與學。

當然，這沒有好下場。瑞絲後來察覺他對她造成的衝擊難以掌控。在給法蘭西斯・溫德罕（Francis Wyndham）的信中，她說：「我認爲他沒有影響我的寫作，但他影響我太深了，結果是一樣的。〔……〕我恐怕無法前後一致地述說這一切，也不會嘗試。」[8]這段感情的文學潛力簡直無可限量，後來他們都各自寫下了小說版本的糾纏：瑞絲寫了《四重奏》（一九二八年的初版，題爲《態勢》〔*Postures*〕）；福特寫了《當那個壞男人》（*When the Wicked Man*，一九三二年出版）；鮑溫完成了自傳《汲自人生》（*Drawn From Life*，一九四一年出版——瑞絲在裡頭被稱爲「實在悲劇的女子，寫了本出版不了的壞胚子小說。」）；藍格勒也寫了部小說，題爲《禁錮下》（*Barred*，一九三二年出版）。[9]雖然小說荒誕不經，瑞絲親自將《禁錮下》翻成了英文，好好編修了一番，苦苦讓出版定案，作者化名爲愛德華・德・涅夫（Edward de Nève）。有人覺得她根本重寫了那本小說，讀起來倒很像是她自己的作品。

*

一九九九年在巴黎，我沒得向福特・馬多克斯・福特學習，但我有海明威。自信滿滿的海明威，他生命的每個時期都是個彈孔。評論家雅各・麥可・里蘭（Jacob Michael Leland）曾說：「海明威的主人翁在第一次世界大戰失去了某些男子氣概，他便用各種傢伙補回來——在上密西根州是一根釣竿或一把小刀，在非洲則是一桿獵槍。」[10]那個把風情萬種的哈德麗・理察森（Hadley Richardson）娶走了的男人，爲了寶琳・波飛芙（Pauline Pfeiffer）拋棄了她，接著又爲了瑪莎・葛虹[xi]離開寶琳。葛虹身爲作家兼記者，是第一個和他並駕齊驅的女人。當她讓他感到相形遜色時，他會試圖鬥智，設法在報導上搶先她。（他們的婚姻崩解後，如果誰提起她和海老爹的婚姻，葛虹會拂袖而去。）我向這不太有師範的老師學習，直到我發現了珍・瑞絲。

若只說我覺得《流動的饗宴》（*A Movable Feast*）很有啓發性，恐怕還不足道盡它的好——雖然今天在大庭廣眾之下拿出這本書會很丟臉（我在教《太陽依舊升起》〔*The Sun Also Rises*〕時，拒絕在地鐵中從包包亮出這本書）。但一九九九年的我傻傻還不懂事，會在住處附近的咖啡館坐下來樂樂地讀，偶爾停下來寫些東西。從第一章開始，年輕的海明威把我即將愛上的城市呈現在眼前——哪樣的咖啡館適合工作，寫故事時好好來杯咖啡牛奶、聖詹姆士

xi 瑪莎・葛虹（Martha Gellhorn，一九〇八—一九九八），美國小說家、記者，名作家海明威第三任妻子。

蘭姆酒、一打生蠔和半瓶白酒，同時打量咖啡館裡所有的人——我就知道這本書和我之前讀過的都不一樣。青春期多數的日子裡，我讀著所有能到手的東西，基本上就是柯馬克公共圖書館史密斯鎮分館的所有藏書。從麥德琳・蘭歌（Madeleine L'Engle）和童妮・摩里森（Toni Morrison）到雪維亞・普拉絲（Sylvia Plath），以及背景設在攝政王時期的浪漫小說（活潑的約瑟芬到底會嫁給士兵還是花心浪子？）。連我大學時看的書，像是珍奈・溫特森（Jeanette Winterson）的《熱情》（*The Passion*）、佛斯特（E. M. Forster）的《窗外有藍天》（*A Room With a View*），通通是小說，和我自己的經驗天差地遠。但《流動的饗宴》給我的是一個在巴黎左岸的年輕美國人，上咖啡館、學著當作家。那時的海明威沒比我大多少，雖然他經歷過了第一次世界大戰，結了婚，更不用提他還是條雄糾糾的漢子。而我則是個郊區來的大學生，年輕天真，見識過的戰爭是由美國媒體機器先消化過的電視報導和照片。就算我們之間有著不同的經歷，我感覺我們有著一樣的直覺。咖啡館裡快樂的交會，佐著一切的刺激事，工作以及在城裡路上萍水相逢的人，給了我理想的寫作環境。

我在拉法葉百貨公司（Galeries Lafayette）的文具店找到了兩本線圈筆記本。它們不大，跟平裝書差不多，用的是沒壓線的好紙，厚度適中，一本封面是薄荷綠，另一本是香草色。我便在巴黎一路帶著筆記本，有空便在上頭塗塗寫寫。現在我走到哪兒，身上仍會帶本筆記本。

這是我從海明威學來的。

但海明威慣於以駕馭之姿對待巴黎和巴黎人，這點使我不悅。在咖啡館監視著門邊一個漂亮的年輕小姐，他說他找到了把她「放入」一個密西根故事的靈感。但他又寫道：「她選了個可以看見街上和門口的位置，我知道她在等人。」這幾乎是個不合邏輯的推論（non sequitur），海明威彷彿將要解釋爲什麼他無法將她寫進去，所以將就著說她在等人，好像她屬於別人和別的地方，因此無法被「放入」海明威想把她挪進的地方。他悠然跳過了她男友，寫下了出名的「我見過你了，美人。現在你是我的了，管你在等誰，或我之後不會再見到你了。你屬於我，全巴黎也屬於我，而我屬於這本筆記本和這枝鉛筆。」[11]我在咖啡館環顧四周，沒見到什麼帥哥美女，如果我有見到，我也很難覺得他們屬於我。海明威把觀看和權力相提並論，很難不冒犯到今天的我——女人、巴黎，凡是他細細打量的東西都「屬於」他和他的鉛筆。我感覺到的正好相反，並非占有，而是歸屬。

*

瑞絲之所以變成作家，也是場意外，一場買了筆記本之後發生的意外。她和蘭斯洛分手後在倫敦便無所用心，接著搬進了間落魄寂寥的套房，社區的名字恰好叫世界的盡頭（World's End）。「我得買些花或盆栽什麼的，」她回憶道，所以她出門去尋找。12

我經過了一間文具店，櫥窗裡陳列著許許多多羽毛筆，紅的、藍的、綠的、黃的。如果把一些筆放在玻璃瓶裡，應該會挺好的，這樣便能點綴我的桌子了。我進去買了一打左右的筆。櫃檯上有些黑色練習簿引起了我的注意。那些筆記本和現在市面上的練習簿不一樣。大概是兩倍的厚度，封皮硬厚烏亮，線圈與邊線是紅的，內頁有線。我也買了些，不知爲何買的，就因爲喜歡它們的樣子吧！我還帶了一盒樣式我喜歡的筆頭、陽春的筆筒、墨水，和一個便宜的墨水瓶架。我想，現在那張舊桌子就不會那麼空虛了。

邁向寫作的這一大步來自漫遊，來自妝點一張醜桌的需求，爲了打造一間自己的房間。那些筆記本有著瑞絲之後會拿給姵羅．亞當看的稿子。

和福特在一起的時光幫助了瑞絲把自己稱爲作家。爲了要成爲作家，她得「放棄成爲一個快樂女人的夢想。福特幫她徹底、永遠地放棄了這件事……就像麥肯錫對茱莉亞一樣，他『破壞了她關於自己的一些必要幻想』。」[13]這聽起來過度詮釋了他們的關係，並強化了人們——尤其是女人——得為自己的創作受苦這種觀念。瑞絲筆下的女人們並不是藝術家，而她毋庸置疑是。照這樣說來，這就是她們受苦的理由——她們沒有支持下去的依靠。瑞絲的心情隨著和福特每況愈下的關係一起走下坡，但這不代表她會永遠不快樂。她之後還結了兩次婚，那些感情裡總有些什麼是開心的吧！我們要記得她並不是區區一個被世故負心漢占了便宜的無辜姑娘，和福特的關係開始時，她已經是個三十歲的人妻和媽媽了。福特是她人生的轉捩點，就像《離開麥肯錫先生之後》裡，對茱莉亞而言，在與麥肯錫先生那段情之前和之後是兩種人生；對瑞絲來說，在福特前後也是兩種人生。他並未揭開任何瑞絲生命內含的悲慘，他只是點破了一件事：她無可挽回地與眾不同，而且也永遠不會同流隨俗。我覺得這是她生活中不快樂的最大源頭，使她轉向酒精。

瑞絲以一種吳爾芙稱為「觀點上的不同」看世界。這個特質蘊含在她的女性角色中：她們無法穿搭或應對合宜，也無法提出正確答案，她們話中的資訊一下過多，一下太少，一下又答非所問。在巴黎，我們終於可以做自己；但就算在巴黎，別人的眼光總是免不了的。用瑞絲故事裡的話說，我們當中有些人「活在機器之外」（outside the machine）；這篇同名故事中，一個為憂鬱所苦的英國女子在一間法國診所中，等待著一場名目不明的手術。[14]她把護士與其他病患看作是「機械的零件」，具有她所缺乏的「力量，一種肯定感」，同時她認定他們有天會發現她缺乏那些東西。那機器永遠都是對的，而且會淘汰故障的零件：「『這個，沒用』，他們會這樣講。」瑞絲一九六九年發表一篇名為〈我監視著陌生人〉（I Spy a Stranger）的故事，故事中蘿拉在戰時的英國成為機器的一部分，機器開始與她合而為一的過程中，甚至意圖殺掉她：「每件事和每個人都有機械的一面，很嚇人的。每每我買地鐵票、上公車、逛商店，我覺得我就像機器中的一個齒輪，和其他元件互動，而不是一個和其他人有交集的人。被拽進一座想殺我的機器的感覺，成為了一種偏執。」[15]

瑞絲筆下的女人遇上的男人都是「在機器裡」好端端的一群人，因為作為金錢和保護的提供者，他們必須在機器裡。《離開麥肯錫先生之後》的同名主角體現了英式的道德常規。麥肯錫先生被形容為一個曾經擁有浪漫懷抱的人。瑞絲寫道，「年輕的時候，他出版過一本小小的詩集」，但他隨後發覺「那些任憑情感與衝動之風吹拂的人，都不快樂。」[16]於是他「樹立了一種態度，一種他鮮少背離的道德規範和舉止。」這就是他想要讓茱莉亞遵循的規範。《四重奏》裡像福特的角色——海德勒，他平靜地說：「我親愛的孩子啊，你的觀點和人生觀徹頭徹尾地行不通，為了大家好，你得改改。」[17]她得學會打理儀容。就在海德勒持續批評時，瑪莉亞心中想：「他的樣子活脫脫就是維多利亞女王。」

作家瑞絲比平常時的她風趣多了。

規範，機器，遊戲一場。你的觀點和人生觀徹頭徹尾地行不通。瑞絲的女主角玩不了這場遊戲，她駁斥那些非人和任意設下的規矩——那些衝著她來的規矩。她爲什麼融不進來呢？她身旁的人忖著。很顯然她並沒有付出努力。「當乖乖牌，或離開，」《在黑暗中航行》的安娜這麼想著。[18]我也有同感，當社會壓迫使瑞絲筆下的女人無從脫身，並一而再再而三從那沒剩幾條的出路選了最糟的，我還能逃向巴黎，逃避我試圖融入但終究失敗的地方。也許這就是爲什麼我挑了這個長島男孩，在國內他決計不會是屬於我的類型。和他約會，不管我會遭受多少羞辱，可以證明（但向誰呢？）其實如果我願意，大可融入。但我多少心知肚明：我只是在自欺欺人。

＊

我和瑞絲一同走在蒙帕納斯街頭。我在大道上來回，來往於學校和家裡。我在附近的餐廳吃飯，坐在圓拱咖啡館裡，在那裡五法郎能換到一大盅咖啡、同樣大盅的熱牛奶，能待上好幾小時。有時候我會去菁英咖啡館，和裡頭的大懶貓玩。在少數情況下，我會換去圓亭咖啡館，只是換換。瑞絲筆下的女人光顧咖啡館，點的會是餐前酒，一杯接一杯，直到某個好心男子請她們吃晚餐。我不知道怎麼找到會付我晚餐錢的男子，這招在巴納德學院是學不到的。取而代之，我花好幾小時在筆記本上塗塗寫寫，在一頁頁紙上煩惱我的人生到底怎麼了。我懷疑所有爲他百轉的愁腸，分析他說的隻字片語，只是爲了逃避現實——我們不會有結果，他是個混帳。但我決定了，我愛他，我要愛到底。

福特和瑞絲一樣熱衷在城市裡行走，熱衷到他宣稱一九〇四年在倫敦散步治癒了他精神衰弱的地步。他在自傳裡曾說，一位名叫泰博的醫師告訴他，基於他神經過度緊繃，他一個月內將會不久人世。換作是別人，聽到這樣的話便會回家休息，福特則直奔皮卡迪利圓環，四下走動並喃喃道：「去他的混蛋，我才不會在一個月內死掉。」和皮卡迪利圓環的交通周旋，讓他的病痛憑空消失了——在倫敦極不討喜的地區走動，或多或少震撼了他自己。[19]

這場即興的行走療法啓發了福特的城市書寫。他一九〇五年出的《倫敦的靈魂》（*The Soul of London*）揭開了他寫作生涯的序幕。作爲康拉德的高徒，福特傳承了水手的語言，用以描摹倫敦的不可知。「環英航行或環球航行都輕而易舉。但就算是最熱情的地理學家，也沒能記下倫敦的地圖。沒有人繞著倫敦走過。英國是個蕞爾小島，地球是眾星之間的小不點，但倫敦永無止境。」福特認爲要瞭解倫敦需要幾項技能：「善感、無我、專注觀看、整理見聞的冷血、無喜無怒的頭腦、豐富的同情心、對自己投身的『主題』一輩子感興趣以及博學多聞，以便和其他城市做比較。他求知興致勃勃又警醒清明，有著強健的體魄和細緻的心靈。」換句話說，他得是個漫遊者。

福特說小說家得要有本事「在群眾中掩人耳目，假若他想要觀察觀察」。小說家得學會的第一件事是「自我塗銷，永遠的當務之急。」這把小說家劃入了漫遊者之輩，既是群眾的一部分，也是群眾的觀察者。[20]對瑞絲這種女人，或她創造出來的女人而言，這難如登天。走過露天咖啡座要如何掩人耳目？一張張椅子正對著街頭，豈不方便店主好好打量走過的世界？當漫遊者以及男性小說家，能自由自在地低調遊走於人群中，瑞絲筆下的女人在其中寸步難行，切膚感到冷嘲熱諷的痛苦。她們奮力嘗試隱身而行。她們或許會把所有的錢花在治裝上——把阿斯特拉罕羔皮大衣當成一種保護色——但她們仍難逃被捕捉的下場，被男人招呼，接著他們會對她們近看不如遠觀的姿色大失所望。她們試著推銷自己，但這是不可能的。她們避免和熟人碰面，並對衝著她們而來的訕笑或睥睨武裝自己。「你怎麼這麼傷心呢？」街上的陌生男子問著瑪莉亞和莎夏，這個問題迴盪在每本小說中，像塊掉進管線的大理石。在咖啡館樓下的廁所裡，莎夏看著鏡中的自己，「我在哭什麼？」

瑞絲和福特對於書寫巴黎最好的方式有不同的看法。福特在《左岸故事集》的序言裡對瑞絲排除關於城市的具體描述，大嘆可惜。一點「地誌學」也沒有嗎？他問道。他記得她不只拒絕這麼做，還刻意刪去了一些不經意寫出來的描述性片段。她拒絕爲他浪漫化巴黎。「她的重點是激情、艱困和情緒，以及這些非物質的歷程被經受的地點」，他揣摩道。[21]

讀著這些小說與短篇，令人難以同意他的說法。那些歷程浸潤著巴黎的一切，浸潤的方式未必會討光說不練的旅行家的歡心、合福特的口味。左岸一些更爲親切的面貌——聖米歇爾大道、蒙帕納斯大道、塞納河、河邊一段堤道、一間咖啡館，或一家商店——被瑞絲透過她角色的感情生活過濾和轉變。在《四重奏》裡，瑪莉亞的丈夫一被逮捕，克利希大道（Boulevard Clichy）的路樹的枝梢成了「出奇羸弱的裸露手臂，伸向無星的天空」，彷彿城市和瑪莉亞合爲一體，一無所有且袒裼裸裎，彷彿這場打擊把瑪莉亞變成了樹精，或將樹精變成了城市。[22]接著她沿著聖賈克路（rue Saint-Jacques）走時，將那條路重新命名爲「流浪貓街」，自比爲在那裡所見的貓咪，「逡巡著、逃亡著，瘦削的流浪者，警覺神秘，事不關己，傲氣異人。」[23]與其將城市變成一個物件，瑪莉亞將之轉成一面神奇的鏡子。而行走也可以是一種自我逃避——隔天「一片茫然」，她「漫無目的、不眠不休地一直走，好像如果她動得夠快，她便能逃脫獵取她的恐懼。」[24]一旦她看清擔憂於事無補，「巴黎街衢永無止盡的迷宮」給了她「奇異的快感。」[25]

莎夏的蒙帕納斯有著非常個人化的面貌：「在有些咖啡館裡我是個寵兒，有些則不；有些街頭很友善，有些則不；在有些房間中我也許會很開心，有些則永遠不會。」[26]所有的小說場景大多設在咖啡館、旅館以及城市的街頭巷尾，各個女主角行走其中，背後是發生在咖啡館和旅館中的羞赧邂逅。舔一點窗子（lèche-virtrine）——櫥窗邊的只看不買——是她們新目標的來源：新帽子、新洋裝、新外套，接著一切就會好起來。城市的街巷時而交織爲一，時而無止境地延伸，時而讓她想起倫敦，但暗藏驚喜。希望在瑞絲的小說中是沒有定數的。瑪莉亞在片段中聽見了「六角手風琴的低吟」，當一個男子正要試著彈奏〈對！我們沒有香蕉〉（Yes! We Have No Bananas）。他彈得很破，使瑪莉亞「有種憂愁的愉悅，像走在窄街的陰影裡會有的感覺，一逕盡是破落香水店、二手書攤、廉價帽店、有著濃妝女和大嗓門男子的酒吧、接生間……」[27]

瑞絲筆下的女人偏好顯突而出、渾樸不馴的巴黎，勝過那些拋光美化過的名勝之地。瑪莉亞不服丈夫的意思，漫遊的動線超出了有頭有臉的蒙帕納斯區，觸及十四區與十五區的過渡帶。她往偏處走，便發現了「滿是戴扁帽男子[xii]的餐館，互相叫罵著，有臺留聲機唱個不停。

xii 扁帽是當時勞工慣有的穿著。

櫃檯下有隻好看的白狗，人們叫牠沙沙，扔骨頭給牠，吠起來像發瘋一樣。」[28]就算行至人多之處，瑪莉亞仍會找到不循規蹈矩的角落。就在車水馬龍的蒙帕納斯大道上，有間詹吉咖啡吧，「不像那些時興的地方，滿是削鮑伯頭的長腿女子，有男伴簇擁，清一色打著稱頭的領結，神色跩上了天。不一樣的是，詹吉小些、半滿、東西便宜，像咖啡就比圓亭少個五分錢。」在瑞絲一篇題爲〈藍鳥〉（The Blue Bird）的故事裡，女主角走進了受歡迎的圓頂咖啡館。天熱，人們聚在露天的座位上，「有群常客是高談闊論的年輕紳士，上穿針織毛衣，下搭刻意折舊的褲子，招風作態，擺著臀部；店裡頭則有一窮二白的坐客，神氣地據著一杯咖啡牛奶。」女主角和她的伴往裡頭坐了去，避開人潮。[29]

對瑞絲筆下的女人而言，走進自成一格的奇境是回家。茱莉亞有次在櫥窗前目不轉睛地駐足，看著裡面「畸形足部的翻模、狗和狐狸的塡充玩具，和月亮的相片。」[30]在塞納河路上的一間店外，她站了良久，望向櫥窗裡的一幅畫，「畫著一個似是被紫色開瓶器纏繞的男人。下方題著『La vie est un spiral, flottant dans l'espace, que les hommes grimpent et redescendent très, très sérieusement』。」——人生是條飄移的螺旋，人往上爬，然後一本正經地往下，往下滑。[31]像茱莉亞這樣的女子站在外頭，看著他們這樣做。但外頭也可以是個好地方。在街上漫遊，欣賞櫥窗，沒有特定的目的地，茱莉亞感到「平順靜好」。「她通身舒坦，溫潤的空氣恬然拂在臉上。她感到完整、無拘無束地自外人事。」[32]發生在瑞絲的小說以及小說中女人們身上的悲劇，是她們無權靜靜站在外頭——機器不是這樣運作的。

*

瑞絲是個左岸女孩，和過去的我一樣。除非爲了公事或愛情，或愛情的可能，我們不會過河。我在他第二區的小房間裡度過了許多夜晚，就在證券交易所那帶。在他那邊的路上，九月四日路[xiii]有間叫聖羅蘭（Le Saint-Laurent）的咖啡館在他家隔壁。我的名字熠熠閃爍在他住處隔壁的霓虹燈上[xiv]，被我當成了一個，嗯，一個好兆頭。那些夜晚現在融成了單一個夜晚，第一個也是最後一個。他穿著紅色的長袖馬球衫，公寓裡太暖了。有隻名叫藍莓的貓，是他室友的（不像貓的名字，那女生的名字我倒忘了），在一旁晃悠。熱水壺滾了，茶包在馬克杯裡——薄荷茶。旁邊擱著一缸結晶蜂蜜。當我在巴黎的冬夜泡薄荷茶，我決定留下來的第一晚，

xiii 九月四日路（rue du Quatre Septembre），紀念一八七〇年九月四日，拿破崙三世退位，李奧·干貝達（Léon Gambette）宣布成立法蘭西第三共和國。

xiv 作者名原文為Lauren。

那份記憶彷彿茶包裡收乾成精的乾燥葉片。熱水一澆，它便會通通會湧上來——一個七樓的房間，臨著鋪滿鐵灰鵝卵石的中庭，向外望去是一重一重的屋頂和煙囪，白煙直竄夜空。當我的目光越過屋頂，看向中庭，碧玉（Björk）的歌聲在我腦中響起，歌唱道她想像著自己的身體栽向岩石的聲響[xv]。窗戶洞開，窗外的屋頂和鵝卵石看起來比房裡的虛幻世界更實、更硬了。但鵝卵石冷冰冰的現實使我不爲所動，沒跳下去。

瑞絲沒有自殺，她未曾試過。她覺得自殺情緒化又懦弱。但她嗑上了安眠藥，在自殺邊緣蠢蠢欲動，我則倒向了酒精。隔天，我們都麻木地癱在床上。我們都直逼向邊緣，爲的是要證明我們在最後關頭克制自己，知道到崖邊的感覺是什麼。我們爬到這麼高並沒有得到什麼視野，爬得越高，陷得越深。法文有句話：不幸的快樂（la joie du malheur）。爲《離開麥肯錫先生之後》配上莫迪里亞尼的封面，選得恰到好處，因爲他的畫在書中攫取了茱莉亞的注意，讓她走了神，同時覺得被那幅畫評價。最引人入勝的東西，引起的痛楚也最正中下懷。

一大早當鳥兒開始唱歌了，窄窄的床上，他面著一邊的牆，我靠著他的背，思緒橫流：灰濛濛的早上，和這個不要我又不讓我走的人在一起，我到底在這裡做什麼？

那段時間我聽很多的碧玉，尤其是那首歌，和歌裡的念頭一樣想被保護。那就是我二十歲時想要的全部，一旦我嚐到了不安定的滋味，我只要安全感。我正在讓那具機器一點一滴奴役我，我必須學會反抗，站起來，離那扇窗遠一點。

*

十年後我成了留學計畫的教授，在一堂關於「文學中的巴黎」的課，教著《早安，午夜》，那一切在我腦中浮現出來，仍歷歷在目。基於他們自身的不快樂，那些來自還不懂如何表達欲求，甚至也不知道所欲何物的二十歲心靈的不快樂，我的學生認同莎夏的遭遇，就像過去的我一樣。二十歲的人在巴黎穿衢越巷尋覓意義，渴望著經驗，但他們還沒學會保護自己。他們一頭栽進絕望裡，只是想知道絕望的感覺是什麼，或想知道自己有多堅強。

一個星期之後，我遇到學校的心理醫師。她對我說「就是你害的！」「你就是上星期教珍・瑞絲的人。」「對」，我小心翼翼地回答，「怎麼了嗎？」「你有四個學生跑來找我，被那本書弄得很慘！」那些學生的其中幾位在我的諮詢時間來見我。其中一個是班上的佼佼者，一個神采飛揚的加勒廷學程（Gallatin major）學生，對書本感同身受地揮書宣稱：「我就是珍・瑞絲！」那時他感情不順，愁著他以後再也沒辦法快樂了。他說景況淒慘又離家千里，感覺起來

xv 指碧玉的〈激亢情歌〉（Hyperballad），同名專輯一九九六年發行。

既孤寂又興奮。另一個學生哭著來找我。她男朋友劈腿了，讓她覺得自己索然無味。

二十幾歲的人這樣說來有點像四十歲。我們失去的人感覺就像最後一個會要我們的人。在長出皺紋、頭髮花白之前，我們便已經在懸崖邊緣向下望了，只因二十歲的人無法想像事情還可以更糟。

我再也不會遇到和他一樣愛我的人了，我的學生這麼說。謝天謝地，我沒說出口。

搭地鐵北線到圖騰漢廳路站，沿著圖騰漢廳路走，經過手機倉庫、Boots門市和大間的即客（這可以是倫敦、是英國任何一個地方），接著到貝德福大道交叉口。猜猜看——i

倫敦・布魯姆斯伯里
London · Bloomsbury

倫敦本身帶給我源源不絕的引力和刺激，送給我一部戲、一則故事及一首詩，輕鬆省事，除了得拔足上街走。

——維吉尼亞・吳爾芙日記，一九二八年五月三十一日

我明明站在布魯姆斯伯里街上，可是Google地圖卻說我在貝德福廣場上。[ii]

我在黑莓機螢幕中的淡黃色的地圖上，檢視倫敦縱橫交錯的小方塊。我點了「搜尋地圖」，鍵入「布魯姆斯伯里街」。搜尋方格提供了別的答案：你說的是布魯姆斯伯里道（Bloomsbury Way）嗎？還是布魯姆斯伯里廣場（Bloomsbury Square）？這東西想幫上忙，但沒有。在街角

閃爍的那顆小藍點點，分明就不是我所在的地方。我無法把自己的所在地和目的地歸結成一條路線，因爲我根本不在地圖認爲我在的位置。但如果是我自以爲在別的地方呢？我到底在哪裡？這是個智慧型手機造成的存在危機。牛津街（Oxford Street）跑到哪裡去了？北邊呢？我轉了一個又一個彎，手機上的地圖和我面前的街道冒出一堆幾乎如出一轍的路名：貝德福廣場，貝德福大道，然後是貝德福府邸。[iii]這就是爲什麼我現在站在布魯姆斯伯里貝德福街廣場道，徹徹底底的混亂。一絲絲線索都顯得意義重大，但天知道那到底是什麼意思。我想起了一九二二年，維吉尼亞·吳爾芙向回憶錄俱樂部（Memoir Club）的朋友們發表了一場著名的談話。她問道：「布魯姆斯伯里到底有多大？布魯姆斯伯里是什麼？例如貝德福廣場是否包括在內？」[1]就我所知，貝德福廣場包含了布魯姆斯伯里的一切，布魯姆斯伯里出不了這地方的。

我自認對這一帶挺熟的。我走過圖騰漢廳路非常多次。但今天我遇到了不少施工處，碰了一鼻子灰。他們正在城市深處大興土木，就在這裡，在倫敦的表皮，所有尋常的面目都走樣了。

i 一路經過的地名原文為：地鐵北線（Northern Line）、圖騰漢廳路站（Tottenham Court Road Station），以及貝德福大道（Bedford Avenue）。手機倉庫（Carphone Warehouse）為英國手機零售商。Boots 為英國與愛爾蘭連鎖藥妝店名。即客（Pret A Manger）為英國簡餐咖啡連鎖店品牌。

ii 布魯姆斯伯里街（Bloomsbury Street）與圖騰漢廳路平行，貝德福廣場（Bedford Square）位於兩條路之間。

iii 貝德福大道（Bedford Avenue）；貝德福府邸（Bedford Court Mansions）。

搞不好我向左一轉，會轉入北京市中心去。

我得去議事大樓（Senate House）參加研討會。我往自認正確的方向多走了幾步——一片陌生的景象。我問一名建築工人知不知道馬烈特街（Malet Street），忖著既然他正替這區整容，總清楚這區的東西南北吧！「馬烈特？」他問。我把字拼給他聽。他不知道。「那我們現在在哪條街上？」我問。他不知道。我指向路底可見的一叢綠意，「那裡，那裡是羅素廣場（Russell Square）嗎？」他回答：「爲什麼每個人都問我羅素在哪裡？」我跟他道謝後便走開了。

那場研討會十分鐘後就要開始了，我得給人家一個好印象。作爲一個即將跳入人力市場的新科博士，這領域的經濟情勢險惡，我可不想當個第一天就遲到的女孩。我可不能打斷會議。拜託讓我偷偷溜進去就好。爲什麼我不多留點時間呢？爲什麼我沒帶街道圖？爲什麼我總是他媽的迷路？

不知道是靈光乍現還是預感作用，我向左一轉，正對著我的就是議事大樓。

*

和倫敦其他地方相比，布魯姆斯伯里區一度是我最熟的，還能迷上一次路，想來好好笑。

我在二〇〇四年初次造訪那區，那是我搬到巴黎之前的夏天。我去參加紀念維吉尼亞・吳爾芙從出生地肯辛頓（Kensington）搬入布魯姆斯伯里一百週年的研討會。她爸爸過世後，吳爾芙和她的兄弟姐妹離開了海德公園大門（Hyde Park Gate）二十二號的祖宅，在當時被認為是特異之選的城區展開新生活。吳爾芙之後便一直住在布魯姆斯伯里（除了中間有十年的時間，她丈夫命令她住在郊區），直到她過世。布魯姆斯伯里支持著也啓發著她，讓她的筆墨未曾乾過。我住在高爾街（Gower Street），那裡有排露臺洋房改建成了旅館，樓梯平台上有共用衛浴——那種可親的英式舊房子，房間裡有洗手臺和熱水壺。在裡面，我可以想像自己是解放了的年輕單身女，住在一九二〇年代的雅房裡。也許我是間旅行社的僱員，就像伊莉莎白・鮑溫（Elizabeth Bowen）《向北》（*To the North*）裡面的艾蜜琳（Emmeline）一樣。

六月天（生命、倫敦、六月的這個時刻[iv]）和我第一次拜訪倫敦時所見到的迥然不同——一九九九年，冷雨霏霏的一月，還讓我得了有史以來最嚴重的支氣管炎。布魯姆斯伯里改善了我初訪倫敦留下的糟糕印象，那時我遵行了陽春到不行的觀光客路線：特拉法加

iv 語出吳爾芙小說《戴洛維夫人》（*Mrs. Dalloway*）開頭第五段結尾：「在人們眼中，在漫步和趑趑趄趄裡，在嘈切錯雜的聲音裡；街上那些馬車、汽車、公車、篷車、徘徊晃蕩的三明治廣告人；銅管樂團；滾筒風琴；飛機呼嘯而過，在那君臨上空的高頻怪聲中有著她所愛的：生命、倫敦、六月的這個時刻。」

廣場（Trafalgar Square）、皮卡迪里圓環（Piccadilly Circus）和杜莎夫人蠟像館（Madame Tussaud's）。我還記得自己悻悻然地搭「歐洲之星」列車回巴黎。我在日誌裡寫道：倫敦有什麼好稀罕的？但就在二〇〇四年六月，倫敦對我撩了撩裙擺，漾出踝邊一番風姿。那時我想，噢，我好像接對頻率了。我在一間二手書店挑了些企鵝經典讀本（Penguin Classics），一本一鎊，有著頹舊的橘色書皮。我在酒吧外的野餐桌初嚐人生第一份皮姆之杯[v]。我在即客外帶了能擺一桌的食物，帶去羅素廣場一塊有陽光的草皮上坐著吃。我看著別人做著一樣的事情，以外人的眼光把他們視爲倫敦人，享受著他們的城市；但他們也大有可能跟我一樣，是個二訪倫敦的美國人，漸漸發現它的魅力。

我想用吳爾芙的方式看倫敦，於是一一造訪她的各處故居。我在塔維斯托克廣場（Tavistock Square）廣場上散步，她一九二四到一九三九年時住在那一帶。我走進廣場中央的公園，經過裡頭的吳爾芙胸像，但並不喜歡，後來發現那座胸像便是我研討會的主辦單位立的。那座銅像斑駁不堪，她的皮膚粗糙掉屑，好像她不只活了五十九歲，而是一百歲。我試著想像她披著柔軟髮膚的血肉之身，而非冷硬的銅軀，帶著某種表現主義式的大作家形象，好奇她穿的是哪種鞋子（胸像從不穿鞋的）。這就是吳爾芙居住過最久的布魯姆斯伯里，大部分的小說成書的地方。我四下踅來踅去，卻找不到她的房子。我記得地址是五十二號，戰時房子被轟炸過，但不知道那棟房子是現在的塔維斯托克旅館（Tavistock Hotel），現代玻璃窗磚房，帶點醫院機構的味道。我凝視著那些櫛比鄰次的無采磚頭，吳爾芙生活的百萬個點滴湧進我腦海，好像在一瞬之中我已經歷了它們全部。我的鑽研和回憶讓時間被重重壓縮：一九二〇年代中期某天，吳爾芙在廣場附近思索著《燈塔行》（*To the Lighthouse*），後來說那部作品是「一陣情不自禁的衝動」。[2]她有一次在貝德福列（還是貝德福坊？或貝德福廣場？）[vi]找到一間公寓，萬事俱備只欠家具——但他們家自己是有家具的——結果公寓不給租了，使她覺得那定是全倫敦最棒的住處。[3]一九三〇年有天她走在牛津街上，看人們奮力打架，「互相鬥倒在人行道上。老光頭，車禍，諸如此類，」接著又說：「走在倫敦是最棒的放鬆。」[4]有一次她在《跨大西洋評論》評愛德華・盧卡斯（E. V. Lucas），寫道：「我個人覺得，關於城裡的每條街，我們應該各讀一本書來了解，讀完還要找更多本。」[5]她在一九二五年的日記裡說：「我就喜歡初夏的倫敦生活——懶悠悠地在街上逛，和在廣場晃蕩。」[6]當《流年》（*The Years*）裡的佩姬（Peggy）回憶起一九一八年的轟炸，她心想：「死神守候在每個街角的路標，或更

v 皮姆之杯（Pimm's Cup），英式雞尾酒，以一比三混合皮姆酒（Pimm's）與氣泡檸檬水，佐薄荷、柑橘、草莓與小黃瓜片。

vi 貝德福列（Bedford Row）；貝德福坊（Bedford Place）。

糟的情況——暴政，暴行，拷打；文明的崩壞；自由的終結。我們在這裡，不過是躲在一片葉子底下，很快葉子便會毀掉的。」一九四〇年，吳爾芙走在塔維斯托克廣場，眼見他們家被轟炸過的殘骸，說：「地下室一片狼藉，只有一張殘存的舊藤椅（住在費茲洛伊廣場〔Fitzroy Square〕時買的）和只寫字檯，其餘都是磚木碎屑。一片玻璃門在隔壁屋外頭晃著。我能看見我房間有堵牆還在，四周只剩廢墟，我在那裡寫了好些本書。好些個夜晚我們露天坐著，開了好些個派對。」[7]

一九四〇到一九四一年間，她和丈夫李奧納德（Leonard Woolf）大多時間住在薩塞克斯（Sussex），但她盡可能地往倫敦跑，在城裡散步，親睹戰亂。她向艾賽爾·史密斯（Ethel Smyth）寫道，「當我看見熱愛的倫敦城被摧毀到剩下斷垣殘壁，心都揪在一起。」[8]倫敦彷彿「是一座死城。」她變得善感了起來，問艾賽爾：「你對法院巷（Chancery Lane）一帶和城裡某些小路小巷，有沒有那樣的感覺？」[9]接著在一九四一年的二月，她在日記中嘆道她從來沒有「花這麼長的時間」瞻思走覽。不意外地在同一篇日記中，擔憂「我之後是否該繼續寫下那些使我狂喜的句子？」[10]一個月後，她在衣袋揣滿了石頭，走進了奧斯河（River Ouse）裡。[11]

*

繼二〇〇四年之後的下一個夏天，那個廣場發生了爆炸案時，我待在巴黎的公寓。伊恩・麥克尤恩[vii]在《衛報》（*Guardian*）中說：「倫敦很難在刹那之間轉變，在短短一個早晨失去純真。〔……〕它在過去的好幾場攻擊中存活了下來。」[12]這段比較，指的當然是我自家的城市紐約，二〇〇一年之前未曾被攻擊過。相較之下，倫敦見識過戰役的硝煙。故事不過是重演了一次。麥克尤恩記錄下的倫敦仍恐慌不安，人們想知道：坐地鐵搭巴士還安不安全？這時國家會介入維安。他尋思：「我們究竟該撥給利維坦[viii]多少權力呢？我們會被要求拿多少自由來兌換安全？」

我們之中的大多數人並不想進行這項交易。

接下來的數個月，曼哈頓的街上和火車站出入著配戴機槍的軍隊。在巴黎的今天，歷經了《查理週報》（*Charlie Hebdo*）和超猶超市（Hyper Cacher）劫持案件之後，我家大樓外天天

---

vii 伊恩・麥克尤恩（Ian McEwan，一九四八—），英國當代作家，小說《阿姆斯特丹》（*Amsterdam*）獲一九九八年布克獎（Booker Prize），著有《陌生人的慰藉》（*The Comfort of Strangers*）、《贖罪》（*Atonement*）、《太陽能》（*Solar*）以及《甜食控》（*Sweet Tooth*）等書。

viii 利維坦（Leviathan），《聖經》中記載的海怪，見《約伯書》第四十一章與《詩篇》七十四章十四節等。一六五一年英國政治思想家霍布斯（Thomas Hobbes）以利維坦命名其著作。在該書中他指出人類社會原先處於「人皆相伐」（Bellum omnium contra omnes; a war of all against all）的自然狀態，為了終止該狀態，每個個體必須放棄一部分的自由與權利，並形成一種社會契約，共組政府。該契約賦予政府主權正當性，俾使政府行使權力。

有八個武裝警衛站崗，守著隔壁的猶太學校。

而這融入了生活的一部分。[13]

*

從此之後我成爲了布魯姆斯伯里的常客，到公園裡坐，到大英博物館逛，到倫敦評論書店（London Review Bookshop）或普西芬妮書店（Persephone Books）去，或在大英圖書館泡了一整天後，和朋友約在川菜館小聚。這是爲什麼那次徹底迷路如此的匪夷所思。研討會當天散場後，爲了不要在隔天重蹈覆轍，我回房翻開了街道圖，標出那些「貝德福」開頭的地名。那一帶，似乎所有東西都是貝德福地產的一部分，掌握在羅素家族的貝德福公爵手上。那裡的所有廣場——貝德福廣場、布魯姆斯伯里廣場、高爾登廣場（Gordon Square）、羅素廣場、塔維斯托克廣場、托靈頓廣場（Torrington Square），以及沃本廣場（Woburn Square）——都是他們的。每個廣場都有塊藍色告示牌，說著布魯姆斯伯里派（Bloomsbury Group）的哪名成員過去住在那裡。高爾登廣場的告示牌的模樣如右頁圖：

這個非正式組織的成員還有羅傑・弗萊（Roger Fry）、凱因斯、佛斯特。他們是吳爾芙在那個城區找到自由的重要推手，尤其有一晚，李頓・史特拉奇（Lytton Strachey）爲多年積累下來的矜持氣氛破了冰。他指著凡奈莎[ix]洋裝上的白色斑點問道：「這是精液嗎？」從震驚中平復下來後，吳爾芙寫道，「在現在的高爾登廣場四十六號，我們可以無話不說，無所不做了。」[14]桃樂絲・帕克（Dorothy Parker）記道：「他們各住在幾方廣場上，圍著圈畫畫，談三角戀愛。」布魯姆斯伯里派成形之前，他們是群受過教育、有文藝創作傾向，但各持觀點的不同人物。

ix 凡奈莎・貝爾（Vanessa Bell，娘家姓史蒂芬〔Stephen〕），吳爾芙的大姐。

ERECTED BY CAMDEN LONDON BOROUGH COUNCIL
HERE AND
IN NEIGHBOURING
HOUSES DURING
THE FIRST HALF OF
THE 20th CENTURY
THERE LIVED SEVERAL
MEMBERS OF THE
BLOOMSBURY GROUP
INCLUDING
VIRGINIA WOOLF
CLIVE BELL AND
THE STRACHEYS

告示牌內文：二十世紀上半葉，布魯姆斯伯里派的諸多成員，包括維吉尼亞・吳爾芙、克萊夫・貝爾與史特拉奇家族居住於此，以及鄰近的房舍。康登倫敦自治市政廳立。

雖然布魯姆斯伯里一度矜貴又布爾喬亞，但在二十世紀早年衰退了。年輕上班族比上流貴婦更有可能住在那一帶。那裡擺明了不是像史蒂芬家的姑娘一樣的年輕淑女會搬去住的地方，要是她們忍得住的話。那一帶有濃濃的書卷氣和歷史味，吳爾芙鐵定是喜歡的，就像我也深受吸引。大英博物館就建在蒙泰古樓（Montague House）的位址上，蒙泰古樓曾經藏有許多出名的壁畫與家具，長年是各個王朝收藏寶物的地方。在薩克萊[x]的《浮華世界》（*Vanity Fair*）裡，羅素廣場就是賽德利（Sedley）和奧斯本（Osborne）家族宅邸所在之處。薩克萊和吳爾芙一家有姻親關係，萊斯利．史蒂芬的元配正是小說家的女兒。[xi]吳爾芙十四歲生日時，她同母異父的哥哥喬治送了她奧古斯特．黑爾（Augustus J. C. Hare）一八七九年寫的《倫敦散步》（*Walks in London*）。根據那本書，布魯姆斯伯里是布魯蒙德斯伯里（Blemundsbury）的訛傳，來自十三世紀「德布勒蒙特（De Blemonte），布勒蒙德（Blemund），或布勒蒙（Blemmot）家族的別墅」。[15]那個地區的所有東西都紀念著那一家封爵的軒冕榮光。拿郝藍街（Howland Street）和史崔坦街（Streatham Street）來講，這兩條街「紀念一六九六年，來自史崔坦的約翰．郝藍（John Howland）之女嫁給了公爵二世。高爾街（Gower Street）和克普街（Keppel Street）建於一七七八到八六年間，紀念的則是公爵之子在一七五六年受封爲愛爾蘭總督（Lord-Lieutenant of Ireland）。」高爾登和托靈頓廣場則紀念那個家族的別場婚姻。而離我在貝德福廣場大迷路的不遠處，六號房子在一八〇九年至一八一五年曾是某個艾爾登伯爵（Lord Eldon）的住處。黑爾記載道，就在那間房子裡，攝政王子（the Prince Regent）「爲了他的朋友機智的傑科（Jekyll the wit），撤銷委任艾爾登伯爵在大法庭的席位。」16

搬到布魯姆斯伯里的決定，有一部分要歸功於凡奈莎。她打包了舊家的東西，找到新家，安排從舊家到新家的搬運。從頭到尾吳爾芙都待在鄉下，從最近一次的精神崩潰和自殺念頭走出來，恢復休養。她寫道，「高爾登廣場四十六號就是這麼成形的。」好像連整棟房子都是凡奈莎一磚一瓦蓋起來的。布魯姆斯伯里派中的幾人，有個名爲回憶錄俱樂部的聚會，在會中他們和彼此分享自傳。吳爾芙在幾篇寫給俱樂部的散文裡中比較了肯辛頓的舊家和高爾登廣場的新家。她似乎無法在談論到其中一間時不提到另一間。在〈老布魯姆斯伯里〉（Old

---

x 威廉·梅克畢斯·薩克萊（William Makepeace Thaceray，一八一一—一八六三），英國小說家。

xi 萊斯利·史蒂芬（Leslie Stephen，一八三二—一九〇四），英國作家。元配為小說家薩克萊之女哈莉葉·薩克萊（Harriet Thackeray，一八四〇—一八七五），他們育有一女蘿拉·梅克畢斯·史蒂芬（Laura Makepeace Stephen，一八七〇—一九四五）。哈莉葉過世後三年，史蒂芬於再娶茱莉亞·達克沃斯（Julia Duckworth，娘家姓傑克森〔Jackson〕，一八四六—一八九五）。茱莉亞原先跟賀伯·達克沃斯（Herbert Duckworth）育有三名子女：喬治（George，一八六八—一九三四）、史黛拉（Stella，一八六九—一八九七）、傑拉德（Gerald，一八七〇—一九三七）。之後史蒂芬與茱莉亞育有凡奈莎（一八七九—一九六一）、托比（Thoby，一八八〇—一九〇六）、維吉尼亞（一八八二—一九四一）以及阿德良（Adrian，一八八三—一九四八）。

Bloomsbury）中，吳爾芙說海德公園大門二十二號的「影子」長長曳在布魯姆斯伯里那兒，「沒有海德公園大門二十二號在前，高爾登廣場四十六號就不會有現今的意義。」並且顯而易見地，海德公園大門二十二號的「抑鬱」經過隨後自由自在的生活一襯托，在吳爾芙的腦中更加幽暗了。[17]布魯姆斯伯里似乎是「世界上最美麗、最令人興奮又最浪漫的地方。」[18]海德公園大門周圍繞著一股矜守難近的氣息，但在布魯姆斯伯里她聽得見車馬的「喧騰」，在街上遇見神的各種創造物：「有那麼些人，詭異得緊，甚至有點壞，就是怪，在我們窗外鬼祟來去。」[19]

隨著那個地段人氣消退，布魯姆斯伯里變得實惠了起來，對那些沒落——但還不至於窮到發慌——的上流世家款款招手。那裡招租的屋子比比皆是，許多出來工作的年輕單身女性趨之若鶩。[20]珍．瑞絲一九一七年便曾在托靈頓廣場的一間廉價旅館落腳過。那裡供應的「湯裡有頭髮」，環境「涼風陣陣、髒亂不堪、名聲敗壞」，但仍算得上「舒服、溫暖，而且好玩」。[21]地方上的報紙多的是吉屋出租的廣告，尤其是租給年輕女性的，有許多間還受到了補助來提供她們住宿。這些地方多半「由慈善機構經營，讓年輕女子可以既有私人房間，也有食堂和公共空間，像個社群一樣住在一起。」[22]當時的名作家湯瑪斯．伯克（Thomas Burke）便曾說這些地方是「那種比較不幸的妓女巢穴」[23]。它們也是政治改革運動的溫床，和婦女參政運動（the suffrage movement）緊密相連。婦女參政運動分子（suffragettes）就在吳爾芙剛搬入的那陣子開始遊行，許多組織的總部都設在該地。女性社會政治聯會（Women's Social and Political Union）總部在羅素廣場；全國婦女參政運動協會（National Union of Women's Suffrage Societies）總部在高爾街上。在她一九一九年的小說《夜與日》（*Night and Day*），吳爾芙筆下的女性主義運動者瑪麗·達契（Mary Datchet）便在布魯姆斯伯里賃居。芭芭拉·格蘭（Barbara Green）在書中寫道「我們能說，吳爾芙敢上街散步是因爲婦女參政運動者先開始上街示威。」[24]

從今天看來，史蒂芬家的小孩搬去那裡住的含意並不明顯。我們對於有錢人爲了省房租，而挑破一點的地方住習以爲常。在他們找房子時，吳爾芙在日記中寫道她姐夫曾警告他們那一帶「很差」，「我們不該邀請任何人來拜訪，或來吃飯。」[25]但對吳爾芙而言，布魯姆斯伯里是個全新的生態系，她維多利亞家門外那帶著「東方式抑鬱」的區塊，能換成布魯姆斯伯里廣場群鮮明敞亮的街道，羅列著喬治式的露臺。到了布魯姆斯伯里，吳爾芙甩開了家族的包袱——擺脫了媽媽，屋中的天使（the Angel in the House），也擺脫了爸爸，有頭有臉的維多利亞紳士（the Eminent Victorian）。她寫下了一則短篇故事〈菲禮斯與羅莎蒙〉（Physllis and Rosamond），裡頭的一對年輕淑女，顯然就是依著維吉尼亞和凡奈莎塑出來的。當她們去布魯姆斯伯里拜訪她們的藝術家分身崔斯坦姐妹（the Tristram sisters）時，那裡的建築讓她們意識到，她們被宣判住在無可挑剔的貝爾格萊維亞（Belgravia）和南肯辛頓（South Kensington）街區，關在那些「粉飾泥牆」裡。菲禮斯渴望用那些宅邸來換布魯姆斯伯里那「寬大安寧的廣場」，「在那裡，有空間，有自由，她可以在車馬喧騰與人聲鼎沸的華麗中閱讀活生生的世界，而不是被困在由粉飾泥牆和戒備石柱隔開的世界。」[26]

〈菲禮斯與羅莎蒙〉中虛構的肯辛頓，人活著就是要「在醜陋的樣版中被教養，好順從那裡人們故步自封的醜惡。」[27]布魯姆斯伯里讓他們可以自己重新打樣，他們也這麼做了。果然，布魯姆斯伯里派的人約十年後創立了歐美嘉工坊（Omega Workshops）[xii]，用現代或後印象派的圖樣製造家具、織品和陶器。史蒂芬家的孩子離家自立時，吳爾芙記下他們決意獨樹一幟，一路闖出來的叛逆蹊徑。他們「大興實驗和改革」，她在寫給回憶錄俱樂部的文章裡說，「我們不打算擺餐巾了，改用很多布洛摩（Bromo）衛生紙；我們要來畫畫和寫作；我們九點鐘不用茶了，要改在晚飯後喝咖啡。每一件事都會重新開始，每一件事都會不一樣——每一件事都是實驗。」我猜想布洛摩是愛德華時期出的廚房紙巾，雖然未必好用，但聽起來挺滑稽的。小吉尼愛上了重新整頓臥房，她在日記中說她改了又改，改了又改，直到她「喜歡爲止」。[28]

所以當數年後，吳爾芙在回憶錄俱樂部問：「布魯姆斯伯里到底有多大？布魯姆斯伯里是什麼？」時，對她而言，那裡不只是地理上的社區，還是個一群抽象概念的整體，包含創意、波希米亞式的生活和自由。布魯姆斯伯里是從哪裡開始的，又會結束在哪裡？大把大把的自由能帶來什麼？只是不再繼續用布餐巾嗎？

一九〇五年冬天，她沿著布魯姆斯伯里外圍繞，賦予了那份自由一個形貌。

*

年紀更大時，她創造了她的女主角戴洛維夫人（蕾秋·鮑比〔Rachel Bowlby〕評道：「戴洛維，一路花心摘玫瑰」）。[xiii]戴洛維夫人大概是二十世紀文學中最重要的漫遊女子。[29]這些是戴洛維夫人在小說開場說的幾句話：「我喜歡在倫敦行走。眞的，這比在鄉下走好多了。」對吳爾芙而言，能自己走在城裡是難以想像的自由，此行也幫助她成爲專職作家。行走使她找到寫作的題材。大街小巷上應有盡有。走過之後，她會在腦中重構那些路程，她在周遭所見到的芸芸眾生「宛如一個巨大的不透明團塊，假我之手轉譯成等值的語言。」[30]思索她在身邊所

xii 歐美嘉工坊（Omega Workshops）成立於一九一三年七月，意圖以傳達布魯姆斯伯里派美學的圖樣設計並製造工藝品。

xiii 原本的玩笑是「Dalloway who "dallies along the way"」。Dally既有信步閒逛，也有玩耍調情的意思，仰賴前後文的意思，同時和戴洛維的姓氏押韻。

見到的人這件事，將她推進了寫作計畫——如何在紙上重現「生命本身」。爲此她一再走向城市——她「生命中的熱情」。她覺得街上的嘈雜彷彿是種話語，她時而會停下來傾聽，試著記住。[31]在《海浪》（*The Waves*），那份傾聽的欲望轉而成爲「我開始希冀那些像是愛人之間才會說的瑣碎話語，零零落落，辭不達意，像街上達達的腳步聲。」[32]倫敦的鏗鏘踢躂，是生命本身的脈動。

吳爾芙的日記、小說、散文和信件，無不和城市有關，尤其關注著街上的女人。她在《自己的房間》（*A Room of One's Own*）裡承認了這件事：

> 這些無限謎樣般的生命需要被記下來，我這樣向瑪麗．卡米蓋爾（Mary Carmichael）說道，好像她在場一樣。接著我回到倫敦街上，心事重重，揣想那份冥昧、那一重重無名的生命如何沉沉壓下來。那也許是扠腰立在街角的女人，戒指箍著肉嘟嘟的指頭，開口像講莎士比亞的劇白一樣，比手畫腳；也許是賣紫羅蘭的，也許是賣火柴的，也許是龍鍾看門的醜老太婆；也許是漂泊的女孩，她們的臉像雲日之間波動的光，昭示著男男女女的來去，映著點燈的櫥窗。我告訴瑪麗．卡米蓋爾，你只消好好握住手裡的火把，所有你能探索的——都在那裡。[33]

街道是吳爾芙挖掘戲碼的地方，她的書裡滿是她觀察的人群，走著，買著，忙著，停著。尤其是女人。有一次她為火車上坐她對面的女人做了一份角色速寫，並宣稱：「所有小說都是從對面角落坐著的老太太開始的。」[34]關於一個店裡的小妹，她記道：「我馬上能得到她真正的來歷，像把拿破崙的一生過個一百五十遍，或來場濟慈的第七十回研究，像某某教授終其一生鑽研的，濟慈詩中的米爾頓式倒裝句。」[35]

她也喜歡「在查令十字路（Charing Cross road）上的書店群閒逛，泡上整個下午，看見許多好東西，要是我包裡的錢夠，我會買下來——帕斯頓書簡、拉博萊和詹姆斯．湯姆森[xiv]。如果《泰晤士報》乏善可陳，我可是有道理這麼想的，想想我那些書。」十多年後，她寫道她當時能「在赫本（Holborn）與布魯姆斯伯里區的暗巷晃悠個好幾小時」。「一個人所見到的，和猜想的——關於那些亂哄哄的市井風景——就是那些。比肩繼踵的大街，是唯一促使我去思考『換作是別人他會怎麼想』的地方。」[36]吳爾芙開始出門四處走，時常牽著凡奈莎的狗一起去。牠一開始看起來像是想家，後來那一雙腳和四隻爪子都跟外頭越混越熟。一月二十六日她

xiv 帕斯頓書簡（Paston Letters），為十五世紀至十六世紀初紐佛克（Norfolk）地區帕斯頓家族的信件集。拉博萊（François Rabelais，生於一四八三至一四九四年間——一五五三）法國作家、古典學者，著有《巨人傳》（*La vie de Gargantua et de Pantagruel*）。詹姆斯．湯姆森（James Thomson，一七〇〇——一七四八），蘇格蘭詩人。

記道：「街上各式各樣的氣味幾乎彌補了花園。」她可能是在說她自己也可能是指小狗。[37]小狗葛斯（Gurth）開始跟在他的新主人背後，四處探索新家；她寫作時葛斯便坐在一旁，盼著等會兒能出去遛遛。

不久之後她變得活潑起來，不時去城裡或更遠的地方嬉耍。久而久之這成了習慣，在午餐前後來趟「每日一遊」。到三月底這成了她每週的「音樂會」。能看見年輕的吳爾芙新生活過得快快樂樂的，是樁美事。有著那些習慣和例行活動，好像她真的週週去聽音樂會一樣。獨立就是這樣培養起來的。二月二十二日，她說「我就是喜歡看東看西。」她在圖騰漢廳路上所見到的——那些傢具行和牛津街上的書店——遠比「一成不變的肯辛頓高街（Kensington High Street）」有趣多了。[38]第一次去布魯姆斯伯里時，我興沖沖昏了頭，在同一條街上裡裡外外撞見一堆二手書店，便以爲那就是圖騰漢廳路。直到最近一次去倫敦，才發現那是查令十字路——根本已經出了布魯姆斯伯里。我不知不覺跨過了牛津街，進了蘇活區（Soho）。一個外地人總有許多無法察覺到的疆界。

吳爾芙的城市旅行靠的不只有雙腳。她的最愛還包括搭公車去漢普斯戴（Hampstead），有時和凡奈莎一起，每次都坐上層。在一九〇五年，這要花上一個小時，用她的話說，這是趟「很棒的遠足」，不出倫敦就能沾些鄉村氣息。[39]五月七日她在「假日晨間去漢普斯戴郊遊，像我這樣的考克尼[xv]人，仍感到興高采烈。那裡有些很奇妙的東西——我想說甚至有點靈異——在倫敦中心出現一片鄉村景觀。」[40]從她父親去世前開始算起，她早期的日誌裡有數趟使她興奮的旅行。有一次她們去了漢普敦宮[xvi]，吳爾芙想像著舊時的幽靈樣貌。「她們才不像這些把大殿搞得吵死人的考克尼遊客，她們的臉才不像這些考克尼來的，才不，這些女士們是瓊樓玉宇的一部分。」當她獨自或同姐姐一起出門玩，兩個女人獨立而遊，我們看得出吳爾芙的自我成長。這是成人生活，這就是獨立，擴展城市的疆界，去看城裡有些什麼，找到靈感，在一個肯辛頓女孩身上找到考克尼的內質。我試想史蒂芬家的姑娘在巴士上層的樣子，坐著，張望著。她們可帶了本書看？她們閒聊嗎？聊些什麼？她們可會覺得彼此很煩，就此賭氣不講話？她們是咯咯笑呢，還是矜持微笑？

托比一九〇六年死於傷寒。凡奈莎一九〇七年出嫁了。如果吳爾芙的作品在教我們一件

xv 考克尼（Cockney）狹義上指倫敦市內方圓聽得見聖瑪麗勒寶（St Mary-le-Bow）教堂鐘聲的地區，出生於該範圍的人被視為標準考克尼方言的使用者。聖瑪麗勒寶教堂位於齊普賽街（Cheapside Street）上，西臨聖保羅大教堂。二十世紀中後，考克尼英語漸漸泛指大倫敦東區勞動階級說話的口音。吳爾芙出生於海德公園一帶，自稱考克尼人的兩個可能解釋為：一、以考克尼代稱倫敦人的身分；二、往東搬到布魯姆斯伯里住之後，門第階級意識鬆綁，自稱考克尼來的人代表新的身分認同。

xvi 漢普敦宮（Hampton Court）位於大倫敦西南方泰晤士河畔里奇蒙（Richmond upon Thames）自治市的宮殿，為都鐸王朝（Tudor）和史督華王朝（Stuart）故居。

事，那就是：世界在變，我們也得跟著變。

時光流逝。

*

城市有些東西是無法記在地圖上或存在手機裡的。那是和氛圍緊緊相連的強烈關係，吳爾芙將之給予了克萊麗莎·戴洛維（Clarissa Dalloway）。「住在西敏寺區——到現在幾年了？有二十了——在車流之中，或半夜醒來，仍有些感觸，克萊麗莎是肯定的。就在大笨鐘響前，有份奇異的安靜，帶點莊嚴，難以言喻，懸在那裡（但那有可能是她心臟的毛病，他們說的，患流感）。就是現在！鐘響了。第一聲是如歌的示警；接著是報時，一去不復返。鐵灰的鐘形在空中溶解。我們是這樣的蠢，她邊穿過維多利亞街邊這麼想。天知道人爲何對此愛不釋手。」[41]

鐘響前的那份安靜，那份對必然性的回神意識，點出了繫在我們每個人生命之間的連結，使生命有意義，儘管我們終究難逃一死。在城裡日子過呀過到一個地步，我們不會只是出於反應而行動，我們會開始互動，並在這些連綿的遭遇裡獲得新生。吳爾芙提醒著我們，有股牽動全身的引力將我們嵌入城市的脈動，而城市則因不同調的光線、不同質的空氣和不同向的道路移形換貌。有一天在南華克橋（Southwark Bridge）上，我只是過個馬路，指節就不明不白破皮了。我沒事甩什麼手呢？我不知道。但在城裡甩甩手，你便會實實碰上城市，或碰上住在城裡的人。我們晃著，磕磕碰碰，擦上城市的邊界，或踩到自己的底線。城市圍繞著我們，向裡滲透。是我們碰著了它，還是它摸了摸我們？

那一碰之間所迸發出來的朦朧感觸，簡稱作「感覺」。所有最有趣的感覺都很難形容。給他們取個正式的名字便抹去了一點神秘，就像爲一條僻徑冠上官方路名一樣。我們找尋著不會使它們貶值的字眼。這就是吳爾芙當作家要做的工作。

她在一九二八年的日記裡說，倫敦始終帶給她「源源不絕的引力和刺激」，還有「一部戲、一則故事及一首詩。」[42]這在《戴洛維夫人》中成了首城市之歌，演唱者是名將會頻頻在她的小說與日記中現身的女子，用一種她不懂的語言。彼得・沃爾許（Peter Walsh）經過攝政公園地鐵站（Regent's Park Tube Station）時，有個盲眼老嫗在路邊要錢，「一手張開，等待銅板，」唱著歌：

> 一陣聲音擾亂了他，歌聲顫抖疲弱，嗓音漫無目的也無力地飄著，沒頭沒尾，蚊吟一般尖尖微微地拖著，毫無任何人能懂的意義：

咿嗚法婆
福歲土咿嗚——
沒有年紀或性別的聲音，古老的泉水湧出地面的聲音。[43]

關於這位老太太的描述，呼應著二十年前吳爾芙在日記裡寫下的一個人。搬到布魯姆斯伯里不久，她在牛津街上察覺到一個老太太，用幾乎一模一樣的方式紀錄了她。[44]她再度出現在一九二〇年六月八日的日記裡，吳爾芙開始尋思那個老太太到底哪一點非比尋常。

一個行乞的老太太，瞎了眼，在國王道（Kingsway）上的石牆牆角坐著，抱著隻茶色的混種狗，高聲唱歌。她帶著股義無反顧，十分像倫敦的精神。凜凜反抗著——接近欣欣然——撫著狗好像是爲了取暖。她坐在那裡幾個六月了？就在倫敦的中心？她爲什麼坐在那裡？她究竟歷經了些什麼，我無法想像。該死，我怎麼沒辦法知道呢？也許這都是夜裡那奇怪的歌的緣故。她尖聲唱著，但她是唱開心的，而不是爲了乞討。消防車經過了——也是那樣尖聲呼嘯，他們的頭盔在月色下淡黃。有時候東西就是這樣，染成了同一片。我不知道該怎麼說才是——[45]

在國王道和牛津街上唱著謎樣的歌的女人，會不會是同一個呢？或其中一個是她的鬼魂？那個唱歌的女人帶著不合律的調，混進了讓吳爾芙有難言之感的城市之歌裡：

現在，我常常被倫敦打敗，甚至會想著那些曾經走在城裡的亡者……亨格福特橋（Hungerford Bridge）灰白的塔柱使我往那裡想——不過呢，我無法講出「那」到底是什麼。

身無定形，轉換著意義，這講不出來的東西團團圍繞著行走於城市的人，使她涉入一份詞義不明的文本裡。吳爾芙用了一輩子的時間推敲如何爲之命名，並試圖爲這份難以闡明的感覺找到一個形體。

＊

女人與城市之間的關係，吳爾芙常常放在心上。一九二七年她寫出了關於女子漫遊的名篇，稱之爲〈出沒街頭〉（Street Haunting）。英文就兩個字，沒有連字符（-）。爲了找枝鉛筆，她的敘事者徒步穿過了倫敦，四下觀察。她的城市觀察者是「（碎裂硬殼）中央感知敏銳的牡蠣」，而非挖礦或潛水的有腦行動者，甚至只是隻「巨大的眼睛」，一路被城市沿著河沖到下游去。吳爾芙很清楚地意識到女人體驗城市的方式和男人截然不同，她相信就連女人也能掩人耳目地遊走倫敦，通篇文章便立足在遊走的匿名性上面。冬夜出遊，那位觀察者被「香檳般的明快氣色及氣氛和悅的街道」包圍，同時「晦暗與街燈製造出的隱匿」使她大大鬆了口氣。在街上，我們不再是「我們自己」——而成了「都會景觀的元件」。我們一度是被觀看的客體，但在街上逛時，我們是除去種種性別的觀察實體。披上了匿名的罩袍，城市看不清我們，一如我們也常常讀不懂城市。（舉例想想，如果來畫一張屬於行人的地圖，那會如何亂成一片！）

不過，行走對她的自我意識帶來的影響，和她一路上所見到的一樣重要。她寫道：在我們屋裡，我們被形塑自己的各種事物包圍——那些我們挑選並安置的東西，「傳達」之外也「強調」了我們的身分。但我們一離開「那個由靈魂釋出來承載自己、殼一般的居所」，我們便「甩開了朋友們所認識的自己，成為共和大軍無名浪人中的其中一員。」46

雙性性格是吳爾芙在《自己的房間》中最重視的價值之一。那本書提到，對某些女人而言，寫作能跨越界線。在一趟去「牛劍」（Oxbridge）兩校出遊的紀錄裡，她說「我現在不記得是哪道主意促使我放膽犯規了」——當時只有（男性）教職員和學生可以走在草坪上，或獨自進入圖書館——她踩上了草坪，然後被典儀官凶巴巴趕走。《自己的房間》寫的並不純粹是對安靜私密空間的需要，它也寫女人在房間外的世界頂撞界線，也寫智性上的跨界，敢於質問關於女人與小說、女人與歷史這些前所未有的問題。吳爾芙問，如果莎士比亞有個妹妹，和他一樣同是才華洋溢的作家，那會如何呢？她不會和他一樣，受過教育；她不會和他一樣，被准許去所有她想去的地方。她有可能會被許配給一個她不喜歡的丈夫。所以吳爾芙想像在午夜，茱蒂絲·莎士比亞（Judith Shakespeare）偷偷摸摸溜到了倫敦去。她想演戲，但被舞臺經理嘲笑。「他扯了一些關於貴賓狗跳舞和女人演戲的話，」他說「女人不可能當演員，」然後暗示了一番（可想而知那是什麼，不然）她無法得到演戲的訓練。結果她有了身孕然後自殺了。她「被埋在大象堡（Elephant and Castle）今天有些公車停經的交叉路地下。」47

讀到這裡，我意識到從二〇〇四年六月的那天，我站在塔維斯托克廣場忖著吳爾芙的房子是哪棟，走到今天是多遠的一趟路。那時要我在地圖上指出大象堡在哪裡，我根本做不到。而現在我對東南倫敦有著親密的好感和熟悉，包括明白今天的大象堡是如何的糟：在吳爾芙的時候那裡跑滿了公車，而今那裡則是後資本主義的廢田，老舊的國宅一棟棟被拆除，換上亮閃閃的新豪宅——老百姓吃自己吧！也許很快有一天，大象堡過去遭遇的種種，會成爲心理地理學家才曉得的冷知識。至於現在那裡一片狼藉，便讓它的醜暴露社會對邊緣人置若罔聞的醜吧！

所以呢，一個伊莉莎白時期的女人根本無法寫出莎士比亞的作品，因爲她根本不會有教育機會和閒暇時間來創作。但是吳爾芙問道，要是她有，女人的史詩、女人的五幕悲劇詩會是什麼樣子？「這些是屬於茫茫未來的難題，」她寫道。「我得先擱下這些，只因爲它們會將我從主題牽進無序的森林裡去，在那裡我會迷路。」看在她論述的分上，也看在那些終究不會被她說服的人的份上，吳爾芙體認到她得留在事實和理性的大路上，別去碰假說條件。對吳爾芙而言，如此地恍惚其神有助創作，以「無序的森林」這個比方指稱似眞實假的推論，帶著反諷，觸及了對女性的迷思——蒙昧與不講理，那樣有閹割威脅的女性空間，讓進去的旅人出不來。「大地之母」（Mother Earth）幽暗的秘境是文化評論常用來討論我們身分脈絡的修辭語彙。想想杜象（Marcel Duchamp）的《既定之事》，呼應著庫爾貝的畫《世界的起源》，和達爾文的「蜿蜒河道假說」，就不難理解。[xvii]我們都是從女人身體的蠻荒黑暗中誕生的，誕生到光明之中，而如果我們希望自己的論述被當一回事，就得留在亮處。

我們的文化如果要存續，就需要那些深不可測的事物來庇護邏輯和審查所不允的東西。而且我們樂於將這個區塊跟女人連在一起，好幾世紀以來，她們在一個拒絕給予自己完整公民身分的世界裡努力，今天這個世界不承認她們有跟男性不一樣的權利。在《艱難時世》（*Hard Times*）裡，露易莎·葛拉格林（Louisa Gradgrind）盯著火爐許久，最後她哥哥湯姆問她到底在裡面瞧見了什麼。「你能找來好好看上一眼的東西，比我多上好多，」他這麼說道，「我想這是當女生的另一項好處吧！」[48]但當我們能在火中看見更多，假使我們上前去追，我們也會失去很多。我們能延續家裡的灶火，也能讓家毀於一把火；我們能守在家裡，在內心焦灼，或在自我肯定的火焰中冉冉上升。毀滅、欲望與野心的火在我們眼中燒著，我們好奇可以賭上什麼，又可以獲得什麼。

xvii 《既定之事》（全名：*Étant donnés: 1. La Chute d'eau, 2. Le Gaz d'éclairage*，《既定之事：一、瀑布，二、煤氣燈》）為杜象四〇年代至六〇年代於紐約秘密完成的環境藝術（tableau）作品，依照杜象遺願於他死後展出於費城美術館（Philadelphia Museum of Art）。該作品由一個密閉的三度空間布景構成，觀者只能由外透過木門上的兩個小孔觀看布景：一名裸女一手提燈仰臥畫中，雙腿岔開，背後的山林川流間有座流動的瀑布。《世界的起源》（*L'Origine du monde*）為庫爾貝（Gustave Courbet）一八六六年的作品，該畫的高爭議性來自畫家毫無遮攔地描繪女性生殖器。「蜿蜒河道假說」（tangled-bank hypothesis）來自達爾文《物種起源》的結語：「好好觀察一遥蜿蜒的河道：那裡有許多種植被，許多種鳥棲在枝頭，空中有許多飛蟲，濕泥上出入著許多種蠕蟲。想想這些生命型態是如何地巧妙，各自又如何地特異，但又以複雜的關係相互依賴——一切皆誕生於環繞我們周圍的規則，多有意思啊！這些規則，總而言之就是以繁衍生長；有繁衍才有遺傳；有與外在環境直接或間接的互動，以及使用或閒置，才有各種變異；生物數量生長到一定程度就會造成競爭，因此導致天擇；而天擇驅使了特徵的變異和進化不足的物種滅絕。於是我們所能想像的最優物種，也就是高一等的動物，便衍生自大自然中的鬥爭，衍生自飢餓與死亡。」一九八二年，生物學家葛拉罕·貝爾（Graham Bell）在著作《自然的傑作：性的演化與遺傳》（*The Masterpiece of Nature: The Evolution and Genetics of Sexuality*）中將有性生殖有助提高物種存活率的理論，以達爾文的河岸結語命名為「蜿蜒河道假說」。

*

搬家後多年，吳爾芙仍在思索她長大的地方，還有維多利亞的世界如何將女人囿限在室內。在她一九三七年的小說《流年》裡，她杜撰了一個和她自己家很像的家庭——帕吉特一家（the Pargiters）。故事開始在一八八〇年他們家的客廳裡，屋中的天使——也就是維多利亞的女家長——則在樓上的臥房裡奄奄一息。《流年》以小說兼散文的形式展開；《帕吉特一家》則意圖以反思章節的散文穿插其中，彷彿在向一群想像中的現場觀眾說話。但吳爾芙寫散文的口吻終究無法與她的小說美學妥協，所以她切除了散文的材料，好集中精力在描寫這些家庭成員的生活，尤其把重心放在年紀漸長的女人上。從一個章節到下個章節，一過就是十一年、十六年，直到小說的時鐘慢下來，讓我們一窺一九〇七年、一九一〇年、一九一一年、一九一三年、一九一四年，陸陸續續到現代，在當時也就是一九三〇年代中期。跳躍過這些年代使吳爾芙能在各站稍停，簡略分析各個時代中的性別關係：從一家之主艾伯．帕吉特（Abel Pargiter）征服性的父權感情觀，到住在「污穢下流的街上」的獨立女子；從有著一打化名掩人耳目、真實姓名存疑的同志男子，到年輕的佩姬，從業當了醫生，有次聽一個男病患結結巴巴「我，我，我……」個沒完，佩姬預測等她接話時，他會拂袖而去，丟下一句：「他不會是『你』。」[49]

在她散文的材料裡，吳爾芙的社會學傾向有時昭然若揭。例如少年愛德華・帕吉特（Edward Pargiter），年紀輕輕就被准許獨自在倫敦走動，並在街頭學到了「一手」，配上在學校從男同學口中聽來的話，恰恰完滿。[50]她的女性主義主張有一部分就是分析男女被准許使用空間的不同權限。「艾蓮諾（Eleanor）、蜜莉（Milly）和黛莉亞（Delia）斷不可能獨自走動，除了在艾伯孔露臺（Abercorn Terrace）附近，早上八點半到天黑之前。」吳爾芙講明「就連白天，她們甭想到西區（West End）去。龐德街（Bond Street），不可能，除非有媽媽在，好像那裡是鱷魚出沒的沼澤。對她們而言，柏靈頓拱廊街（The Burlington Arcade）則是個瘋癲發燒的坑。」[51]

可是帕吉特家的女人喜歡走在城裡，河岸街（the Strand）的熱鬧讓艾蓮諾有股「充盈」的感覺。[52]從艾蓮諾身上我們能看見，到貧困的城區去做慈善志工，是中產階級女子能自己踏出家門做的唯一活動。雖然這爲的不是享樂或消遣，而是救濟窮困的維多利亞身段，但這些並不減像艾蓮諾這樣的女子能從中獲得的自由感。

帕吉特一家的老么蘿絲（Rose）也想自己出去走一遭。當她如願以償時，卻沒辦法將在外頭學到的事理出一個頭緒，她不像哥哥愛德華有學校可以去搞清楚所以然。有天晚上她溜出家裡到玩具店去，想給浴缸添小鴨和天鵝。當她像隻初次打獵的小貓踮腳跨進前院，抵達路邊便直起了身子，擺了一個英雄的姿勢，想像自己要前往一座「圍城」出任務。「我乃帕吉特家族的一員，」她念著，把手一揮，「出發救援！」[53]快要趕到玩具店（也就是圍城）之際，有個男的不懷好意地打量著她。她用手比出手槍的樣子，暗暗驚道：「有敵人！」「『有敵人，碰！』」她叫道，扣下扳機，與他大眼瞪小眼擦身而過。那是張可怕的臉，蒼白脫皮，印著痘瘡。」他倏地伸出了手，幾乎要捉住她。在回家的路上她又經過了他。他開始脫衣服，發出「喵喵叫」的聲音。[54]當晚蘿絲在床上輾轉難眠，她的姐妹們不得其解，她自己也講不清是什麼樣的恐懼和罪惡感使她睡不著。她只說她撞見了個「強盜」。但她究竟被搶走了什麼，是說不出來的。她長大後會當個女權運動分子，不論是在政治的領域或城裡的公共空間裡，拒絕任何形式的男性主宰。

《流年》有著吳爾芙從現實中塑造與重塑的各種類型，帕吉特一家在某些地方開枝散葉，在某些地方則逐漸凋零。但不變的是那些街道。馬車也許改成了汽車，地鐵則從新鮮的玩意兒成了大眾運輸工具，我們也能將之封起來改道或在別處擴建，但街道仍能是自由宣言的發生地；或以蘿絲的例子來說，街道正是她能反抗壓迫的地方，正是在街上，讓她有辦法抗拒妨礙自由的阻力。即便這部小說寫的是一個家庭歷經一個漫長世代的歷史，它同時記下英國整體態度與文化的改變。

一如《出沒街頭》，《流年》想像女人在城中街上來去自如的步行自由。在小說的最後一幕，跟愛爾蘭先生一起長年不在倫敦的黛莉亞辦了場派對，讓全家團聚。他們相聚說笑直到凌晨，此際七十好幾的艾蓮諾說道：「所有的地鐵都停駛了，公車也沒了，」她轉過身，「我們要怎麼回家才是？」

蘿絲回答：「可以用走的呀，走走路不礙事。」[55]

*

那座帶給吳爾芙許多小說、故事、詩篇，以及許多文學與個人自由的城市——自從二〇〇四年六月在布魯姆斯伯里的那天之後，我就一直在尋找它。從二〇一二年開始我會定期待在那裡，對它有了真正的感情。我走路探訪各個街角和小地方，尤其是多樹的城北，有個好心的編輯讓我借住她櫻草花山（Primrose Hill）的家一陣子；還有綠意不輸城北的東南，有個好心的建築師把她布羅克利（Brockley）家裡的一間房租給我。我走遍各處，多認識了佩卡姆高街（Peckham High Street）、海格（Highgate）、貝斯納格林（Bethnal Green）、格蘭公園（Green Park）、荷蘭公園（Holland Park）、貴橡（Honor Oak）、道格斯島（Isle of Dogs）、達利奇

（Dulwich）、克勒肯威爾（Clerkenwell）、坎伯維爾（Camberwell）、格林威治和格雷夫森德（Gravesend）。但我的倫敦是個二十一世紀的城市，吳爾芙不見得會認得。

她所愛的倫敦——越來越少人記得那是什麼樣子了，留給我們這些讀她日記、信件和書的人兀自揣摩。我們得從翻頁的窸窣聲中重建一座世界。

或者，我們可以穿上鞋子走出門去。

從啓程路往西北走，沿著六一八廣場的右邊走，通過蒙帕納斯大道，往北踏上雷恩路。沿途上有法雅客、Naf Naf和H&M，到了聖派拉西德站右轉，往東北走佛吉哈路，經過我曾經教過書的巴黎天主教學院。留意那從舊肉鋪改裝的書店裡那可愛的店員，走過盧森堡公園。順著公園的圓弧走，遁進討喜的小巷也無妨，但要往東北，直往東北走，直到聖米歇爾大道浮現在你眼前。順著大道走，直通河畔。i

巴黎・革命之子
Paris・Children of the Revolution

這些不是康莊筆直的路，它們峰迴路轉。

——約瑟夫斯ii

每次在巴黎遇見道路施工，我總會停下來看看他們挖出了什麼。透過那些綠色的波浪鐵皮牆和銀色圍欄，我望向那些幾世紀以來層層交疊的街口，找尋著路面下的鋪石子路。經過了一九六八年的學潮動盪，那些鋪石子路被掩埋在新設的人行道下。傳統上只要一有暴動，巴黎人就會拔起鋪在路上的石頭，扔向當權者那方——管他是共和國軍或鎮暴警察。所以某些地區的石子路，有層瀝青填在上面保護石頭。看見它們重見天日使我興奮，彷彿看見了不該看的東西——平時被蓋住、藏起來的東西。那種興奮就像走經平時緊掩，今而洞開的馬車伕大門[iii]，瞥見裡頭的中庭別有洞天，或看見曾經矗立著一棟大樓，徒留滿是泥濘的工地，或坐上像六號或二號線的高架地鐵，瞧見公寓裡的人不知道或不在乎他們已被盡收眼底。

一旦有人在巴黎挖路，行人彷彿便有機會回溯老早已成往事、埋沒腳底的種種革命。那要碰到一八四八年、一八三〇年[iv]後補鋪的石子，得往下挖多深呢？我尋思著什麼人踏過了那

i 一路經過的地名原文為：啟程路（rue du Départ）、六一八廣場（Place du 18 Juin 1940）、雷恩路（rue de Rennes）、地鐵聖派拉希德站（St Placide）、佛吉哈路（rue de Vaugirard），以及巴黎天主教學院（Institut Catholique de Paris）。

ii 約瑟夫斯（Titus Flavius Josephus，三七—約一〇〇），猶太歷史學家。引文取自其記述希律王（Herod）事蹟的段落：「For these roads are not straight, but have several revolutions.」描寫的是希律王討伐的盜匪巢穴，該群盜匪因為沒有屬於自己的土地，欠缺資源，因而以強盜維生。作者在此處玩了「revolution（革命）」一字的雙關：revolution源自動詞（revolve），意為繞著一軸心旋轉。中譯無法傳達革命與旋轉意象的雙關，故試以「峰迴路轉」取與筆直道路的對比，以及延伸意「另有發展或轉折」來廣泛呼應旋轉的意向以及革命的變化性。

iii 馬車伕大門（porte cochère），為巴黎建築常見的元素，通常寬兩公尺多，高三公尺半。顧名思義為十九世紀時，容許馬車伕駕駛馬車直接通向中庭，讓乘客下車後方便入內的大門。

iv 一八三〇年和一八四八年分別發生了七月革命和二月革命。七月革命中，波旁王室復辟的查理十世被罷黜，由奧爾良公爵路易·菲利浦（Louis-Philippe）成立君主立憲的七月王朝（Monarchie de Juillet）。七月王朝在二月革命中垮臺，由拿破崙的姪子路易·拿破崙（Charles Louis Napoléon Bonaparte）當選第二共和國的總統。四年後路易·拿破崙發動軍事政變，並獲公投多數支持建立第二帝國，登基為拿破崙三世。

此石子，一邊籌畫著接下來的起義。又到底是什麼原因促使一個人染指巴黎地面的石礫，彷彿那不過是沙粒，也許借了點鑿刀和鏟子的力，鬆動它原本嵌入的孔縫？城裡牆上有塗鴉這麼說——有時就是那些已經寫上禁止張貼的牆壁——石子路下有沙灘（Sous les pavés la plage）。一九六八年時，也有人在巴黎政治高等學院[v]的牆上寫「禁止不張貼」（Défense de ne pas afficher）。

革命之後究竟帶來了什麼呢？一個比較好的世界，也許吧！社會結構的一些改變，但並非總是這樣的——有時根本什麼都沒有變。「人們刨翻了路，在街壘中作戰，一定懷著很大的希望，」伊莉莎白．鮑溫一九三五年的小說《巴黎的房子》（*The House in Paris*）的核心女角凱倫忖道。「但不管誰贏了，路又會被鋪起來，街車也會再開起來。」[1]她渴望見到一場無可挽回的全面動亂，但她成長的世界——上流社會、攝政公園、有著喬治時期排屋的倫敦[vi]——排斥所有改變的念頭。她談論的較屬於個人性的革命。揚棄家庭和習俗，是她在小說中最重要的僭叛。而後來她卻又當作什麼都沒發生一樣。

鳥瞰城市時，比起猶然可見的情景，巴黎人傾向書寫不復存在的東西。波特萊爾曾說：「老巴黎不再了（唉，一座城市轉變得比人心還快）。」[2]巴爾札克曾慨嘆：「唉，老巴黎消失快得嚇人！」[3]超現實派詩人路易・阿拉貢（Louis Aragon），爲歌劇院廊街（Passage de l'Opéra）創作了一首輓歌。歌劇院廊街興建於一八二二年，但因要騰出奧斯曼大道的空間，預定於一九二五年拆除。它由溫度計走廊（Thermometer Gallery）、氣壓計走廊（Barometer Gallery）和鐘廊（Clock Gallery）構成，街名涵蓋所有標誌環境所需要的科技，是完美的超現實主義領土。吉・德波（Guy Debord）在自傳《讚辭》（*Panegyric*）裡有段哀語：「朝塞納河畔望去，就能看見我們的憂傷。除了由蟻窩般的引擎奴隸穿梭織成的網，那裡一無所有。」[4]當波特萊爾說：「唉，一座城市的形貌轉變得比人心還快。」他著墨的是人心無法度量的轉變速度，和蓋過一人之力所及的變化強度。城市的過眼雲煙在某個程度上，是我們的自我過往的痕跡。

那些痕跡四處可見，成爲我們物神崇拜（fetishise）的對象。房屋牆上一點褪色的樣板廣告標誌；那名爲小環鐵（Petite Ceinture）的廢棄鐵路，今天仍能在蒙蘇里公園（Parc Montsouris）和梅尼蒙東（Ménilmontant）瞥見蹤跡；我舊家附近地上有塊告示牌，說河狸

v 巴黎政治高等學院全名為Institut d'études politiques de Paris，更耳熟能詳的簡稱是Sciences Po。

vi 攝政王公園（Regent's Park），排屋為門面、屋高一致，連綿而建的城市住宅。

河（the Bièvre）流經行人腳下，一九一二年因爲公共衛生因素而被掩埋了。我們盯著阿傑特（Atget）和馬維爾（Marville）拍下的照片，試想在那些陌生街上戴扁帽和圍裙倚門而立的人們，不是左拉小說裡的人物，而是活過、呼吸過的人們，他們靜立在那裡夠久，久到成了像。不像市景照片裡許多其他的巴黎人，因爲走太快了而無法在緩慢的鏡頭裡留影。

慢下來——這是確保不朽的唯一門道。

*

我一直在找尋大道上的鬼魂。許許多多的人走過了巴黎，他們可留下些什麼？城裡有些地方——直往北到聖丹尼門（Portes Saint-Denis）和聖馬丁門（Saint-Martin）——似乎就被某些不願離開的舊日魂魄據著。我彷彿感覺得到他們，一群著圓頂禮帽和長裙的人，他們和我的同代人（裙子短了、沒帽子）一起，與我擦肩而過。我感覺得到。也有地方幾乎是空的，空空如也的空[vii]。譬如十三區圖書館附近嶄新的城中城，有著寬寬的人行道和白淨的玻璃鋼骨新大樓，看上去頗像座美國小鎮。很難想像那裡原本發生過什麼事、有過什麼人；很難想像那裡不是房地產業者闢出來的一塊地，闢給幽靈房客住的。

成年後，我搬到這裡定居，人生中許多重大事件都接續發生在這裡。狂喜會轉淡，快樂會從無中浮現，我的生活在那裡和各處的街道脈動著。我的巴黎情感地圖上，有些地點曾經燙手燒灼，然後光和熱隨著時間漸漸褪去。例如：我能大步走過法蘭西戲劇院（Comédie Française）附近的那座噴水池，不去憶起我曾經和誰在那裡接吻；我也能經過和前男友同居過的公寓，不去想起他。這不表示那些地方失去了蘊含其中的燃媒，需要些不經意的什麼才能憑空點燃火焰——一張臉、一首歌，或某人的古龍水。

那些訊號以我個人的頻率運行，對其他人而言意義可能不大。我們都有自己想收聽的，或掩耳抗拒的訊號。

*

「地方記得故事，」喬伊斯曾在《尤利西斯》的頁緣記下這句話。[5]我想親眼看看證據，一些過往留下的印記，書本上讀不到的印記。我想把城市當成書來讀。戰爭嵌在樓房的表面，彈痕累累。銘文告訴著我們誰在哪裡去世。聖心堂像個新拜占庭式的婚禮蛋糕，高踞殉道者山

vii 原文用拉丁文詞語 tabula rasa，原意為擦乾淨的板子，引申指一片澄明、沒有預設條件的空白狀態。

（Mont des Martyrs）的山頭，它是源起巴黎公社流血事件，向神致意的悔懺建築。我大學時期在巴黎時，學到了巴黎公社，無法置信這段過去。才一百三十年前，有一萬人死於巴黎街頭？這聽起來殘暴得驚人。爲什麼我從來沒聽說過？爲什麼沒有人講過？也有告示牌標記著，四〇年代猶太兒童從學校被遣送出境的出發地，或抵抗運動分子（résistants）被槍決的位址，有時伴著一只金屬花瓶，萎著早已乾掉的康乃馨。每個星期，我會經過親王殿下路（rue Monsieur-le-Prince）上的紀念牌至少一次，它紀念著馬力克．烏瑟金（Malik Oussekine），一個在一九八六年學生抗議運動中被警察毆打致死的學生——他根本就不是去抗議的，只是經過而已。塞納河曾在一九六一年嚥下一百個阿爾及利亞人。他們打著民族解放陣線（National Liberation Front）的旗幟示威，遭到納粹合作分子莫里斯．巴彭（Maurice Papon）手下的警察逮捕，丟下水中。當時阿爾及利亞民族解放陣線正以獨立運動之名，在法國策畫各起爆炸攻擊，這是巴彭處決他們的理由。那年便有人在聖米歇爾橋噴上「阿爾及利亞人被淹死於斯」（Ici on noie des Algeriens）。今天有塊紀念牌鑲在橋身，但水波不見往日的傷痕。

*

一八四五年提奧菲・拉瓦雷（Théophile Lavallée）[viii]曾寫道，巴黎的人「匆忙攢動、暴躁翻騰」，永遠有「動亂的品味」。雖然過往起義和殺戮四起，今天它和顏悅色示人。[6]但只要去巴黎北站（Gare du Nord）的下層走走，或看看法國警察影集《齒輪》（*Spiral*），便能一窺今天在城市上演的不安定。

但某些路又美得彷彿沒有經歷過任何衝突，使你將那些動亂拋諸腦後。世間這地方一直以來都這麼美嗎？羅馬人可發覺了那光？

不過巴黎的美大多出於人爲，鑿刻自投機與衝突之手。十七世紀末，路易十四令他的首要大臣約翰・巴普第斯特・科爾貝（Jean-Baptiste Colbert）決定哪種石材最適合建造樓房。他們在找尋新的採石場，因爲他們過去使用的採石場位於城市正下方，再挖下去，只會加重掏空地基漸漸浮現的後果。（舊的採石場經過查爾斯・阿樹・季爾摩〔Charles-Axel Guillaumot〕的加固支持，轉而存放十八世紀末拆毀的聖嬰公墓〔Cimetière des Innoents〕的屍骨）。[7]科爾貝稟報，有隊人馬在瓦茲區（Oise）發現了一座採石場，有靠近航道之利，且出產的石頭與建造

---

viii 提奧菲・拉瓦雷（Théophile Lavallée，一八〇四—一八六六），法國歷史學與地理學家，著有《巴黎的歷史：從高盧到今天》（*Histoire de Paris depuis le temps des Gaulois jusqu'à nos jours*）。

巴黎聖母院所用的建材相同。從此以後，建造巴黎樓房的石材多出自那區的聖馬西曼（Saint-Maximin）石灰岩。[8]他們可知道那些石材砌出的樓房會吸收、反映天光？看那些傾斜的瓦片和直豎的煙囪，又是誰爲那些屋頂描出輪廓？煙囪的磚體從斜斜的屋脊上升起，像芭蕾舞者運臂的終點姿勢。舞者起落的手指，可會是承載冉冉煙息的超現實載體？

這些樓房有的源自奧斯曼徹底執行的巴黎現代化計畫，爲了替今天看來如此「巴黎」的大道市容騰出空間，住宅區被整座整座地拆遷，數以千計的居民被迫移至他處。[9]它們既代表了都市規畫的驚人大戲，也懷著對平民百姓的生命最徹底的不屑一顧。它們的美使我驚詫，但那樣的規模也喚起了我的戒心。它們這麼蓋，一方面爲的是方便在城中運輸軍隊和物資，好鎭壓伺伏的暴動（一八四八年的記憶猶新，街壘巷戰在戰爭中漸趨成熟）。另一方面，這也能刺激新落成的百貨公司賣出更多商品，從左拉一八八三年《婦女樂園》（*The Ladies' Paradise*）中對蓬馬歇百貨（Le Bon Marché）的描述可見一斑。我一個住在倫敦的美國朋友嫉妒巴黎沒受戰火摧殘的美好。她半開玩笑地評道：還不是因爲和納粹合作了。想想戰後倫敦藏不住的醜，她這麼說。她是有道理的。

倫敦也曾和巴黎一樣，金庫塡滿滿，踩著塗炭生靈爲帝國奇觀大興土木。

到今天，巴黎的門面主義（façadisme）政策維持了奧斯曼時期及其之前建築的一致形式，無視門面之後的屋舍功能各異其趣。政策有其爭議，但我覺得這項保護是個有趣的妥協，協調架構與功能，在傳統巴黎美學的框架下產出了一種混種建築。但我也充分瞭解反門面主義者（anti-façadistes）的立場，他們覺得門面一致的建築沒有比賞心悅目的舞臺布景高明到哪裡去。我不確定維持門面統一是否在每個城市都行得通，無論在哪，即便是在巴黎也有可能做得手法拙劣。但總體來說我不甚在意。整個文化都濃縮在那層門面裡了。沒有它，巴黎也不會再是巴黎。這項政策在第四區推行到了極致，波特利路（rue Beautrellis）上，有座十七世紀私人宅邸留下來的玄關。玄關背後隔了段距離，有棟六〇年代水泥房與之相對。「這就是你的法國，」有次我和某任前男友經過那裡，他這樣對我吐槽：「哪裡也通不到的玄關。」

當我在巴黎街頭找尋那些時間的軌跡和革命與起義留下的疤痕，我蒐集的是巴黎人抗拒強加在他們身上桎梏的證據，看見並非所有人都想若無其事地過下去。從一七八九年到一八七一年間，他們每隔個二十年就經歷一場流血動亂。我試圖明白他們是如何起事的，日常的林林總總如何集結起來扳倒君王，重造世界。

*

在我生長的地方，人是不「出國走走」的。我認識的每個人都沒做過這件事，除了我的義大利親戚，但他們當年出國爲的是要逃離墨索里尼。我並不是在逃離法西斯政權，那又爲什麼要將自己從我的家鄉、我的家庭、我的朋友、我的城市和我的語言抽離呢？一趟飛機不過六小時——多年以來，從紐約甘迺迪機場到巴黎的航程感覺像從世界邊緣的崖巔往下跳。我會帶著時差抵達，鬱悶恍惚，在巴黎持續這樣好幾天。我在這裡做什麼？是什麼把我拉向這裡？太遠的旅行與太快的行程使我有氣無力，彷彿我囫圇吞下了我與所愛的人們之間的距離，然後它在我體內炸了開來。這讓我對差旅遷徙、距離，以及爲此遙遙相隔的家庭感興趣起來。在許多人之間，我不時想到喬治·桑。她在一八三一年爲了到巴黎成爲作家，把一無是處的丈夫和心愛的孩子留在法國中部諾昂鎮（Nohant）的宅子裡。在她的年代從諾昂到巴黎需要十小時的旅程，那是和現代截然不同的距離。沒有時差，但也沒有電話。她不能打給孩子說晚安，就這樣在同一個國家裡斷然與他們分離。許多和她同樣社會階級的女人和自己的孩子也是分開的，孩子還在襁褓中便送去給奶媽，等他們大了點，便送去上學。但一個當母親的離開家門——那是醜聞。

革命（revolution）。這字蘊含著行動，歸零開始，像繞著軸心轉一圈一樣，像天體的運行。法文中凡是倒轉回頭的，就結束了，到此爲止[ix]。但從歷史和時間的層面看，回到原點是不可能的。就算一場革命被認爲失敗了或一事無成，跟一八三一年一樣，我仍偏好那特別的意涵：「峰迴路轉，繞個彎。」《牛津英語詞典》（*OED*）的「revolution」條目下，收進了一七三七年威廉·慧斯登（Willia Whiston）替約瑟夫斯作的譯文當例子：「這些不是康莊筆直的路，它們峰迴路轉。」

在我心裡喬治·桑便是這樣峰迴路轉。她是一條彎路。

*

我們自以爲對她的故事瞭若指掌：女扮男裝、雪茄、情人們，與非常多本小說。她的神話深植於我們的文化意識中，然而我們鮮少談論她的作品。一部分因爲英文的翻譯並不齊全，但還有一部分是因爲，透過翻譯接觸過她的讀者覺得那些作品太多愁善感、令人失望。太多哭哭啼啼和昏迷不醒了。我們離慘死桌邊、黑色液體自口中流出的包法利夫人有好幾光年之遠。福樓拜的大作出版時，也正逢喬治·桑的事業高峰；但她不像巴爾札克或福樓拜這些同時代的友人，力求紙上的男男女女栩栩如生，優點瘡疤一覽無遺。她在意的是人大可是什麼樣子：脫離來自家庭、婚姻、宗教和社會規範的枷鎖。她的小說也有把場景設在異國的浪漫主義傾向，

ix 原文引法文révolu，意思為結束告終。源於拉丁文 revolere 分詞 revolutus，意指倒轉回頭，或重讀。

譬如留尼旺島（Réunion Island）和義大利——她深受史戴耶夫人（Madame de Staël）一八〇七年小說《柯林，或義大利》（*Corrine, ou l'Italie*）的啓發。她的故事傾向發生於一塊充滿可能性的土地，而非我們實際生活的世界。她有個叫印第安娜（Indiana）的女主角，願意爲愛拋下名譽；但也有個貢蘇維洛（Consuelo），貞操和榮譽至上，連愛情也被排在勉力維持的原則之下。兩部小說都有不少哭哭啼啼和昏迷不醒。這和我們心目中穿褲裝、抽雪茄的波希米亞喬治・桑會寫出來的東西，有段落差。

她熱烈提倡男女平等，但不盡然是個女性主義者。印第安娜最大的願望是「有一天，我的生活會徹底被改變，我會幫助別人；會有人愛我，有個男人真心對我，我也真心相待。在這天來臨之前，我會默默受苦，把愛留給放我自由的男人當報酬。」[10]不過這是一個拋下丈夫和其他男人離開的角色，因此由她這樣提出對婚姻平等的期望，在一八三二年看來非常大膽。當年曾有女權團體邀請喬治・桑加入組織，她卻反駁道：她爭取的是所有人的權利，而非單限女人。

在重重框架下，喬治・桑仍意圖在日常與理念之間取得雙贏，並且拒絕活在他人的眼光裡，這在她的年代啓發力非凡——亞歷山大・赫爾岑（Alexander Herzen）[x]稱她爲「革命理念的化身」，她的小說影響了整世代的俄羅斯激進分子（她的想法通行俄國，之後被稱爲喬治桑主義〔Zhorshzandism〕）——更應該在今天帶動我們。但當我們埋首於她的波希米亞式生活之際，錯失了她更有趣的一面——日常的反叛。這點尤其體現在她自傳稿件裡，她說有許多女人在歷史的狹縫間，一點一滴努力實踐日常中的革命，城市在其中扮演了解放的角色。她的問題是，她無法眞的設想一個解放後的女人會是什麼樣子。

*

喬治・桑難以被分門別類，她拒絕被歸類。一八○四年，她出生時取名爲阿蒙婷・露西・歐若・杜邦（Amandine Lucile Aurore Dupin），人們喚她歐若。她父親莫里斯・杜邦（Maurice Dupin）曾是拿破崙麾下的軍官。她母親蘇菲・薇克多・德拉波爾（Sophie-Vicotire Delaborde）是一間「巴黎最不稱頭」的劇院中的舞者，生於民主理想和保皇黨奢華間的夾縫，喬治・桑的出身在政治上是衝突的。她的祖父輩一邊有波蘭國王和德薩克斯元帥[xi]，另一邊則是巴黎的鳥販。關於她的身世，約翰・史督洛克（John Sturrock）曾在《倫敦書評》（*London Review of Books*）寫道：「舊制度（Ancien Régime）被槓上了一道叉，一條是紋章的綬帶，另

x 亞歷山大・赫爾岑（Alexander Herzen，一八一二—一八七○），俄羅斯作家。

xi 莫里斯・德薩克斯（Maurice de Saxe，一六九六—一七五○），波蘭裔貴族，薩克斯公國大公，一七四三年受封為法國元帥。

一條是巴黎的無產階級。」[11]儘管在巴黎與諾昂鎮生活無虞，她站上了工人、平民及女人的那一邊，多半靠著她那管不眠不休的筆。來往於城鄉之間，她總是在此處想望彼處，在彼處想望此處。她冷靜實際，事事拿捏恰當。但她有成隊的情人，還寫下許多很長很長的小說——長如十九世紀的夜晚，始終沒人懂為什麼那麼長。（「喬治．桑到底是搞了什麼鬼才做到的？」作家柯蕾特曾在回憶錄中這樣問。）[12]

她人生的段落以好幾場革命為標點。她出生於拿破崙替自己加冕那年，以皇權結束了法國大革命後十五年來不得平息的分裂內鬥，讓歐洲其他地方開始流血。她的情人繆塞（Alfred de Musset）在《一個世紀兒的懺悔》（*Confession of a Child of the Century*）裡說他那代的人「懷於戰爭之間、成長於學校與鼓聲之中；數以千計的男孩繃著纖瘦的肌肉，交換慘綠的眼神。他們浴血的父親時不時會出現，抱起他們貼在滿胸閃爍的軍徽上，放下他們後重新上馬。」[13]拿破崙大帝指揮著身後的法國青年，接著很快地倒下了。但對那代的孩子來說，「自由這字帶著些什麼，使他們懷著恐怖過往的記憶與光明未來的願景，悸動不已。」「帝國之子和革命之孫」沉淪放蕩，「耽溺酒色笙歌」——這是「時代的弊病」。喬治．桑想治治這場病，她後來在給福樓拜的信中說：「你製造絕望，我製造安慰。」

＊

這就是十九世紀的法國——一再從腥風血雨中痊癒，爲的是要掀起另一場風雨，期盼下次將會帶來更公平的世界。那個世界沒有到來，但法國沒有停止等待。

＊

一八三〇年，身陷鄉下一場沒有愛的婚姻，歐若・杜德翁（Aurore Dudevant）過著難受的日子。令人失望的配偶根絕了她所有關於愛情、結婚和尊重的幻想。她的婚姻並非什麼靈魂之間的美麗契合，而是和一個除了愛騎馬之外，沒有任何共通點的人住在一起。從此以後她排斥「理性婚姻」（marriage of reason），以及婚姻這個概念本身。她的丈夫卡西米（Casimir）在臥房中沒什麼值得吹噓之處，要賞她耳光時也毫不手軟。她和奧爾良・德賽茲（Aurelien de Sèze）有段理想化（也就是沒有上床）的戀愛，和史蒂芬・葛宏撒（Stéphane de Grandsagne）則有段「不理想化」的戀曲。有些人認爲他是她第二胎的爸爸。沒有人在意卡西米和女傭廝混，卻在歐若背後說長道短。她感到屈辱與不滿。她哥哥傾向支持她丈夫，要她忍住。都有孩子了，她必須爲了他們留下來。但這個情況實在無法繼續下去，反正不管是什麼逃亡計畫，總有一天她會把他們算在內。

一個乾熱的夏天，城裡革命的傳聞引發了諾昂鎮的叛變活動。她熱血沸騰，向友人朱爾・布柯杭（Jules Boucoiran）說：「我感到體內有股前所未有的能量。靈魂是會跟著這些事件成長的。」[14]布柯杭人在巴黎，寫信告訴她革命的動態。查爾斯十世（一八一四年波旁王朝復辟以來的第二個國王）愈發不受愛戴，他偏袒教會和貴族，而這違反了一八一四年的憲法。而且，他啓動了報刊審查措施，遭國會大加撻伐。一八三〇年三月，他們通過了對查爾斯十世和他手下大臣的不信任投票。

當時氣氛緊繃。人們無不等著查爾斯王有個閃失，伺機造反。七月二十五日，查爾斯王讓他們如願以償了——他簽署了凍結新聞自由的敕令，並在新選的民意代表開議前解散國會，然後禁止中產階級投票或競選公職。二十六日到二十八日之間，人民堆起了街壘，那三天在史上稱爲榮耀三日（Trois Glorieuses）。儘管喬治・桑爲人民的作爲雀躍不已，她骨子裡仍是個實際的人，擔憂人們「望文生義」，大大提升了「未來獨裁體制回歸」的可能性。[15]回歸之快超乎意料之外——革命趕走了一個國王，但又招來了另一個。查爾斯十世退位後，奧爾良王朝的路易・菲利浦登基了。

歐若幾乎天天騎到拉夏特（La Châtre）去聽從巴黎傳來的新聞。此時她遇見了一個名叫朱爾・桑鐸（Jules Sandeau）的年輕男子，他趁暑假到拉夏特看父親。他十九歲，她二十六。他們戀愛了，進展火熱。夏末他把她與她的丈夫孩子留在身後，回巴黎去，也留下了重逢的承諾。

有天出事了。她拉開丈夫的抽屜找東西，無意間看見一疊彌封的信件，收件人是她，並附註「我死後才能開」。他那時活得好好的，但她還是拆開了（換作你也會拆吧？），發現裡頭盡是數落貶損的惡言。她下定了決心要走了。「我要贍養費，」她向卡西米表示，「我要去巴黎，再也不回來了，孩子們留在諾昂。」

她正在虛張聲勢，這只是協商的手法。她所要的——也是她終究得到的——是帶著女兒在巴黎住個半年，然後以三個月爲單位遞增，每年有三千法郎可花。一八三一年初，她搬進了她哥哥在巴黎的公寓，塞納河路（rue de Seine）三十一號。不久後便搬去鳥瞰新橋（Pont Neuf）的一間小閣樓裡，和朱爾同居。接著他們遷往聖米歇爾堤道（Quai Saint-Michel）二十五號，一間與聖母院對望的三房公寓。她的枕邊人在她這段時期的自傳敘述中毫無蹤跡。

從她的角度看，她身無分文來到巴黎，爲的是要成爲作家。她描述她住過一間五樓的房間（「我向來就無法爬樓梯，但我得爬，還得常常抱著我正長大的女兒爬」），沒有傭人，只有個忠心的女門房，每個月收五法郎充作打掃費。一個餐飲店店主給喬治・桑供餐，他經營的是十九世紀版廉價速食店，一天收她兩法郎。「我得自己洗燙襯衣。」（她會對二十一世紀的生活作何感想？自己洗衣服和自己下廚？她會大吃一驚，還是羨慕不已？）

這世紀以來，遷往城市對許多年輕男女是個重塑自我的機會。十九世紀偉大的小說家從史登達爾（Stendhal）的《紅與黑》（*Le Rouge et le Noir*，一八三〇年出版）、巴爾札克的《幻滅》（*Illusions perdues*，一八四三年出版），到福樓拜的《情感教育》（*L'Education Sentimentale*，一八六九年出版）和左拉的《作品》（*L'Œuvre*，一八八六年出版），都敘述著這樣的故事。喬治·桑明白她一個女人想當藝術家，不可能像來到城裡的朱利安·索瑞、路西安·德胥彭珮、腓特烈·莫若，或克勞德·朗提耶享有一樣的自由。[xii]那些裙子、漂亮鞋子，那些讓她顯得柔弱無力的外表，她得對它們做些什麼。她在自傳中寫道：

我用了塊灰色厚料子，給自己裁了套改良版大衣和搭配的褲子和背心。加頂灰帽子和條大羊毛領巾，我活脫就是個一年級的大學生。我的靴子帶來的愉快難以形容——穿著它們睡覺我沒問題，我哥哥年輕時得到第一雙靴子就這麼做了。鞋跟上有了鐵皮，我踩在人行道上的腳是實的。從巴黎一端飛到另一端，我彷彿可以環遊世界。我也無需爲這身打扮操心。我能在各種天候出門，能在各種時間回家。我坐在劇院的觀眾席，沒人注意到我，也沒人對我的裝扮指指點點……沒人認識我，沒人打量我，也沒人糾正我——我是須彌人海中的一粒芥子。16

和一群貝里xiii來的文青混在一起，她的仕女行頭根本不是爲在城裡趴趴走而設計的：文壇和政壇的動態、劇院和博物館的精彩節目、酒吧和大街上——他們什麼都看，哪裡都去。我的腳力和他們不相上下，我那雙生自貝里的小腳有辦法走在劣質的路上、在木棧上找到平衡，但走在巴黎的人行道上，我宛如冰上的一艘船。精緻的鞋子穿兩天就破了；罩靴又讓我笨手笨腳；我也不習慣提起裙擺走路。我渾身泥濘，累得要命，還流鼻水，更別提那些小絨帽了——破爛不堪，以驚人的速度毀壞。17

歐若以前在鄉下老早就女扮男裝了，主要是爲了騎馬。照貝里地方上的傳統，年輕女性要

xii 朱利安·索瑞（Julien Sorel）、路西安·德胥彭珮（Lucien de Rubempré）、腓特烈·莫若（Frédéric Moreau），以及克勞德·朗提耶（Claude Lantier），分別為《紅與黑》、《幻滅》、《情感教育》，與《作品》中的主人翁。

xiii 貝里（Le Berry），法國封建舊制度（Ancien Régime）省名，法國大革命之後廢除，以布爾日（Bourges）為省會，包含今天中央—羅瓦爾河谷大區（Centre–Val de Loire）的謝爾省（Cher）和安德爾省（Indre）和一部分的盧瓦雷省（Loiret）。諾昂鎮過去即位於該省。

騎馬就是要這麼做。但她在巴黎推進了一步，試著——接著如願以償——喬裝成男子，至少成個少年。穿上了褲子和靴子，她便能從城市的一端「飛」到另一端去，無視天候、時段和周遭環境，混入人群裡，像個眞的漫遊者。弔詭的是，融入其中的一招竟會讓喬治・桑脫穎而出。女扮男裝把歐若・杜德翁變成了喬治・桑，她也從此聲名大噪。

我喜歡喬治・桑自述的這形象，遠勝那有戀人相伴，持著雪茄，狂慢叛逆的喬裝者；我喜歡她下定決心是出自純粹的失望，而非打理想的高射砲。我彷彿能看見她將小絨帽摔到地上，邊踩著它，咒罵著的樣子。她喬裝的另一道靈感來自她母親。她母親年輕時也曾在巴黎度過一段儉剋的日子。她曾透露喬治・桑的爸爸會將她扮成男孩——「我們的開銷便少了一半。」[18]

你現在便知道喬治・桑腦裡在打什麼主意了。行走是一道貫穿她自傳的母題，而自傳的最後一個字也收在行走（marcher），彷彿要邁向「懷善於眾」的康莊大道。[xiv] 能自力前行，保有初衷，這是喬治・桑最根本的獨立宣言。她親愛的端莊奶奶除了弔喪之外，未曾拔足到別處去，奶奶曾向她說：「孩子呀，你走路跟個農民沒兩樣。」[19] 她媽媽中槍了，她是鳥販的女兒。

於是喬治・桑學起如何像淑女一般走路。接著她學如何和男人一樣走路。

她筆下的女主角也有類似的作爲：貢蘇維洛和約瑟夫・賀登（Joseph Haydn）同行時，會以男孩裝扮作爲掩護。兩個臉蛋看上去比實際年齡還小的人，便這樣從波希米亞一路走到維也納。戲劇《加百列》（*Gabriel*）的同名主角生爲女兒身，但被當男孩教養，直到她／他十七歲時才恍然大悟。「我不認爲我的靈魂有性別，」加百列表示。[20]女扮男裝讓喬治·桑的角色獲得其他生命經驗、其他思維，或點出性別之間的不平等。她時常以男性觀點寫作，也不失爲一種變裝，使她能一窺別種生活方式。

*

如此一來，喬治·桑穿上褲裝是樁革命——至少至少，她犯了法。一八〇〇年通過了一道法律禁止女人在公眾場合穿著褲子。這項法律至今有效，但當然被忽略了。到了一九六九年有人意圖廢止它，提議竟然失敗了。在這道法律實際上有效時，想換掉裙裝的女性必須申請變裝許可。要成功申請，她得出示病歷證明自己有某種身體缺陷，造成穿裙裝不雅觀。就算申請成功了，那張許可也並未准許她穿褲裝參加舞會、劇場演出或公共集會。[21]一反革命廣場（Place

---

xiv「懷善於眾」（charity towards all）可能典出前美國總統林肯一八六五年三月四日第二任就職演說的末段開頭：「心無惡意，懷善於眾。神讓我們看見什麼是對的，我們要堅信不移。讓我們努力貫徹手上的任務……（With malice toward none, with charity for all, with firmness in the right as God gives us to see the right, let us strive on to finish the work we are in, ...）」

de la Révolution）染滿鮮血的過往，有項文化正極力重新界定自我，以女性身體作爲改革主軸，在新共和國的核心注入新的價值。

法國大革命期間，有無數的女人與她們的丈夫、愛人和兄弟並肩作戰，她們和他們穿著一模一樣的裝束，打扮成男性士兵。不過即便是穿裙子，法國歷史中的女人仍然反叛力十足。當她們走了出來，反叛力便加倍了。舉例來說，法國大革命實際上是由一群暴動女子向凡爾賽宮進逼開始的。比起其他任何事件，攻陷巴士底監獄的象徵性遠大於實質意義，不過只有七個人被放了出來，包括幾名贋品工匠和瘋子。一七八九年十月，凡爾賽婦女大遊行（Women's March on Versailles）成功迫使國王、皇室一家和群眾一起回到巴黎，並把他們禁閉在杜樂麗皇宮裡。那群婦女洗劫了軍械庫，拿走所有她們能拿的武器，在凡爾賽宮大門外耀武揚威，我敢說她們很可怕。

長久以來女人便和軍隊息息相關。她們尾隨隊伍從一處到一處，洗衣、打雜、照護傷患、料理伙食、作爲人妻與情人，還有在食物鏈無人尊重的底端賣身，提供士兵肉體的慰安。那些眞眞打了仗、操了槍、開了砲、行軍上馬參戰的女人，她們想展現勇氣，並證明她們有資格和男性戰友平起平坐。她們不想待在家裡守在爐邊，遵行男主外、女主內的界線。

法國女人把大革命視爲打造她們期望中的世界的機會，在其中爭取政治權利。

一開始她們如願以償。她們之中有些人甚至獲頒國家榮譽軍團勳章（Légion d'honneur）。但時間一久，出於某些原因——也許是因爲女人和軍隊的連結引人感到放蕩不檢——她們被指控造假詐騙。《女性與女性公民權宣言》（*Declaration of theRights of Woman and the Female Citizen*，一七九一年發表）的作者奧蘭普·德古居，以及羅蘭夫人都提醒了我們，雅各賓黨人是如何對待爬過他們頭上的女人的。[xv]

*

一八三一年，在開始爭取人權之前，喬治·桑夢寐以求的只是獨立。城市在這個夢想裡舉足輕重。從獨立衍生出來更實際的問題，是餬口謀生。她在寫給朋友布柯杭的信中說，爲了要賺點錢，她「跳入了文學浪濤洶湧的海」。她爲當時是反對派媒體的《費加洛報》（*Le*

---

xv 奧蘭普·德古居（一七四八—一七九三），劇作家、政治運動人士，於雅各賓專政的恐怖統治（La Terreur）期間因抨擊羅伯斯比爾的言論遭以斷頭臺處死。羅蘭夫人（Madame Roland，一七五四—一七九三）原名瑪麗·珍·菲力朋（Marie-Jeanne Philippon），偕丈夫尚馬利·羅蘭（Jean-Marie Roland，一七三四—一七九三）同為革命黨人，並為吉倫特派（Les Girondins）領導人之一。吉倫特派與山嶽派（Les Montagnards）為恐怖統治中內鬥的政治派系，後者由羅伯斯比爾領導漸占上風，取得統治權後大規模處決敵對人士。羅蘭夫人被送上斷頭臺，其夫逃亡至盧昂，隨後自殺。

Figaro）寫稿，讀者小眾，利潤微薄。但至少稿酬讓歐若有辦法營生，而且她在文章中對政府的批判態度很快打響了她的名聲。她和朱爾・桑鐸以「J・桑」的筆名，爲《巴黎雜誌》（*La Revue de Paris*）合寫了一本題爲《玫瑰與白雪》（*Rose et Blanche*）的小說。作品佳評如潮，編輯便要他們寫更多稿。但歐若想要自己寫，停止了合作（朱爾則到一八三三年才停下來），把共同筆名占爲己有。名字她選了喬治（Georges），在她的家鄉貝里是個常見的名字，然後將拼字英國化了點，改成George，也許是紀念曾在修道院教她讀書的英國修女。改名字爲喬治・桑帶來了「新的婚姻」，結合了「我過去那個詩人學徒身分和勉勵我努力的繆思」，並問道「在革命過後的革命型世界中，一紙姓名代表著什麼？」[22]這是她替自己取的名字，不屬於她丈夫，或她的合作人。

喬治・桑問世後，一砲而紅。她一八三二年出的第一本小說《印第安娜》（*Indiana*）得到驚人的評價。至少喬治・桑很驚訝——那些評論衝高了她的知名度，來勢洶洶讚揚或駁斥小說蘊含的政治立場。她否認（也許不是認真的）道：她除了說一則忠實描寫主題的故事，沒有別的立場。不只一個讀者相信作者是個男的，也有人認爲作品帶著「一種活力充沛的迷醉」，作者既是個女的也是個男的：「這必是出於一隻年輕男子的手，好來握緊低俗的強韌內裡，和一隻女人的手爲之綴上絲與金的花邊。」[23]

這本小說和喬治・桑有相似的背景。在來到巴黎之前，印第安娜是個出生於波旁島（Île Bourbon，現為留尼旺島）的克里奧女孩。她沒受過法國社會的教養，這件事常被拿來解釋她天真爛漫的舉止；而由於她生長在遠方，符合了當代浪漫主義的想像，更使得人們覺得她純樸無邪。她不情願地嫁給了個大她幾歲的上校，快快不快地住在巴黎郊區，並被一個也是留尼旺來的親戚勞夫（Ralph）暗戀。她年幼被拋棄時，是勞夫撫養了她。而當她遇見了雷蒙（Raymon），她處於瘋狂墜入愛河的理想狀態，冒著名譽掃地的風險（有點像浪漫時期版的珍・瑞絲女主角），和他跨海從法國到留尼旺去。當然他腳踩著不只一條船——她後來得知他和她的女僕儂恩（Noun）暗通款曲——他為了印第安娜又拋棄了儂恩，儂恩便跳水自殺了。他最終娶了別人。時逢七月革命爆發之際，印第安娜崩潰了。頭髮剪了，身分證件丟了，她流落巴黎街頭。接著一段奇異的敘事就此展開：勞夫將意圖跳塞納河自殺的印第安娜救起，為的是要向她表白，並帶她一同到留尼旺島的山崖跳崖自盡。在小說的後記裡，他們沒死，雙雙好端端地在一處秘境的小屋裡共度餘生。

人們在小說中讀到對婚姻的譴責。喬治・桑在後來的序言中反駁道她無意挑起社會爭議：「有些人選擇在書裡看見蓄意反對婚姻的論述，」她在一八五二年的序這麼寫道，「我沒有這麼大的野心，批評家對於我的反叛性有這麼多精闢的話可以說，我十分驚訝。」[24]或許可說她反駁得太過，畢竟「重軛」[xvi]這字眼在文本中出現了不下二十次。

喬治．桑苗頭所指的，其實不是婚姻本身，而是社會對於整個道德標準的固有觀念。小說結尾呈現了她所期望的：一種平衡，一種均勢，就像印第安娜與勞夫臨險棲在火山口邊緣的小屋一樣。她嘗試表達一種比她時代的規範還要眞純的倫理關係。自由意志是其中的關鍵，她爲女人與男人爭取著爲自身貫徹意志的自由。「要不是神聖的正義賦予我們每個人自由意志，我們將會被與生俱來的本能以駭人的命定性宰制。」[25]她以貝里爲背景的鄉村小說[xvii]《棄兒弗朗薩》（*François le Champi*）和《小法黛特》（*La Petite Fadette*），說教意味也很濃厚，喬治．桑在其中探討著如何與他人、與她自身的良知和諧共處，宛如是在作案例分析。

*

整套歷史的進程衍生自天天上演的革命。一八三〇年工人與學生爲了推翻暴政，走上了同一條陣線。他們換來的卻是更獨裁的政府，只是換了另一個王室家族。一八三二年，喬治．桑到巴黎一年後，學生們又搭起了街壘，試圖凝聚永遠終結王朝的力量。他們失敗了，喬治．桑在鳥瞰聖米歇爾廣場的公寓，眼睜睜看著革命以悲劇收場。[26]

她和女兒獨自在巴黎。當時霍亂猖獗，她們不敢出城，傳言離開比留下危險，加上如果她們帶有病原，喬治·桑也不會想把病原傳到諾昂去。就在病亂之中，革命的衝突在巴黎右岸市中心聖梅里（Saint-Merry）教堂一帶的窄街暴發，街壘北向迆邐到聖馬丁路（rue Saint-Martin），鄰近屠夫奧布里路（Aubry-le-Boucher）和莫布偉路（rue Maubuée）的交叉——今天博堡廣場和龐畢度中心的所在[xviii]。叛軍在那裡抵抗國民衛隊來自南北兩方的夾擊。聖梅里教堂區的叛軍領頭查爾斯·尚（Charles Jeanne）在寫給妹妹的信中說：「我們誘使他們進入手槍的射程，但沒有立即對他們開出的槍林彈雨還手。眨眼間，我們開火了，並高呼『共和國萬歲！』迎接他們。他們踉蹌了，手足無措。他們遲疑了好一陣子，下一波子彈從街壘和房舍的窗戶中開出，狠狠掃蕩了他們的行伍。他們呀，再也不是紀律嚴明的正規軍了，而是陷入混亂的哥薩克（Cossack）騎兵團。」[27]

xvi 重軛（法文原文 joug），英譯為 yoke，原指駕馭牲口的軛，引申意為壓迫或暴政。

xvii 鄉村小說（roman champêtre），透過鄉村農民的故事，投射理想道德觀或價值的小說。

xviii 博堡廣場（Place Beaubourg）即龐畢度中心（Centre Georges-Pompidou）前的龐畢度廣場（Place Georges-Pompidou）。由於此地所處區域舊名博堡（Beaubourg），因此巴黎當地人常稱該廣場為「博堡廣場」，也會以「博堡中心（Centre Beaubourg）」或「博堡」稱龐畢度中心。

歷史學者做的事，是時時遙想過往，並爲之興奮著迷，但一刻也不想成爲過去的一部分。行走在城市裡並找尋著歷史的蛛絲馬跡，我不會遺憾沒能搖身一變成爲十九世紀的法國女人。我並不是懷古或希冀某些更「原汁原味」的東西。活過喬治·桑的世紀是十分可怕的。我們所有在巴黎的人都有目共睹，光是《查理週報》槍擊事件過後，從手持機關槍、倦容滿面的士兵面前走過，就令人夠不舒服了。即使我腳下踩著一片經歷過往的土地，過去仍遙遠得像另一顆星球。我盼望的是一份能去認同的什麼，一條需要完成的連結，使他們的世界融進我們的現世。

喬治·桑和她的女兒就在不遠處玩耍，就在盧森堡公園。她發覺公園各側都有士兵列隊行進著。她們抄了條巷子要回家，試著避開「被軍警圍堵隔開，接受盤問，在慌忙中摩肩繼踵，又好奇張看的洶湧人潮。」她意識到待在室內最安全，趕忙帶著女兒走開，「沿路沒停下瞧瞧到底發生了什麼事。我從未見過街頭巷戰，也對可能會看見什麼毫無頭緒——士兵被激起某種嗜血的狂熱，又像對突襲警備恐懼，意外是在戰場上遇到的敵人裡最致命的。」[28]她玩味著這一切如此不令人意外，有鑒於過往的都市暴動，大多數人根本不曉得身邊發生了什麼事，基於害怕被攻擊才進而出手。暴力的傳聞擴散「在千萬起三人成虎的謠言裡。」

穿衢越巷讓喬治·桑找到她渴望的自由，現在暴民的群情激憤奪走了那份自由。就算她退守坐望聖米歇爾廣場的小公寓，她並沒有和上演的起義斷絕關聯。外頭，憤怒的巴黎人和既驚恐又嗜血的士兵占據了街道，巷戰的可怕一點一滴穿透著她的家門。她在窗戶上掛了張床墊隔擋飛進來的流彈，並安慰驚魂未定的女兒。「我告訴她外頭的人們在獵蝙蝠，像她在諾昂見過爸爸和叔叔伯伯做的那樣，總算哄住孩子了，她在槍戰聲中乖乖睡下。」她記道當晚她在陽臺待上一陣子，試著在人影間一探打鬥的動靜。（那時的巴黎還不是光之城〔the City of Light〕，一八三〇年間安裝煤氣燈的腳步幾近龜速。）

這是她自傳中最精彩的片段之一。我想被驚嚇，想和喬治・桑站在同一條線上。我在那裡，在她的閣樓公寓裡，也在我自己的公寓裡，興奮不已又自慚形穢。她的紀錄讀來不可思議，對於周遭發生的事情——她自己表明所知甚少——想來也不可思議。去理解世界另一端發生的事情何其困難，但弄懂自家後院究竟出了什麼事的難度，與之不相上下。弄懂親眼目睹的事情也是，一如九一一事件時，我從一哩外的上城區看著世貿大樓倒下來。喬治・桑紀錄的打鬥不太一樣，她一點皮毛也沒見到，這是第一點；第二點是她的文化不像我們的，沒有全面滲透的圖像。但她清楚知道，動亂的時局下，表演取代了真相。

夜裡，十七名叛軍占領了主宮醫院橋（Hôtel-dieu Bridge）上的街壘；夜裡，國民衛隊展開突襲。「這些不幸的人中有十五個，」路易・布朗（Louis Blanc）寫道，「被大卸八塊，扔進了塞納河。另外兩個在左近的街上被逮個正著，割破喉嚨。」29喬治·桑本人沒有目睹「這駭人的畫面，在夜幕的遮攔之下發生，」但她說她聽見了「激烈的嘈雜和嚎啕的吼叫，接著沉睡的城市蓋上一片死寂，將恐懼消耗殆盡。」

隔天一早，路上靜悄悄的。有人守著橋以及鄰近街道的入口，人車蕭然。她在紀錄中寫道：「長長的水岸在亮麗的日光下空無一人，宛如死城，彷彿霍亂已將最後一個居民帶走。」唯一的動靜是拂過水面的燕子，牠們「快得匆忙，好像被不尋常的平靜所恫嚇。」聖母院的高塔間迴盪著「淒疾的鳥鳴」，城市更顯幽寂。巴黎整城在室內避亂的人從窗戶探出頭來，走上屋頂，想瞧瞧能否直擊動態。接著，那些「壞聲音」又響起了：

執法的國民衛隊開火了。我坐在陽臺上，確認索蘭吉[xix]好好待在臥房裡，沒往外頭看。我數不清一來一往的攻防，接著砲聲響起了。

橋上一片打鬥後的狼藉，淌著血泊，我以爲起義仍在勢頭上。但那方的攻勢漸弱了……回到一片安靜，人們從屋頂上下樓到街上來。那些門房（表情激動，有如惶恐屋主的誇大版漫畫像）叫道：結束了！那些除了冷眼觀戰什麼也沒做的勝利者，從一片混亂中走出。國王在水岸上走著。城裡的和鄉下的布爾喬亞集合在每個街角，同氣連枝。政府軍嚴正肅然。他們一度以爲第二次七月革命成事在即。

那夜的回憶將跟著喬治・桑一輩子。後來數天，她說聖米歇爾提道染滿血跡。喋血的街上疊著死屍，成了「恐怖的紅磚牆」，正對著窗戶，「六月六日、七日猶吹著晚春的風」，帶起了屠殺後「令人作嘔」的氣味，「薰暖發酸，讓我醒了過來。」她因此有兩個星期食不下嚥，好一陣子無法吃肉。

這一切是爲了什麼？一八三二年六月那場流血事件並沒有造成體制的任何改變，它所傳達的不滿並未受半點重視。王朝依舊兀自運轉著。喬治・桑受夠了城市，返回諾昂並寫下《瓦倫婷》（*Valentine*）。故事講的是一個貴族女孩愛上一貧如洗的農夫，返回喬治・桑那段時期慣用的主題：婚姻對女人的限制，以及教育如何能拓展她們的視野，讓她們有能力爲自己做出更好的選擇。

聖米歇爾廣場上的血跡早已被擦拭得乾乾淨淨。那些痕跡消失在新鋪的人行道之下。我不禁好奇：星期五夜那些聚在廣場邊的孩子們滔滔不絕打手機，眉來眼去調情，青少年跳著霹靂

---

xix 索蘭吉（Solange，一八二八—一八九九），喬治・桑之女。

舞，巴基斯坦小販兜售著ＬＥＤ夜光玩具，將之拋得老高，高得像永遠不會掉下來似的——他們之中有多少人知道在自己站的這塊地上曾經發生什麼事？一百八十年前的某天，大群年輕人因爲抗拒一座王朝而命喪此地。喬治·桑在陽臺上俯瞰他們，試圖從形影中讀取犧牲的過程。

捷徑是穿過塞納河往夏特雷站走，搭地鐵一號線到里昂車站去。但有條可愛的路線是沿著河岸走半小時，偶爾停下來瞅瞅書攤有些什麼東西，再過橋。它並不遠，搭個夜車便會到了。雖然話說回來，如今你大可從奧利搭飛機去，從夏特雷站出發也是能搭車到機場的。[i]

威尼斯・放手聽命
Venice・Obedience

我就站在迷宮的入口，準備好要在這座城市和這則故事裡迷路。放手聽命。

——蘇菲・卡爾ii，《威尼斯組曲》（*Suite Vénitienne*）

有數年的時間，我沒寫博士論文，而是寫了本關於威尼斯的小說。那時我在讀伊恩・麥克尤恩的《陌生人的慰藉》。故事設在一座詭譎、黑色電影般的無名城市，河渠橫布，流著詐騙的心機。它釋放了我心中的什麼，或植入了什麼，我不確定。讀麥克尤恩會產生一股無以名狀的力量，驅使我寫出一則關於愛、失去與迷失的故事，然後把場景設在威尼斯。而今我回首一看，我十之八九下意識地把威尼斯當成了巴黎模糊的分身，藉威尼斯談自己如何在一個我無親無故、沒有理由出現的地方過日子。自己搬到一個陌生國家，就像在海上蓋一座屋子一樣荒謬。小說逐漸成形，我稱之爲《漂移之城》（*Floating Cities*）。

有些小說家（比如珍奈・溫特森）寫威尼斯，但沒去過威尼斯，純粹憑想像力天馬行空。但我得親眼瞧瞧。我不想發明威尼斯，我想實地去捕捉一些屬於威尼斯的東西，不只是汲取我們的文化想像。我想用寫作讓威尼斯變回一個地方。

我去威尼斯玩過幾次，也做過一些基礎功課，但這不夠。我不覺得自己有什麼資格能談論那裡的生活。我決定在那裡待上一個月，在威尼斯學院（Istituto Veneziana）上義大利文課，爲每天的生活作筆記。這個計畫需要在行前盡量多做功課，列出我對哪些事感興趣，若不實地走一遭便無法一探究竟。同時我也在構想故事的情節，希望威尼斯能指引我，讓故事在街頭巷尾找到自己的方向。

主角跟我一樣是個學生，但學的是藝術史，專攻早期文藝復興。一直以來我都想當個藝術史學家，這可是我的大好機會——多少算是嘛！我將她命名爲凱瑟琳（Catherine），是我義

i 一路經過的地名原文為：夏特雷車站（Châtelet），巴黎最大的轉運站之一，里昂車站（Gare de Lyon），奧利（Orly），該地有戴高樂機場之外另一座國際機場。里昂車站連接從巴黎南下的跨國鐵路，能一路直達義大利。

ii 蘇菲・卡爾（Sophie Calle，一九五三—），法國攝影家、裝置藝術家、作家，作品常以展覽與書籍並行的方式推出。

大利曾祖母的名字，也是未婚姑娘、老師和學者的主保聖人的名字。她研究書籍史，但她要到國外去教基礎藝術史，所以我得學會如何描述宮殿的門面、聖馬可大教堂的馬賽克磚，和學院（Academia）裡典藏的畫作。就像我在巴黎的經驗一樣，我想在威尼斯也學會那些區分居民過客之別的東西。由於我要在以一座秘密猶太會堂當故事核心，得在這個沒有底座的城市裡找個地方擺它。

我爲計畫興奮不已，但又有點七上八下。作爲一名英美文學研究生，寫小說不完全是理所當然的。至少在美國還算情有可原，完成一個博士學位可能要花上八年，甚至更久，中間總是得從事點別的工作。但爲一個虛構的角色創造虛構的博士學位，然後全心全意籌畫小說裡的研究而非自己的研究，實在不是個打造漂亮履歷的明智之舉。

但就像每個研究者都知道的，你必須跟著那條牽引你的線走——

*

在一個星期六早晨的九點四十分，我從奧利抵達了威尼斯。機場巴士把我們載到羅馬小廣場（Piazzale Roma）時，已近中午。我跳上了一條汽船巴士南行，憑著欄杆探出頭來，面向城市。水波盪起千萬條關於威尼斯的記載。陽光跳躍在運河上，流轉的形影比我記憶中還要驕傲。宮殿的雕梁畫棟在衰褪中仍多彩紛呈，就像昆亭・克里斯普[iii]在莎莉・波特（Sally Potter）的《美麗佳人歐蘭朵》（*Orlando*）裡的扮相一樣，但它們有土耳其窗。我腦中拉起了華貴的弦樂。現在我能分辨晚期哥德式建築和早期文藝復興式建築了，磚牆上那些像餐盤的圓形浮雕叫圓盤形花瓣飾（paterae）。拉斯金在《威尼斯之石》中素描的樓房浮現在我腦海。[iv]我的圖書館變成了座活生生的城市，許多我讀過的事物躍然出現在我眼前。我想到瑪麗・麥卡錫（Mary McCarthy）[v]在《威尼斯見聞》（*Venice Observed*）中的揶揄：「一個人必須接受現實，」她說，「他即將感受到的，或他即將說的話，不但早就被歌德或繆塞說過了，連一個剛在廣場下車的愛荷華觀光客（他老婆披皮草別珠寶胸針，一起來了）也要脫口而出一樣的話。」我奮發了起來，買了本克麗楓丹（Claire Fontaine）的小橘紅筆記本，標上了「威尼斯，二〇〇七年六月」。我將用它記下那些書上沒說的東西，寫到我自己的書裡。因爲，對，我相信（先不管瑪麗・

iii 昆亭・克里斯普（Quentin Crisp，一九〇八—一九九九），英國作家、演員。

iv 約翰・拉斯金（John Ruskin，一八一九—一九〇〇），英國藝術史家、水彩畫家及思想家。著有《現代畫家》（*Modern Painters*）、《建築的七盞明燈》（*The Seven Lamps of Architecture*）、《威尼斯之石》（*The Stones of Venice*）等。

v 瑪麗・麥卡錫（Mary McCarthy，一九一二—一九八九），美國小說家、文學批評家。

麥卡錫）談論威尼斯還是有可能不落俗套的。沒人見過我見過的，也沒見過我的女主角見過的。我們看世界的方式和歌德，或和那位愛荷華皮草太太，是兩樣的。

在聖史戴耶（San Stae）站下車後，我得等蘿拉幾小時。她是我的新室友，那天下午要從杜林回來，她去探望生病的爸爸。我在聖十字附近晃悠，先找地方吃午餐，再找地方喝咖啡，然後再找個地方，就是個地方，坐著殺時間。哪裡都可以，涼快點更好。

我試著去享受無所事事的自由，但我被我的行李箱絆住了。它就算有輪子還是很重。處處都要過橋，那種威尼斯的橋，兩邊各有至少七級石階的那種。我放棄將它抬上抬下，想到了一招——後來有人告訴我這招很威尼斯——不管三七二十一拖著箱子直直走。這不是最好的辦法。遊客如織，我試著別讓行李絆倒別人，但就是有人沒注意腳下，然後呢，想當然爾。後來我以對城市、居民和遊客最低的傷害，安然轉回了聖史戴耶站。我在聖艾伍史達丘（Sant'Eustacio）站的階梯席地而坐，等待下午四點鐘的到來。從大運河上來的微風吹乾了我頭上的汗水。

＊

我是個觀光客，但寧可相信自己是比較好的那種。我是來觀察城市的，而不是來買下它的一鱗半爪的。作爲一個「比較好」的觀光客，我希望威尼斯能對我開放一點，哪怕是一點點就好。我希望能找到個好待的地方，吃吃喝喝，能使我感到獨特又値回票價的地方。我希望食物可口，飲料好喝。

犯錯是難免的，我盡量避免了。我試圖尋覓好東西，但我有一頓午餐毀於學院橋（Accademia Bridge）下的觀光客陷阱。它是間「點心吧」[vi]。在荒涼的多索杜羅區[vii]，我餓昏了，活該要吃沙。我飢不擇食。店外的菜單上寫著一份瑪格麗特披薩七歐元。披薩上來時，餅皮老韌難切，無法不動搖整張桌子。服務生存疑打量著我。我就這麼難伺候嗎？

那地方的位置倒很適合觀看休息中的觀光客。有的人身上可以有三個相機包，掛在腿上或纏在腰上，跟武器一樣。把觀光客當「軍隊」看是個老套，但就像大多數的老套一樣，這是眞的。他們成團而來，還穿制服（一樣的短褲、一樣的球鞋，還有一樣的棒球帽，上面寫「羅瑞山足球隊在義大利!!!」），以一樣的速度行進，有個人雨傘刺刀在手，在背後高聲發號施令。

---

vi 點心吧（snack bar）。義大利坊間的「吧」（bar）販售早餐飲品和點心，未必通通售有酒精飲料。招牌添加snack或其他英文字樣的「吧」做觀光客生意，兼賣冰品快餐。品質較高的披薩來自披薩店（pizzeria）或餐廳。

vii 威尼斯共分六區（sestieri）：卡納雷喬（Cannaregio）、多索杜羅（Dorsoduro）、聖保羅（San Paolo）、卡斯戴羅（Castello）、聖馬可（San Marco），以及聖十字（Santa Croce）。

我沒有重兵在握，只是個窮書生，對這些光景感到陌生。我沒有緩衝衛隊，毫無敵意。但我和他們沒兩樣。我到這裡來，取走我所能取走的東西，該付錢就會付錢。

有時候我走運。在聖瑪格麗特廣場（Campo Santa Margherita）畔的一間咖啡館，女服務生直率親切：「欸你們！還要另一份白馬丁尼嗎？」亮藍色的柔道褲，紅T恤，梳高髻，腰包掛一瓶穩潔（Windex）清潔劑。她給了我一杯史畢茲調酒加薯片[viii]。

我在城市南端，因爲我的小說發生在城南。我不想把猶太會堂設在猶太人社區，它得座落在一個出其不意的地方，一個沒有人注意的地方。我喜歡多索杜羅聽起來的感覺，還有它的意思——硬硬的背。這是威尼斯唯一一處房子看起來有地基的地方。威尼斯大學在這裡，符合凱瑟琳的角色。我掃視廣場畔的樓房，想著該讓她住在其中哪一棟。

我喝得有點茫。

我得工作，打起精神。現在是傍晚六點十五分。這裡的鐘響從未停過，每過十五分鐘它們就要敲個十五分鐘。人們把桌椅挪來挪去，喝飲料看報紙。親臉頰兩邊，吞雲吐霧，比劃長寬，指路，在桌下抖腳，解釋事情，懂了便脫口而出「啊！」一聲。他們穿搭常見飄逸的布料和怪奇的珠寶。有個落腮鬍男子手上報紙大開，頭版起頭寫著「當丁托列托」[ix]，後面看不清楚。從我的座位看去，有兩間披薩店和一家叫水藍地球的生機飲食店。狗吠著，嬰兒哭著，廣播開著。更多鐘聲。地面鋪的是石板，而不是我想像中的鵝卵石。它們約有一呎長，六吋寬，灰色，滿是圓坑。坑裡噙著水，水彷彿滲透了石頭一樣。最近沒下雨，但廣場看起來像個淹了水的巨大披薩店。我全記了下來。

*

一天晚上，蘿拉帶我去朋友的聚會喝一杯。我們去了班柯吉洛（Bancogiro），雷亞托橋（Rialto）附近的水岸餐廳兼酒吧。我們就著外頭的暮光，站在外頭喝亮橙色的史畢茲酒。「東尼・內格里[x]在那裡！」蘿拉一個朋友指道。馬克思主義哲學家也會出沒在這一帶。隔天晚上，我獨自外出，找到了間叫「風息」（Il Refolo）的露天披薩店。他們爲我拉出了張桌子，我是那裡唯一獨自用餐的客人。我讀著《鴿之翼》[xi]作陪。左手邊坐了一大群人，他們說著英語和

---

viii 史畢茲調酒（Spritz），源自北義的調酒，通常以義大利氣泡酒（Prosecco）為基酒，添加苦橙酒（Aperol）或金巴利（Campari），以及少許氣泡水，佐柑橘片。

ix 丁托列托（Tintoretto，一五一九年—一五九四年）威尼斯畫家，本名雅各博・康明（Jacopo Comin），與提香（Tiziano）、委若內斯（Veronese）齊名。

x 安東尼奧・內格里（Antonio Negri，一九三三年—），綽號東尼・內格里（Toni Negri）當代馬克思主義社會學家、政治哲學家，二〇〇〇年與美國學者麥克・哈特（Michael Hardt）合著有《帝國》（*Empire*）。

義大利語，我向他們微微一笑，感染鄰近的熱鬧而少了分寂寞。接著，有個曬得黝黑的男子，戴著藍色膠框眼鏡，乘貢多拉靠了岸。他穿過前庭時引起隔桌一片掌聲。他是彼得．偉勒[xii]。

「一生也只有一次六十歲生日呀！」機器戰警坐下主位時這麼嘆道。

＊

另一天，蘿拉和我去參觀了雙年展。她的朋友里卡多在法國館工作，他說如果我們能趕在下午兩點前到，他能在輪值換班時讓我們免費入場。雖然宿醉加上熱昏了頭，我們仍準時到了，去看了蘇菲．卡爾的展覽：《請多保重》（*Prenez soin de vous*）。

一團有錄像、攝影和玻璃櫃裡的文件的駁雜組合，鋪排在四個展間裡。每個展間裡各有一個女人在其中行走、唱歌、低語、吟誦、舞蹈、跳躍，並玩弄同一份文本的隻字片語、零碎不全的句子：「我原本想親自告訴您，但沒辦法，所以是這樣的」、「我覺得您愛……就夠了」、「您告訴過我不想當『第四者』……可是您繼續見B和R。」這些話都以「請多保重」作結。

原來那份文本是一封分手電郵——一封電郵！一封來自混帳——卡爾簡稱爲X的前男友的電郵。內容的法文寫得詞藻華麗，不，寫得目無下塵（今天人們談戀愛眞的還會互稱您嗎？）

信上語氣既說人不是，又顯疏遠，還有點膽怯。後來我才知道，寫信的人是作家葛利果·布里耶（Grégoire Bouillier），卡爾早在他的小說《謎樣的客人》（*The Mystery Guest*）裡頭成了個角色。那她想當然爾也能從容把他放進作品裡。回信的女人包括一個拿記事本抄抄寫寫的性學家、歌手妃斯特（Feist）、演員艾莉兒·董伯樂（Arielle Dombasle）、歌舞伎人偶、切著洋蔥的義大利女演員、分析文本的文學學生和一隻鸚鵡，先是啄爛了信，再吱聲說「請多保重！」

卡爾常常把她的生活當成創作的跳板。我是從保羅·奧斯特（Paul Auster）的小說《利維坦》（*Leviathan*）得知卡爾這人的，裡頭有個名叫瑪麗亞·泰納（Maria Turner）的藝術家是根據卡爾寫的。保羅寫道，瑪麗亞會爲每天設下不同的主題，依照主題的顏色或字母去安排數天，或甚至數星期的生活。瑪麗亞設計了「色彩飲食」，規定自己只能吃某種顏色的食物。若以字母爲主題，她的日子便如同「被下了b、c，或w的咒語」。[1]卡爾感到十分有趣，便在現實生活中照做了這些遊戲。她用照片記錄了瑪麗亞色彩飲食的改良版，還有她自己的字母主題人生。她出的書《雙重遊戲》（*Double Game*）收錄了她的創作計畫，封面便是卡爾實

xi 《鴿之翼》（*The Wings of the Dove*）為美國小說家亨利·詹姆士（Henry James）一九〇二年的作品。

xii 彼得·偉勒（Peter Weller），美國演員、導演、藝術史學家，曾飾演一九八七年《機器戰警》（*RoboCop*）的男主角。

行瑪麗亞b日的照片。她穿得像六〇年代金髮海報女郎一樣，棲臥床上，故作羞怯地望著鏡頭，周圍簇擁著一窩動物，題字寫著「以B之名：美麗，動物寓言，蝙蝠，迷你雞，野豬，公牛，蟲，獾，驢子叫，哞哞叫，咩咩叫，汪汪叫，獸性的小鳥腦袋，BB。（B for Beauty and the Bestiary, for Bat, Bantam, Boar, Bull, for Bug, Badger, Bray, Bellow, Bleat, Bark, for Beastly Birdbrain, for BB.）」2

這個計畫收在一本名叫《談服從》（*De l'obésissance*）的書裡。我喜歡書名淡淡的反諷，好像卡爾不只是在玩味虛構的雙重人物，也藉著乖乖按照故事創作來調侃保羅。這顯然別有意圖，卡爾有自己如何露臉的主控權。但書名點出了一項計畫中的矛盾：卡爾和她的夥伴們要讓作品（和遊戲）起頭，得在各種情境下服從規定，一旦規定確立了，卡爾便不再能全面控制發展出來的結果。

服從與不服從是卡爾生活也是她創作的中心主題。一九七〇年代卡爾從楠泰爾大學xiii輟學。她當時的一位老師尚·波迪亞（Jean Baudrillard）曾說當代生活是生活本身的複製品。早個兩年在楠泰爾，巴黎西方的勞工階級郊區，一九六八年五月的「一些事件」爆發了，緣起於一則關於安排男女混合住宿的爭議。儘管卡爾沒有完成所有的課程，爲了要讓她畢業，波迪亞有可能拿了其他學生的報告代替卡爾的作業。在那之後，卡爾開始了七年的旅行。她先去南法的賽文山脈（the Cévennes），再到克里特島，接著她帶著所有的錢跑到旅行社，問這筆錢能讓她到哪些地方去——於是她的足跡遍及墨西哥、美國，最後是加拿大，她在那裡的一間馬戲團工作。在訪談中，她說這些大大小小的旅行，不是在逃離，就是在跟隨某個人。

回到巴黎後，卡爾搬去和父親住。他喜歡去丁香軒（Closerie des Lilas）和一群年輕朋友混在一起。她說那些人永遠衣冠楚楚，笑得太大聲。她爸爸想拉她一起去，但那裡的人讓她覺得自己像賣火柴的小女孩。[3]她沒有工作，沒有自己的朋友，不知道可以做什麼。她無所適從。這是爲什麼她開始尾隨別人，沒事找事做。

*

當你年紀輕輕，擁有的選擇目不暇給，你怎麼去抉擇？每選擇一次，路便窄了一分。你好想要有人告訴你往哪裡走、做什麼。拜託幫我扛走這份人生的責任，我沒要求過這份責任，也不知道該如何是好。就把我放在某處吧。我曾經跟隨過一個人——管他叫X，像卡爾做的一樣

xiii 楠泰爾大學為巴黎第十大學（Paris X），全名為巴黎西大學・楠泰爾拉德方斯（Université Paris Ouest Nanterre-La Défense）。

——一路跟到東京去，爲的只是避免不這麼做。

*

卡爾有一次在弗瓦德佛路（rue Froidevaux）上跟隨一個女人，「因爲她的髮型好特別」。她也在街心跟隨過兩個男人，從克勞戴路（rue Claudel）接著到奧德翁路（rue de l'Odéon）去。但即便是跟著身邊的人走，似乎也需要一些超乎她能力所及的東西。她在日誌裡這樣寫著，「我沒有恆心，我一開始跟著人走，久而久之便累了，或跟丟了……」下午兩點二十五分，她又回到了盧森堡公園。「天氣很差，我鬱鬱寡歡。我決定開始跟隨一隻鴿子。」[4]她實在是沒辦法從容變成一個被動的跟隨者。在一個畫展開幕夜，卡爾遇見了一個她當天稍早跟隨過但跟丟的人。這場巧合像是個信號。他提到他隔天要去威尼斯，她決定跟著他去。此舉雖然主動了點，但以一種完全越界的異常觀點來看，至少有趣些。

這是她第一次去威尼斯。就是這趟旅行的計畫開啓了她的藝術生涯，使得幾乎三十年後，她能以國際大藝術家之姿回到那裡去。她和威尼斯的關聯宛如命中註定——畢竟她姓卡爾（Calle），在威尼斯話裡是街道的意思。

＊

一九八〇年二月十一日星期一，卡爾到了威尼斯。[5]她隨身帶了本筆記本，作品計畫裡大部分的文本都來自這筆記本裡的文字。她像個瘋狂的記者又像個私家偵探，每天記下數筆資料。她叫他亨利·B（Henri B.）。他是個攝影師，所以她決定不管他到了威尼斯的哪裡，都替他照張相。她的行李箱（沒有裝輪子）中打包了一頂金色假髮、數頂帽子、絲巾和手套——所有她喬裝需要的東西。她也帶了臺萊卡相機和一副史昆達（Squintar）鏡片，這副鏡片由一組鏡子所組成，讓你相機不面對某人就能拍下他的照片。卡爾不敢在光天化日之下鏡頭正對著街上的人拍照，側著拍她比較自在。

噢，時值嘉年華——在四旬期[xiv]的自我否定到來之前——那屬於戴面具的放蕩和萍水相逢的傳統節日。

＊

xiv 四旬期（Lent）為每年復活節前的四十天，天主教徒以守齋克己行贖罪禮，準備迎接復活節。

好幾世紀以來，威尼斯當局透過監視來鞏固政權。人們對監視興致勃勃，里昂夫人（Donna Leon）以此開創了一番事業，她的懸疑小說寫的就是現代威尼斯警方的線民。威尼斯的十人議會安置了「獅口」（bocche di leone），好讓市民可以匿名投書告發別人（當時的警察制度效力不彰），於是這就成了市井小民直通政府耳門的尋常管道。這也源自威尼斯政府的本質——作爲一個共和國而不是王國——兩百五十個參議員負責決策，每個參議員都各自有一團幕僚。由這樣的分支可見，權力的遊戲成爲了一場蒐集情資的競賽。人們用秘密互通有無，你的理髮師，或你的貢多拉船夫，都可能是個眼線。關於共和國運作方式的資訊被層層保護，除非有參議員說溜了嘴。你的藥師可能比你還清楚，政府究竟在商議什麼事情。寫作興旺得很，人們管威尼斯版的記者叫小說記者[xv]，他們和其他城區的小說記者互通情報，編織故事充當新聞。

卡爾到了威尼斯住處後的第一站，是威尼斯的警察總局（Questura）。她聽說每一份旅館表格都會歸檔到警察局去，但局裡的僱員拒絕告訴她「她朋友」在哪裡過夜，這「違法」。他說她不如去火車站試試看。「爲什麼我沒有賄賂他的膽子呢？」她寫道。[6]火車站的人又請她去警察局查明，這分明是行政上的繞圈子。

*

那男子的行蹤難以捉摸。她依稀記得他提過一間叫聖巴納迪諾（San Banardino）的旅舍，但威尼斯沒有一間旅舍叫這個名字。她打電話去全威尼斯以聖人命名的旅舍，但沒有一間的住客裡有亨利．B這個人。二月十五日，星期五，下午兩點鐘，她坐了下來，拿著一份照星級排列的威尼斯旅館清單，開始挨家挨戶打電話：先是鮑爾．葛倫瓦、契皮亞尼、葛利提、卡爾頓總裁、歐羅巴與不列顛、加百列、倫敦、明月、大都會、摩納哥與大運河、公園酒店；再來是威尼斯共和國、西班牙、阿爾卑斯之星，聖摩利佐，等等等。單子上有一百八十一間旅館，有著一串由國家、城市、天體星辰、聖人和威尼斯家族啓發靈感的名字。下午六點四十五分，她打給史戴芬尼之家（Casa de Stefani），得知亨利．B那天出門去了。

「我就站在迷宮的入口，」她在日誌中這樣寫著，「準備好要在這座城市和這則故事裡迷路。放手聽命。」[7]

迷宮是譬喻城市權力機制的一種方式：我們自以爲瞭解權力是怎麼運作的，但一旦它橫生枝節，便讓我們一頭霧水。於是我們需要一個字眼來稱呼這樣的謎團：它似乎能自主運作，讓

---

xv 小說記者（novellista，複數為 novellisti），源自 novella（短篇故事）。該字原意是短篇故事的作家，早期也指散布新聞、街談巷議的人。

我們碰壁，一片茫然接著無法控制；它奪走了所有我們能用來鬥倒它的計謀。提修斯爲了要和米諾陶爾戰鬥深入迷宮，身後曳著情人阿里阿德妮繫的一條繩線，好讓他有辦法沿著舊路，回到她身邊。[xvi]但一座迷宮的設計，其實會讓所有道路最終都通向它的中心。你無法在其中迷路，裡面其實只有一條蜿蜒曲折的道路。你快不起來，如此而已。另一方面來說，迷宮是製造困惑的結構，讓你覺得永無抵達的一天。迷宮給你選擇：走這條路，還是那條？如果走這條，那條怎麼辦呢？困住米諾陶爾的地方必須是座迷宮。

爲什麼我們一而再再而三地犯這個錯誤？爲什麼我們要和城市掙扎、鬥爭？我們想要有所抉擇，有能力走失，有能力被找到。我們想要挑戰城市，解開其中的密碼，在其中有所斬獲。

如果我們終究要面臨米諾陶爾，我們得顧好回去的路。

*

卡爾擔憂她在浪費時間，變得焦躁不耐。「我不能再設想可能的後果了，左思右想故事到底會走到哪裡去。我會跟著故事走到底。」[8]

*

在威尼斯追尋想像中的猶太會堂使我有絲罪惡感。我試著嚴格把握時間：早上上義大利文課，下午在威尼斯散步，晚上寫作業、讀吳爾芙。滿滿的行程裡是很難有驚喜的，也沒什麼時間迷路。[9]

*

但帶著行程表走向威尼斯是行不通的，你一定會迷路，在出發前你就知道自己十之八九會

---

xvi 根據古希臘神話，克里特島國王米諾斯（Minos）的王后帕西淮（Pasiphae）受到海神詛咒，愛上了一頭公牛，與之產下牛頭人身獸米諾陶爾（Minotaur）。米諾斯遂下令建築師戴達洛斯（Daedalus）打造一座迷宮，將米諾陶爾困在迷宮中心。每年（也有版本說七或九年），雅典為了償還克里特王子安卓傑爾斯（Androgeos）在雅典運動會遭到嫉妒者凶殺的血債（亦有說法解釋他在馬拉松被一頭公牛殺害），必須向克里特王國進貢青年男女各七名，作為餵食米諾陶爾的祭品。雅典英雄提修斯（Theseus）為了終結進貢的傳統，自願加入獻祭的行列來到克里特島。在克里特公主阿里阿德妮（Ariadne）的協助之下，他帶著一捆繩線進入無人生還的迷宮。他擊斃米諾陶爾後，藉著沿途放下的繩線找到出路，順利逃脫。

遲到。那些方向感強烈的幸運兒也難以倖免，你在城裡走著走著，街道自己會狡獪地重新排列，像個老練的洗牌手。如果你看見一間想嚐鮮的商店或餐廳，就立馬行動，否則回頭找到它的機會微乎其微。威尼斯有些地方和布里佳冬村xvii一樣，每百年才會出現一次。除非有時候你怎麼做也改變不了同樣的路徑，在同一座橋上來來去去，直到你受不了一直看見同樣的商店，不解爲何當初要留步看看，直到你巴不得能看見別的商店。這也是有的。

幾年前他們在四處貼上了黃色標籤，指向聖馬可廣場、雷亞托橋、學院橋，或火車站。有些淘氣的威尼斯人也用自己的方式「幫」了人們一把，在空下來的街角或廊道貼上「往雷亞托！」的標語。愼納他們的建議，你更有可能會沿著反方向被帶到城的另一邊去。

那些小黃標語把迷陣變成了只有一條活路的迷宮。一來一往，一來一往，雷亞托，聖馬可，學院。當我們在同一條路上、同一座橋上穿行來去，時間慢了下來。在我們眼裡，那條路川流不息。我想脫離那條路。我們不願聽命。

*

有一天，我爲了要蒐集小說的資料，和人約在威尼斯舊時的猶太社區卡納雷喬面談，結果我迷路了。時間一點一滴地流逝，太陽熱辣辣曬將下來，我一巷子一巷子地繞，無法確定我到底是在五分鐘前還是五天前，看過某間網路咖啡店或水果攤。我拒絕循著舊路走回去，秉持著某種天眞，好像既待過紐約的網格，也混過巴黎的輪旋，我必定可以把錯的路走對，遲早會到達目的地。[xviii] 也許我只是在逃避依循舊路的無聊，或是無法接受路痴挫敗的自尊心作祟。

於是我拐進了座看起來有希望的窄長巷子。對了，我告訴自己，就是這條路，往北北西去我便會找到那座橋，然後我就快到了……我走了好幾分鐘，直到那條路突然結束在一汪水前面，除非搭船或弄濕衣服，不然走不下去了。

這簡直感覺意有所指：好像我生活中哪裡有所進展，我就得在別的地方揮霍時間找原路、趕路、重拾方向，然後繼續向前。沒有什麼是直直走的，原路撤退根本是家常便飯。

別再管標語了，別再看地圖了。你只會走到死巷去。但別擔心，反正你不會掉進水裡。

在威尼斯，你不想太負責任。

xvii《布里佳冬村》（*Brigadoon*）為一九四七年由亞蘭·傑·樂爾（Alan Jay Lerner）創作的音樂劇，劇中兩個美國遊客無意間發現了布里佳冬村，一座傳說中的蘇格蘭村落，每一百年才會出現一次。

xviii 紐約的街道分布為網格狀；巴黎的二十個市政分區數列以順時鐘遞增，都會中心與市郊分區呈同心圓，故作者以「網格」（grid）稱呼紐約，以「輪旋」（wheel）稱呼巴黎。

＊

卡爾一找到那男子，他的路程就也成了她的。他的威尼斯，也成了她的威尼斯。她記下了他們（他與太太同行，她頭上披著條印花絲巾）走過的每一條街，停下來打量的櫥窗，和他們拍的照片。卡爾有樣學樣，在他拍照的地方拍照，在他停下來的地方停下來。她的筆記本錄下了他的行蹤，而她也將自己印刻到城市裡，也刻進他的旅程中。那個人認定爲自己做出的選擇，眞的是他的選擇沒錯，也帶著她秘密的印記：「卡邁伊路，喬瓦雷路，聖洛可廣場，拉加路。」[10]她一跟丟那對夫婦，便去里多島（Lido）上的猶太人墓園，她知道他喜歡墓園。他遲早應該會去那裡，她寫道：「我對他寄予厚望。」[11]

城市的迷宮，是造來產生欲望用的。我們希冀的每樣東西，始終在下個街角消失，早幾步不見蹤影。雖然卡爾一開始的好奇心萌發於偶然，但亨利．B變成了一項執念。她必須提醒自己她對他沒有特別的感覺，她所感覺到的東西並不產生自她的內在，而來自這場遊戲。然而她有著被拋棄或被冷落的情人會有的所有徵象：尾隨她所愛的人，從「路過」他的旅館，到在一間古董店外頭等他。她執行起這項計畫有點像乖順跟從的女兒，隨著她認爲自己對他產生了情愫，甚至有點亂倫的因子。這一定是她如影隨形地跟蹤他的原因，對吧？不然還有什麼原因？

她說：「只有愛，情有可原。」12

*

我小時候，差點溺死在朋友家的游泳池裡。那是座地面上的泳池，在她家後院濕濕軟軟的草皮上，圍成一圈高起來的環，不大，注滿了氯化水。池子裡滿是玩具，浮板和幾艘小筏。我在池底游著，四處撿著被池底沙子埋住的塑膠環，想回到水面時，卻被整艦隊的小筏擋住了，上面坐滿了我的朋友。我快沒氣了，但沒辦法在滿載肉體的小筏之間找到一條出路。後來總算解脫了，但我從此忘不掉那份焦慮。

一年後我搬到了巴黎，記起那天因爲朋友的小筏而被困在水下的感覺。我愛的男生去南法念法律了，難過之餘，我開始找治療師會談。有好幾天我人不離床，外面的世界像是灘泥沼，日常生活沉重遲滯，我舉步維艱。在會談裡我三句不離開他，但又無法做出任何擺脫他的進展。有天下午，我分享了前一晚做的夢。大浪滔天，我遇到船難，奮力想抓住水面上的某個浮起物。

她說，那就是他——好吧，或是，對你而言他所代表的某項東西。這就是爲什麼他在你心中揮之不去，他是你的筏。你爲了活命而緊握不放。

我想我是緊緊握著那艘筏的，但它也同時在害我。

*

所以我現在不想緊抓住一個人，因爲人會走掉。我在這座浮動的城市，徘徊在多索杜羅的街道，試圖找到那能使我完整，又不致下沉的東西。威尼斯有股濃濃的宗教氣，但我嘗試過宗教了，對我是死巷一條。身爲一個脫節的天主教徒和一個脫節的猶太教徒生下的小孩，我和兩個宗教從來沒有好好搭起來過，身上總是有一部分扞格不入。我給了凱瑟琳一樣的背景，以及對於歸屬感一樣的憧憬。我讓她姓派瑞許，生活在威尼斯，一座社區生活繞著教區旋轉的城市。xix 一些簡單的轉譯，也許可以讓宗教的觀念不再是排除或包容誰的問題，而是讓誰融入當地的問題。但我某種程度上又覺得，事實並非如此，我們也想被當地人包容。

按照菲利普．索勒斯（Philippe Sollers）的建議，我去了安康聖母院（Santa Maria della Salute）。他說他每新到一座教堂都會點一支蠟燭，好「導引寫作的手」。我需要各式各樣的導引，但如果我在寫作上可以得到一些指點，我想其它事情的煩惱也許就會少一點。

我沿著教堂中央走道一直走，直到一名年輕男子走上前來。他鬍子刮得乾乾淨淨，語帶否定，搖頭對我說：「太短了，」並指了指我的裙子。我在背心外罩了件開襟羊毛衫，卻把裙子完全拋在腦後。這時一個穿著背心短褲的男子經過了我旁邊，安然無事過了關。當我正陶醉於天主教的美，卻給狠狠賞了一耳光，就像我媽媽小時候被那些修女修理一樣。「我可以只是點個蠟燭就走嗎？」我問他。他皺了皺眉頭，但准了。罪人點蠟燭，只要在箱子裡投下一歐元就可以點。

安息日（Shabbt）時，我去猶太會堂參加了一場星期六的晨會。我挑了間西班牙裔的猶太會堂，因爲我有些角色的祖先是伊比利半島來的賽法迪猶太人[xx]，在一五一六年威尼斯猶太社區剛創立時，在前往克羅埃西亞的路上停經威尼斯。在威尼斯有群猶太人拒絕行動受限於猶太社區，於是他們爲了行動自由佯裝成基督徒，並私自在家裡奉行猶太教，我想寫關於他們的故事。我起了個大早，從多索杜羅區出發，自認走對了路，但錯了。所以我遲到了。

會堂入口有兩個持槍的警衛看守著，其中一個對我說英語。他要求檢查我的包包，看見裡面的相機和手機後，他不准我進去，道：「小姐，這是一個正統猶太教會堂。」安息日的意思

xix 作者的小說角色姓氏派瑞許（Parrish），與「教區」的英文 parish 同源。古希臘字拼音作 paroikia，結合 para-（旁邊）以及 oikos（住處）。該字拉丁文作 parochia，傳到義大利文為 parrochia。

xx 賽法迪猶太人（Sephardi Jews 或 Sephardic Jews），希伯來語本意「西班牙的猶太人」，自十五世紀遷入伊比利半島。

明明白白：在這天是不可以生火或工作的。使用電子產品被視爲一種生火的行爲，所以就算只是拿著有可能「生火」的器具，也是嚴令禁止的。我試著跟他解釋（「如果它們沒開機，就沒有違規呀！」）接著我開始哭（「我大老遠從多索杜羅來，還走丟了路……」），然後搬出了上帝：「但今天是安息日啊！我想參加安息日聚會！」

他不爲所動，但開出了條件：「這樣好吧，如果你可以把這些東西留在一個地方，我就讓你進去。不然你今天晚上的結束式（Havdalah）再來。但聽我一句話吧（我聽來他有點紆尊降貴），這裡大多數的店安息日不會營業。」我斷不可能在家裡和這邊之間跋涉折返，所以我接下了這個挑戰。就在離火車站不遠的街角，我發現一間開著的古董店，成功返回會堂。我走了點運，那位好心中年老闆的法文足夠搞懂我爲什麼要交出數位相機和手機給他保管。

我回到了會堂。就在我凱旋式地向守衛掀開包包時，我驚覺我的 iPod 從錢包底下露了出來——好險他沒發現，或假裝沒發現，總算讓我進去了。

*

猶太社區「ghetto」這個字來自威尼斯的猶太人。當初人們在卡納雷喬區的舊鑄鐵廠劃出了一座猶太社區，命名爲「ghèto」。

我試圖融入以宗教認同建構的猶太社區。但我到底爲什麼急著要遵從別人的規定呢？

＊

蘇菲・卡爾藏身在巷子裡，靜候她跟蹤的男子從夫妻倆幾小時前進去的古董店走出來。這徹底是偷偷摸摸跟蹤的行徑，她覺得滿愚蠢的。外面很冷。她想他在考驗她，待在裡面「久得荒唐」，只是要告訴她「你儘管等吧，我不會出來。」[13]

她到底在做什麼？這是哪門子的女子漫遊？如果漫遊女子眞的是個解放了的女人，決意一探她不應該去的地方，四處跟隨一個人對她而言代表著什麼？我想到了愛倫・坡一八四〇年的短篇故事〈群眾之人〉（The Man of the Crowd）。那篇故事是關於一個無名男子，他不過是人海裡的一張臉，但又與眾不同，觀看世界來來去去——標準的漫遊者。愛倫・坡的角色被一個怪人所吸引，他尾隨那人，然後跟丟了。我們大可以說，漫遊者是跟隨者，或其實是被跟隨的人，說他是在城市中作出選擇的人，或選擇放棄選擇的人，只爲了尾隨一個他無以名之的東西，一張臉。

卡爾不挑捷徑走，她沒有跟著那些小黃指標走，除非她跟蹤的男子這麼做。不過她在城市裡進展的作爲，絕非被動待命。她覺得這是場遊戲，而不是藝術。所以她並沒有拍下很多照片，也因此她得重回故地取材。我們認定出現在她書中照片的男子是亨利．B，但實則不是。從一個跟蹤者，她變成了定位者、藝術家和攝影家。她命名這項計畫爲《威尼斯組曲》（*Suite Véntienne*），取 suite 字中接續相隨的意思。從拉丁文 sequoir 的過去分詞 secutus，變成了法文的 suivre，再到英文中的 to follow。La suite 是「接下來」的意思，一條序列。它是一連串的事件，或一連串的動作。古典音樂是一連串成套的組曲（suite）安排。如果你運氣好，住旅館時套房（suite）也是成套配下來的。[14]

在古董店上方，卡爾發現了一塊招牌，上頭寫著「告訴我你住哪裡，我就能告訴你你是誰。」[15]這很明顯引用了安德烈．布勒東在一九二八年的小說《娜賈》中寫的話：「告訴我你一天到晚跟著誰，我就能告訴你你是誰。」[xxi]他在故事中尾隨、引誘，並拋棄了一個精神不穩定的年輕藝術家。由於她帶著俄羅斯的異國美，布勒東將她命名爲娜賈。[xxii]布勒東同時將跟蹤變成了一項反叛的行爲，這之中愛因爲逃脫有了廣度，同時也被背景的城市圈擁。也只有蘇菲．卡爾這樣的藝術家有辦法扭轉情勢。[16]

她不是唯一一個在街市跟蹤別人的藝術家。維多．亞貢奇（Vito Acconci）一九六九年在紐約做過類似的作品。他在城裡四下跟蹤別人，這可以持續好幾小時，直到他們進入私人空間。他帶著相機出門，他每眨一次眼睛，就拍下一張照片。在他的筆記中，他說這是他踏出家門、外出探索並讓自己融入一個更大的場域的方式。這些計畫都讓我們意識到外出露面的公眾性，在公開領域受傷害的可能，還有一種被定型的氛圍：一旦我們想避免各種遭遇，它便會出現——侵略、危險和豔遇。

但一個男的跟蹤者和一個女的跟蹤者，畢竟是不一樣的。其中隱含著各式各樣的意思。一個女的跟著一個男的，是溫順跟從（是嗎？），但一個男的跟著一個女的，則是熱烈追求。整部《威尼斯組曲》中，卡爾身後不乏跟隨她的男人。有些跟她攀談，有些沒有；有些帶有威脅性，有些則否。大多數時候她喜歡這些目光。（我們對虛榮心有著心照不宣的默許，有著想被注意與看見的需要。「今天我在人生中第一次被人叫金髮美女。」卡爾曾這樣寫道。17）卡爾也指出，維多・亞貢奇的作品牽涉的不是情感的牽動，而是身處公眾場合的表演性。卡爾更在意私密領域和內在性。她不只記錄下了亨利・B去了什麼地方、做了什麼事，還包括她跟隨之

xxi 參考〈女子漫遊〉一章中關於布勒東的註釋 ix。

xxii 在小說中女孩告訴布勒東她名叫娜賈：「她告訴了我她的名字，是她替自己取的，『娜賈（Nadja），因為在俄文這是「希望」開頭的幾個字，也因為也只是開頭而已。』」，詳見André Breton, *Nadja*, Paris: Gallimard, 1964, p. 75。

際的個人感受。

當他們從古董店出來，走向蒸氣巴士船站牌，她看向店裡的櫥窗，直到船要開了，方匆匆上船。他們坐在床艙裡，而她站在外頭，感受同一汪水與同一個威尼斯圍繞著他，也圍繞著她。

他的威尼斯就是她的威尼斯。

把我放到某處去。

我會去你所去的地方，也會在你所停下的地方停下來。你的人民也會是我的人民，你的神也會是我的神。

皈依者的信條如是說。

＊

在我們的文化裡，跟著別人走不是一件光彩的事；當跟屁蟲形跡可疑，表現了懦弱，甚至變態。我們被鼓勵去當領導者，積極進取，走自己的路。但屈服之中，是有些反叛元素的。卡爾的作品反映了這樣的元素：它開啓了在幾項控制變因之下，隨機發展的可能性，而且她確實握有控制權。她依賴著另一個人，但仍在發號施令。他的存在，只是讓她不用在迷宮中覺得若有所「失」——只要她盯住他，她就待對地方了。

十年後情況就變了。她和一個男人旅行，這次表面上是平等的。一九九二年她和前夫葛雷格．謝佛德（Greg Shepherd）合拍的電影《昨晚沒做愛》（*No Sex Last Night*）或許有（或沒有）透露一點他們關係崩解的端倪。那部電影很難判定究竟有多少成分是照底稿演的，又有多少是即興發揮。基本原則是：他們同意一起來趟公路旅行，然後將之拍成一部電影。可是等她到了紐約，他顯然半點前置作業都沒做——車子待修，他駕照搞丟了，相機沒租也沒買，連到機場接她都忘了。「我知道他反悔了，」卡爾在旁白裡說道，「但爲了確保我能成行，我還是打點了一切。就算這將是場災難，我們還是會出發。」

他們只在車子裡錄影。他們到車外時，我們只看得見旅館、餐館和他們彼此的相片。她對他說英語，在旁白裡說法語，製造出一種早於實境秀、懺悔式的坦白敘事。不過旁白時常同時播放他們兩個人說的話，讓人聽見他們各自的想法，還有不想讓彼此知道的事情。「爲什麼我在這裡？」他自問。「她在影片裡的法文讓我有點煩。」「可不可以直說你在想什麼？直接講出來。」她的法文是一處他到不了的地方，她的思緒也是。每晚他們在一間旅館過夜，每個早上卡爾會照下一張房間的照片，然後在旁白裡宣布：「昨晚沒做愛。」

葛雷格在旁白裡說，在波士頓看了一場她的表演後，他就迷上了蘇菲。她在藝術和人際關係上不按牌理出牌的行徑擄獲了他，使他決意有天要找到她，然後跟著她。就在他找到她之前，一天蘇菲卻在紐約街上向他走來——「是她先找到我的。」但現在她玩的遊戲疏遠了他，甚至讓信任變了質。他指控她一天到晚針對他「翻天覆地」的蒐證，因爲他「侵犯隱私……而你我心知肚明，你才是這方面的專家。」他們倆就這樣被扔進了一輛公路旅行的破車形成的壓力鍋。那部車頻頻拋錨，讓時間白白流逝，害他們花錢如流水。兩人無法給予彼此需要的東西，薄弱的關係逐漸龜裂。雙方都清楚這是葛雷格的問題——他不夠成熟，也不夠認眞，是個神經上受虐也會施虐的標準男性創作者——但蘇菲對每件事情所表現的「嘲諷」造成了他的不安全感，他覺得她「判斷先入爲主」，而且無論說了什麼，之後都會退縮不認帳。他們雙雙迫不及待抵達目的地。

一路上葛雷格會定時打電話給其他女性，把蘇菲大把大把的錢拿去修車。有一幕，他問她：「你還好嗎？」她不發一語地點頭，眼睛眨也沒眨。過了幾秒窗外下起了雨，廣播裡有人開始吹口琴。她不是在演戲。

*

他不時咬扯著自己手上的毛髮。看著你尊敬的人爲這樣的男人心碎，十分難受。

這就是卡爾開始接受精神分析的緣由。她三十歲時，她爸爸說她有口臭問題，要她去看醫生。他預約了，但等她赴了約，才發現那是精神科醫師的門診。卡爾告訴醫師：這其中一定出了什麼錯，她爸爸理應送她去看治口臭的醫生。那位醫生問了她一句：「你每件事都會照你爸爸說的做嗎？」從此她便決定當他的患者。這算是聽一次（也是一次不聽）她爸爸的話。

跟蹤亨利・B的計畫是項拉扯，有時她放棄控制，有時又緊咬不放。關於他的知識寥寥無幾，也無從探聽他的消息，唯一可知的，只有亨利・B日夜存在的事實。她扮演著偵探，但沒有犯罪可以查緝。數年後，她用這個概念玩了一把，她雇了一名私家偵探在巴黎跟蹤她自己，而她則在暗中跟蹤那名偵探。

那時她已經是個熟能生巧的跟蹤者了，至少我們可以這樣推測。畢竟我們無從得知偵探最後有沒有發現她尾隨在他身後。亨利・B是知道的。那天她在威尼斯的古董店外等了數小時之後，他便在聖若望及保祿（S.S. Giovanni e Paolo）醫院認出她。他說她的眼睛透露了一切，他認出了那雙眼睛。她真該再掩飾得好一點。

就在這之前，卡爾還沾沾自喜了一番，滿心緊張和勝利感。「我讓他偏離了原本的路。」她寫道，「他中計了！」[18]

這讓我想到卡爾在其他計畫裡「鎖定」的男人。那項計畫命名為《通訊錄》（*The Address*

Book）。一九八三年卡爾在巴黎街頭找到一本通訊錄（就在殉道者路〔rue des Martyrs〕上，我開始自己的威尼斯計畫時就住在那一帶），於是她決定打給通訊錄上的每個人，試著拼湊失主的形象。她以這些對話寫了點短文，發表在《解放報》（*Libération*）上。那位失主感到十分不悅，控告她侵犯隱私。他同時還試著要《解放報》刊出卡爾的裸照。那一次她承認道，自己玩得太過火了。[19]就像亨利．B的計畫一樣，她宣稱談了場戀愛。

有些人不喜歡有人在背後跟著。

是不是因爲這帶來太多責任了？

*

她試著搭別線的火車回到了巴黎，過站波隆那，早他五分鐘抵達。她看著他和老婆下車，和行李奮戰，步伐緩慢。有天他們的行李會裝上輪子，這樣就不用如此折騰了。但未來某天，他們會開始搭易捷航空（easyJet），這段羅曼史就會戛然而止。

我好奇現在亨利．B會在哪裡，也好奇他對卡爾有什麼觀感。他有沒有她的書？他之後還有沒有去威尼斯？他現居的城市有沒有經歷轉變？他有沒有找到他自己想跟隨的人？

機場代號CDG——機場代號NAR，兩小時的巴士前往ANA洲際酒店。在地下停車場下車，

搭電梯，往上，往上，往上——i

東京・裡面待
Tokyo・Inside

當人們開始以爛漫不定的方式過活，不少陽春的路線會就此消失。

——馬伊芙・布列楠（Maeve Brennan）ii，語出《紐約客》（*New Yorker*）

二〇〇七年十一月，我當時的男朋友（跟蘇菲・卡爾一樣，叫他X好了）得知他工作的銀行要把他調去東京的分行，一月生效。我們當時的對話長這樣：

「不行。」

「……」

「辭職啊，找別的工作。反正你不喜歡在銀行上班。」

「……」

「我們不能搬到東京去啊！為什麼他們可以就這樣把你調到東京去？」

「……」

「你要被調去多久？」

「不確定。」

「不行，這不行。」

我有很多理由。但最重要的是，我不想離開巴黎。我費了千辛萬苦才到那裡，並且留下來。每年為了更新簽證都有場仗要打，我要教書糊口，教了書還要平衡作研究的時間，平衡了教書和研究，還要平衡寫作的時間。而且我那年還有專業上的挑戰：我得準備五月要在紐約進行的博士口試，這代表我要讀完清單上約莫七十本書加做筆記。我需要穩定，我需要持續作業，我需要一間圖書館好查資料。我腦中晃過我拖著七十本書上飛機的畫面。

另一方面呢，東京！我從來沒去過亞洲，我不知道自己什麼時候才會去那裡。我總想像有

i CDG代指法國巴黎戴高樂機場（Aéroport Paris-Charles-de-Gaulle）；NAR應指東京成田國際機場（Narita International Airport），通行機場代號作NRT。

ii 馬伊芙・布列楠（Maeve Brennan，一九一七—一九九三）愛爾蘭作家、記者。

天會到那裡去。那是在未來的某個時間點，我會是個中年女子，小孩離家上大學了，我就跟先生一起去那裡。也許我不應該放棄這個機會。他的公司會支付我往返交通的旅費。而且他承諾只要有辦法，他會盡快找巴黎的工作，這樣我們就可以享受在日本的時間，接著回家。

所以我說了好。

*

傳言說巴黎聖安妮醫院（Hôpital Sainte-Anne）有專門設給日本觀光客的精神病房。他們期望的不外乎可頌、馬卡龍，還有香奈兒五號香水的味道，但因爲發現巴黎又髒又吵人又凶，而失望到出現憂鬱症的緊張僵直型（catatonia）症狀，這被稱爲「巴黎症候群」（Prais syndrome）。[1]這個症候群的身體症狀，可以跟史登達爾描述他旅行到佛羅倫斯時的反應比較，「離開聖心堂，我的心悸動不已，在柏林這叫『發神經』（nerves）。生命在我體內幾近燃盡，我走著走著生怕要跌倒。」[iii]

但當巴黎人歡天喜地跑向東京的可怕時，那裡可沒有專屬精神病院。抵達的第一週，我認定我們住在城市的爛區。他們讓我們住在六本木，那是個充滿天橋隧道，還有爲了要穿過四線高速道路寬的大街，得爬上鐵橋從半空中過街的外國人社區。房子清一色鋪著浴室磁磚，看起來自從第二次世界大戰被匆匆蓋起來之後，就沒有清洗過。這讓人很難過，眞的。我們的房子位於一個叫方舟之丘（Ark Hills）的區，擁有那區的是高檔富有的森大廈集團，幾乎所有六本木和鄰近區域都是他們的。房子附近還有個艾菲爾鐵塔的悲傷複製品，橘白相間的顏色讓它看起來比較像個鑽油井。

當我放膽到城裡去走走時，我發現大部分的地方長得跟這裡一樣。支配這裡的美學是純功能主義。我並不知道我期待著什麼，所以也沒辦法解釋我的失望。我期待某些不一樣的東西，某些——沒那麼工業化的東西；我期待一個可以感覺像在家裡的城市，就算只是暫時的也好；我也期待可以用一直以來的方法探索城市：用腳走。

但東京不是個適於行走的城市，它太大了，就連社區也大到讓漫步變得不可能。我們住在

iii 七〇年代，義大利有心理醫師根據法國作家史登達爾（Stendhal）的遊記《羅馬、拿波里、佛倫羅斯》（*Rome, Naples, Florence*）所描述的心悸等亢奮狀態，為她在許多佛羅倫斯觀光客身上觀察到的症狀命名為「史登達爾症候群」（Stendhal syndrome）。該文本出名的段落為：「源自藝術和各種激情的美好感受，讓我的情緒達到了這樣的境界。從聖心堂出來，我的心悸動不已，生命在我體內幾近燃盡，我走著走著生怕要跌倒。」史登達爾症候群也許和巴黎症候群有不少可以互相比較之處，但有一點基本上的不同：巴黎症候群有憧憬遇上現實的幻滅，而史登達爾症候群的描述並不會強調這種負面的衝擊。

一個由兩條高速幹道相會而成的Y形交叉（Y是日圓的標誌，代表錢和財富），其中一條路通往澀谷區，另一條通往皇居。所有我想一探究竟的地方——新宿、原宿、中目黑、表參道，和淺草——在前方很遠的地方，大部分時候離各自也不近，都是由對行人不友善的高速公路連接起來的。我們能走到麻布區，一個充滿大使館的高級社區，但那樣就差不多說完了。兩星期後我想尖叫，但我沒有。

冷靜下來。給它一個機會。保持開放態度。

我們住在一種長期的商務旅館，一種他們叫飯店式公寓（apart-hotel）的房子，是個高臨十六樓的鷹巢，俯瞰像曼哈頓市中心那樣的景色。每天下午五點，大樓的擴音喇叭播放一種有點像兒歌的旋律，從高樓的谷底送上來；傍晚時，大樓的窗戶會填滿暖橘的夕色；夜間則閃爍著警示燈，百萬個在黑暗中眨巴的紅眼睛；早上直升機會像蚊子一般，在空中悠悠飛過。

所有東西一律自動化。陽臺上的花台會自己澆水。如果你人在廚房，想要待會洗個澡，牆上有按鈕能讓你打開浴室的水龍頭，等浴缸水滿了水龍頭會自動關閉。泡澡時水如果涼了，你可以重新加熱。（他們所稱呼的）免治馬桶有一整套的功能，包括坐墊加熱、洗屁屁、放音樂和自動沖水。我們家的馬桶一旦有人靠近還會自己打開，理論上比實際上理想。你就算只是要從櫥櫃裡拿一條毛巾，馬桶就會巴巴的開始熱機逼逼叫，好像你叫醒了一隻正在睡覺的狗。我一天到晚都在「吵醒」那個馬桶。所以我會一直關掉馬桶蓋自動開啓模式，X則會重新打開，一直這樣輪流。住在日本的銀行家人生：各種好東西都是不必要的東西，你希望它好的東西卻又好不起來。

我們抵達的一個星期後，全球金融市場垮了。X銀行的一個叛變交易員把銀行所有的錢都玩丟了，一夕之間危機降臨。巴黎沒有工作可以找了。

我們在東京擱淺了。

＊

好吧，其實不算擱淺。我照計畫來往於東京和巴黎之間，但沒有他，巴黎整個就變了，變成一個暫時落腳的地方，而非住下來的地方。我人在巴黎的時候，想要去東京；我人在東京時，又想去巴黎。我之前曾經在紐約和巴黎之間拉扯，但我現在的生活由三塊大陸串成，無法在任何一處感到快樂。

＊

我寫了日誌。

二〇〇八年一月二十二日

股市大跌後隔天。我在星巴克觀察周遭穿著西裝的人們臉色，他們趁著休息時間查看筆電，但我在他們臉上看不見一絲昨天股災的痕跡。還是這是未經訓練的眼睛無法察覺的？

這道衝擊還將要跨海到美國去。他們昨天（他們的今天）休市，因爲是馬丁．路德．金恩博士紀念日。明天我們就會見眞章了。美國的信用泡沫是這場混亂的始作俑者——在那裡會怎麼發展呢？

＊

我寄了電郵給妹妹。

二〇〇八年一月二十三日

雖然我正在學習寫短句和數字，但每天還是會因爲不通日文而感到挫折。我應該會去報名日文課。我想念巴黎想得厲害——這裡好醜。我也好想你們。前幾天我跟爸媽講電話，聽到他們的聲音眞好。跟東京比起來，巴黎就像紐約的隔壁鎮——我覺得離那裡好遠。可是這機會一生只會有一次，而且在大多數人生裡不會發生，所以我要想辦法善加利用，只要待下來對我們還有意義，就待下去。而且，嘿——如果我從東京飛去紐約，我就環遊世界了。

*

我用《金融時報》（*Financial Times*）的一篇文章剪貼出了一首達達式的詩。[2]

導致　市場　即將　關閉。　匯集
日本　而非　亞洲的　裁減，　震驚
消退　樂觀以待　一次　買入　沒有　露
環境——　利益　投資者　跳出　數據

已然 過了 東京

*

我骨子裡都感覺得到遙遠。飛越西伯利亞花了好幾小時。這趟旅程離我出發的地方好遠，我飛越地球的方向根本錯了。我應該要從紐約飛來東京，也許可以在加州待一下。紐約—洛杉磯—東京。

冬日裡每樣東西都灰沉沉的。天空暗濛濛的，像條跟深色衣服混著洗過的白毛巾。

六本木的街上，擠著穿羽絨衣的人，舉目都是威士忌和啤酒的廣告，有間公司名字叫強草（Brawny Weeds），「想租間公寓嗎？請洽強草。」哈囉倉庫。有個地方叫「鳥人」（Birdman）。有間咖啡館叫「杏仁」，遮陽棚是像枴杖糖的病態式白底粉紅直線條。任何東西上空都罩著層高速公路網。街燈的裝飾富麗堂皇，路樹嘗試著要漂亮點。我也嘗試著找到一絲一毫的美麗，看我的照片就知道了。我會拉近距離拍細節——他們說神就在細節裡，對吧？住在這座城裡，我正試著要讓神道教小神驚喜驚喜。

*

我在日誌裡寫著。

二〇〇八年二月十三日

我不想要在這裡。這樣不對。

*

方舟之丘自稱爲一個「滿足所有工作、玩樂與休閒，都會生活所有元素及需求的多功能都市空間。」所言不假，你可能需要的東西，那裡應有盡有：超市和特殊食品商店（把葡萄柚和瓜果放在盒子裡，襯著綢緞當珠寶在賣，一盒要一百美元——對珠寶來講是零頭，對水果而言是天價）。還有尋常東西像是藥局、醫生、牙醫、幾間銀行、直升機起降臺，或音樂廳。有間名叫天使美足的髮廊，推銷各種除毛服務。我對著一張圖片拍照，圖中的日本女子正在服侍一個日本男子，下方寫著「耳洞」。我在一間叫丸善的書店買法國的《Elle》雜誌，有時候也買些英文書、村上春樹的大眾平裝書，還有最近布克獎的得主，不管是誰。那裡還有間叫「敬酒神信女」（Aux Bacchanales）的仿法式咖啡館，所有的法國生意人都會去光顧，我坐在那裡假想我其實沒有離開巴黎。但感覺起來，與其說那是間在日本的巴黎咖啡館，還不如說是一間座落日本的紐約法式咖啡館仿作。

這種大公司式的複合環境使人感到綁手綁腳，這感覺不像是東京的一部分。東京在外頭，我很確定。但如何觸及東京呢？

*

我學著以我們的社區歷史演繹我們在空間中的定位和意義。方舟之丘位於東京港區六本木1-12-32。地址的第一個數字的部分指的是「丁目」（chome），位於由港區再往下分的小區位址。接著丁目分爲許多不同的區塊，我們住在第十二區。那段地址接下來說，我們住在那區之中的第三十二棟房子。

所以如果你正在街上找特定的一棟房子，如果你不知道這個社區是如何建起來的，你很有可能找不到你要找的房子。

要如何在街道沒有名字的城市東闖西逛呢？

*

那首五點鐘會播的歌在我腦裡生了根——so so la so so so mi do re mi mi re，然後接下來呢？

*

我在日誌裡寫著。

二〇〇八年二月十六日

今天還不錯。X帶了我去友都八喜購物中心（Yodobashi Camera），接著去吃豬排丼（katsu-don，炸豬排和炒蛋蓋飯）和喝啤酒。他沒有喝酒時就像小朋友一樣，是個累贅，還要討他歡心。吃飯的地方是那種日式自助餐廳，你要用一臺販賣機點菜取菜和付款，或如果販賣機給的是取菜單，你要拿著那張單子去櫃檯取菜。人們低俯在塑膠桌前，淅哩呼嚕吃麵，大聲咂嘴。有個男的從那家店走出來，手上纏著上面寫有「口譯員」的布條。

*

有些別的事是好的。我在原宿發現一條到處都在賣便宜女裝的街，有的店名叫時差兜風、花季風、克洛爾，所有的店小妹都會站在店門口唱她們的歡迎歌：Irrashaimaseeeee！店裡滿是給成年女人穿的小女孩風格衣服，圓領的和荷葉邊的。我買了一件滾褶邊無袖上衣當洋裝穿，但回到巴黎時發現它顯得太短了。

我們三不五時會聽說一些似乎精彩絕妙的活動，便想要即刻找到它，然後做做看，才能感覺我們正在享受城市能供應的所有美好。就像聽說在伊勢丹百貨頂樓的小貓咖啡館一樣，我們有一天跑上去看，結果不用說，沒有找到半隻小貓，只有一箱箱穿得像日本武士的娃娃。

*

我後來學到這是首日本民謠，通行全國，每天傍晚五點鐘。[iv]

*

吃是個問題。小學三年級時，我有次看到一塊其實是莫札瑞拉乳酪的白色塊狀物，媽媽要我保持開放心態吃掉，從此以後我就不曾是個挑食鬼，而且基本上保持開放心態能讓我找到些好吃的作爲獎賞。但在日本，我發現我的心態開放是有限度的。日本料理的最高境界懷石料理，我發現那不能吃。每種東西聞起來都很奇怪，好像把兔子窩裡所有的東西都拿來燉成一鍋湯，然後剩下的菜都是這鍋湯的湯底熬出來的。茶喝起來的味道，像是長期沒通風的房間裡頭悶著的空氣。還有一種根莖蔬菜，某種菜頭，吃起來像是一個老伯伯呢毛夾克的腋下。

我到了超市卻看不懂商標。所以這罐咖啡色的液體到底是醬油，還是照燒醬，還是某種至今我還沒發現的醬料？這袋白色的顆粒是糖還是鹽（我隔天早上咖啡喝起來何其慘烈可想而知）？一袋又一袋，一罐又一罐，通通都是種薑黃色的東西——泥渣——某種膏吧！那什麼做的？是好是壞？一包又一包的魚乾（噁）。超市裡還有成排裝在罐子裡的茶色棒子，那是幹什麼用的？它們能配什麼吃？我眼前好像有座不可思議的料理世界，但我不得其門而入。

我們時常光顧一間在六本木之丘商場的法國餐廳，熟到最後和侍酒師變成了朋友。情人節時，X帶我去一間專賣豆腐的餐廳。那裡只有一份試吃菜單，有一道菜就只有一坨貌似豆腐的小球裝在玻璃烈酒杯裡。英文翻譯說那道菜是「milt 佐橙醬」。「milt 是什麼？」我問，問

iv 這首童謠是〈晚霞滿天〉（夕焼け小焼け），這首童謠以中村雨紅於一九一九年發表的詩為詞，由草川信在一九二三年譜曲。歌詞內容描寫中村雨紅故鄉的黃昏景色。日本許多地方會在黃昏時分廣播此曲，測試緊急災難播音系統，由於播放時間正值放學時段，學童會將此曲調當作回家的信號。

時幾乎已經感到後悔。最好還是不要知道。保持開放的心態。X再用手機google了一下。「魚的精巢，」他回答道。我吐了出來。他把兩人份都吃掉了。

經過幾番嘗試和錯誤，我發現有幾樣日本料理真的很好吃。像是之前提到的豬排丼，還有大阪燒：那是種什麼都有，什麼都不奇怪的煎蛋捲淋美乃滋。我們也在六本木找到一間十分出色的咖哩餐廳。那裡有跟滑雪板一樣大張的饢餅滴著奶油，東西好吃到餐廳裡瀰漫著菸味都沒關係（日本禁止在室外非特許的區域抽菸，但室內可以）。

我吃得像個青少年。

而且我喜歡一些小地方的心思，那些不經意的細節。如果我午餐去外面附近一間餐館買便當，便當交到我手中時外裹彩色包裝紙，加上蝴蝶結。麻布區有些漂亮的石牆，沿著山丘上的街道蔓去，路上樹叢常綠。那些石牆看起來十分古老，雖然它們不可能很古老，連一個世紀都不到。它們標誌著一個再也不可見的老日本，一個我無法感覺到，也不知道如何感覺的老日本。我們開始去看房子——你不可能永遠住在飯店式公寓裡，對吧？有些房子還看得見富士山。這樣的距離眞是使人困惑。是說我們離那裡很近嗎？

＊

我像愛麗絲穿越了魔鏡，成了個研究顚倒世界的學生。在計程車裡，司機戴著手套，座墊還有鑲蕾絲，門會自動開闔。在地鐵站有配著短棒的人，專把你推進水洩不通的車廂裡。你能爲自己能做的事情，有時候已經被打理好了，有時候則整個逼將過來。

＊

一個月一個月地過去了，X仍在東京，我則通過了紐約的口試，飛回巴黎找朋友。試著要在沒有他的狀態下好好過。我打量房地產業者櫥窗的廣告，想著等他回來我們會搬進什麼樣的房子去，得找間舒服又大的一房一廳，在左岸（X討厭右岸）。但聽他說起那些米其林星級餐廳和由仲介買單的風騷酒吧的故事，我驚覺X其實不想回到巴黎。在東京，法國銀行家是上等菜色。我要什麼根本不重要。

＊

好熱好熱。這是我能記得的日子中最熱的夏天，包括那些窒悶昏頭的長島夏日，整個世界挨擠在由人行道竄起的熱氣裡，毛毛蟲會不時從樹上掉下來，筋疲力竭。整個空氣好像處於壓力鍋的燜煮，從四面八方擠壓我的皮膚，滲進每個毛孔。我學在街上看到的女人一樣買了把陽傘遮陽，但效果不彰，還多了一樣東西要拿。我常常拿一罐在巴黎藥局買的礦泉水噴霧噴自己。

我們搬到一間在赤阪的公寓，那個Y形公路叉道另一端的森大廈地產。這不是飯店式公寓，而是間公寓。雖然家具是我們的，感覺還是臨時寄居，而且公寓和我以前在紐約住過的一樣，窄得像飛機座椅。在那裡頭，你活過發生在你身上的諸般戲碼，但離開後卻也記不清公寓的樣子，因爲它們實在沒啥特色。我們新家的中性性格、它的規格化、它對家的模擬，使它不是座飯店式公寓，而是公寓式飯店。

飯店：外國人、格格不入的人、不可能融入的人的家。

我白天一直待在冷氣房裡，遠離外面那個熔化靈魂的世界；而當我又忍無可忍時，我會下樓去我們大樓大廳的星巴克。我伴著冰咖啡窩在店裡的一角，讀著羅蘭．巴特（Roland Barthes），背景音樂是咖啡師呼喊著大杯卡布奇諾喔喔喔！一個傳一個，直到那杯寶貝飲料被雙手奉到顧客面前，加上饒富表演性的一句 arigatogosamaaaaasu！

那時候我已經對那首兒歌倒背如流了。

巴特對日本著迷不已。他一九六六年來了日本一次，寫了本書叫《符號帝國》（*Empire of Signs*〔一九七〇〕），集結他對符號學研究下的心力，將語言視爲一種自我指涉（self-referential）的系統，不和它所再現的事物有確鑿可觸的連結。日本和日語，對巴特來講是個自成一格的體系，完完全全和我們的體系「風馬牛不相及」，而且也沒有提供他任何「眞相」——無論是關於日本，或關於我們所賦予日本的符號——而是畫出了符號本身的侷限。這很像書寫，在文字可塑性變得更高之前，它就只能說到某個地方，而意義也就是生成於紙上的活動，不出此界。

日本迫使巴特去面對語言的空虛。空空如也，超越性意符（transcendental signifier），或突破符號體系方法並不存在。「夢境是知道一個（外國）語言但還不瞭解它。」卸下意有所指的負擔。對一個外人來說，不可讀的符號在日本重重增生。語言，一道道像建築一般組織而成的意思，向西方的觀光客築起了一座實體的牆。對我而言，要記對漢字好像遇到一個好多年前在派對上認識的人，試著要想起他們的來歷。我會把東京的漢字跟城市的市搞混：

東京

市

然後有時候連指稱「人」的那個簡單漢字我也會弄錯：

人

我無法發展出分辨它們的能力。我並不需要這份能力，但我想要。

「女人」的漢字指的，原是一個垂乳而坐的人：

女

在巴特眼中，日本是一簾保護性的帷幕，防止人透過語言呈現自己。但我遭遇這些無法辨識的標記時，正在努力做自己，或用巴特的話講，我正在努力將自己置入語言中，證明我可以。而現在這個新的語言讓我無處立足。

*

我在目黑區的一間語言學校報名了一對一日文課的密集班。我的老師林本先生（sensei）是個道地的日本女士，絲質兩件式套裝和珍珠項鍊配得無懈可擊。蘿「論」桑，她這樣叫我，蘿倫的倫 r 會捲起來。我很喜歡她。

日文的邏輯：句子的每個部分後面要加上相對應的助詞，或後置助詞。主詞加主詞的助詞。直接賓語加直接賓語的助詞。最後是動詞。我學造句的方式就像小時候玩疊疊樂積木一樣，這塊這樣放，那塊這樣疊到上面去。

Watashi wa　Rappongi ni　ikimasu.

我要到六本木去。

Watashi no　kuruma ga　akai desu.

我的車是紅色的。

他們會在一句話的後面加「呦（yo）！」表示加重語氣。「Watashi no kuruma ga akai desu yo!」我的車是紅色的呦！或者在他們說「捏（ne）」的時候，是表達疑慮或期望得到同意。「Watashi no kuruma ga akai desu, ne?」我的車是紅的，可不是嗎？（如果還有別的講法，我可能沒學到家。）我會坐在那裡對字序傷腦筋，頻頻嘗試與失敗，想把這些好好記下來。

我會在赤阪通的塔利咖啡店（Tully's Coffee）二樓露臺寫作業，就在赤阪 Biz 塔樓大廈對面。街上人來人往：穿著百褶裙和草編高跟楔形鞋的漂亮女生，制服沒紮的國中生。就算是下午五點鐘（五點鐘，又是那首歌……）女人不分年齡，通通打傘遮太陽。穿花襯衫、留著奇妙鬍鬚的中年男子，罩著西裝、一副脫水樣的年輕男子，繃著黑色緊身褲、拎著 Dean & DeLuca 托特包的潮女。穿著工作服戴護腕的工人從便利商店走出來。小伙子，郵差包斜背過身，挑染金髮。穿著蕾絲踝襪配涼鞋的女人。

＊

回過頭來想想，這在一次之內太難消受了。

（天啊，我好希望有天可以再去一次。）

＊

每個人看起來好像盡可能地放慢腳步。街景以慢動作推移。就在我要爲句子裡對的詞找到對的助詞想破頭時，我的生活也跟著慢了下來。林本先生非常擅長鼓勵人，但我開口只能結結巴巴，想要爲名詞配上對的助詞。Watashi wa boyfurendo to Kyoto ni Shinkansen de ikimasu ——我要跟我男朋友搭新幹線去京都。

我講得出口的大多數句子都圍繞在 boyfurendo（男朋友）這個字周圍。

＊

以為有座城市充滿許多我想發現的地方，在那裡等著我，但我其實並不知道從何找起，這樣的確信困擾著我。我根本不知道那裡有什麼。我不知道要往哪裡去，走到哪裡去。

*

我們有好幾個週末都去北歐概念（BoConcept）買家具。

我決定我們該買哪樣的椅子。他喜歡有抽屜在下面的桌子，但我們買不起。

然後新的一週又開始了，他會去上班。

*

我google了「在東京必做的趣事」。

我google了「東京英文書店」。

我在中目黑找到一家叫牛書店（Cow Books）的地方。

我畫了地圖。

我到了中目黑但沒找到那間書店。

我回到了家，沮喪加熱昏了。

隔天我又試了一次，叫上計程車。

我把地址拿給司機看。

他不知道那是哪裡。

他接上了ＧＰＳ導航。

ＧＰＳ也不知道那是哪裡。

我們四處轉呀轉，轉呀轉，過了好一會兒。車資跳到四十歐之後，他找到了。牛書店不錯。

我去了某些地方。

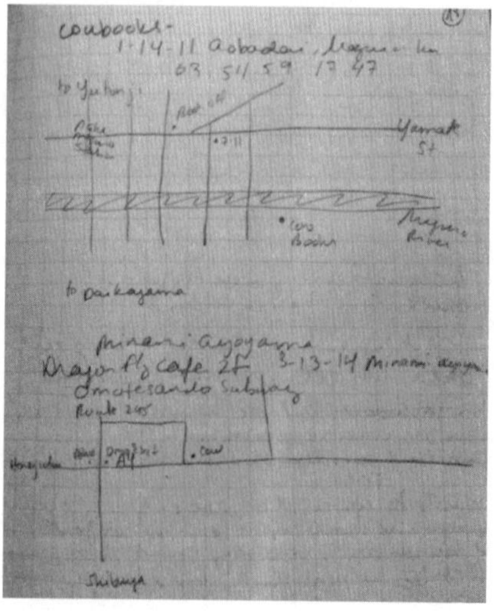

*

巴特也有跟我一樣的問題，但他更願意讓自己去順應它。東京就是個不一樣的系統。他說這可以用民族誌的方法學習，「你不能靠書本或地址來找到方位，你得用走的，靠自己所看見的，仰賴習慣和經驗；在這裡每樣發現都既強烈而脆弱，只有循著留在你內在的記憶軌跡，才能一步步重現和重演那些發現。初次造訪一個地方，就是頭一次書寫那個地方。地址沒有被寫下來，地址得建立自己的書寫系統。」[3]

巴特你這個混蛋，如果我能在這座城市行走，我早就做了。

*

我向外探險時，都挑近的地方去，諸如東京中城（Tokyo Midtown）商場或六本木之丘（Roppongi Hills）商場。美國妹子當然要逛商場。這些商場可是超級商場，不只在規模上超級，也在概念上超級。在一個有空調的屋簷下，有許多事情能做、許多東西能看能買。六本木之丘（他們唸作Roppongi Hiruzu）和另一塊森大廈的領土東京之丘（Tokyo Hills）有著公園和博物館、高級餐廳、商場、藝術展品（我們看了一個艾未未的展。六本木之丘入口還有隻路易絲・布爾喬亞[v]的蜘蛛雕像鎮守）、飯店、辦公室和電影院。那是宏大而高檔的消費殿堂，但加上模仿鄉間溫泉旅館的水滴簾幕、禪意庭園和木頭棧道，感覺有點廉價，好像第五大道和某座充滿昂貴酒吧餐廳的邁阿密購物中心配種，生出個驚人的日本巨嬰。大部分的店我都去不起，所以我

---

v 路易絲・布爾喬亞（Louise Bourgois，一九一一—二〇一〇），法裔美籍雕塑家。

在無印良品徘徊，買些用塑膠和木頭做的、簡練又迷人的東西——拿來裝別的東西的東西。

有時候在路上我會被前面兩個女生擋住。她們走路趑趑趄趄的，膝蓋打得老直，腳微微向內彎曲，內八。但她們看起來不像眞的有什麼肢體上的障礙，非得要這樣走路不可。

我問了一些住日本的外國人，「這是因爲她們從小爲了不要讓變態往她們裙子底下看，所以就把膝蓋併在一起。」有一個這樣講。也有人把這歸咎到日本人跪在地上的正式姿勢，叫「正坐」（seiza）。她朋友馬上反駁了：「沒有人能那樣坐很久，而且這樣怎麼說也不會讓她們走路不彎膝蓋。」

另一個人告訴我這樣走比較可愛。他們管這叫X形腿（x-kyaku）。卡哇伊（kawaii，可愛）！日本在可愛的文化上獨占鰲頭。對許多女人而言，「卡哇伊」制定了一種咯咯笑的嬌嬌女人味，使我很反感。她們打扮得像瓷器娃娃一樣，穿一大堆蕾絲和滾邊，圓睜著眼睛在路上一顛一顛走過去。在一個我們一起去的派對上，我看著X在一群日本女生的團團圍繞下打開一瓶香檳——咦欸！——她們尖聲高呼，巴望著他釋出軟木塞。有些遮住了自己的眼睛，有些靠到他手臂上。[4]

我知道我遇上了自身的文化偏見，可是就跟巴特一樣，我無法「讀取」日本，連嘗試這麼做都覺得蠢，我討厭自己討厭這裡。

＊

二〇〇八年三月二十一日

我嘗試去傾聽，去找尋意義。我懂不了那些意思。我正在學習這個語言，但感覺好像我只是透過幾粒沙去想像整片海床。於是我向斷殘的碎片讓步了，不然我還能做些什麼？

＊

二〇〇八年三月二十八日

我重畫了地圖，隨機去了一些地方，去星巴克。

＊

不把外借的羅馬字母算在內，日本有三種字母：平假名、片假名跟漢字。[5]構成前兩者的比較像音節而不是字母，而漢字則是跟中文借來的圖像符號。我孜孜矻矻地學平假名（ひらがな）的四十六音，但到了要學片假名（カタカナ）四十八音時，我就吃不消了。我覺得自己無法再多學一個音，因此決定當一個平假名女孩就好。過去女人沒有受閱讀漢字的傳統教育，所以平假名曾經是屬於女人的語言；雖然事過境遷了，我並不打算久留戀棧，把據說總共有五萬個的漢字通通學遍。我要來當古代的日本女人，用平假名讀寫就好。日本有許多偉大的早期文學是由女人以平假名寫出來的——譬如《源氏物語》、《枕草子》和《後深草院二条懺悔錄》。平假名以前也叫「女手」（onnade），也就是女人寫的字。有時候她們也會融入一些漢字，或引用中國古典詩歌，表示教養的水準。維吉尼亞．吳爾芙曾經提倡女人的語句，「好抵禦男性的洪流」。[6]在日本好幾世紀以來女人語句的樣子，就是一行行的平假名書寫。

有時候這個世界真的把我打敗了，我憂鬱到無法去上課。「麻煩告訴林本先生我今天身體不舒服，沒辦法來上課。」我會這樣用電話告訴櫃檯的人。我想待在家裡的原因很難明講。好熱，對。頭痛。但實際原因常常不是有形的。漢字中的女人被關在裡頭，因爲當漢字被發明的時候，內裡就是女人的歸屬。我不是被關在內裡，我是自己閉起關來了。我大可以出去，但我做不到。我洗了澡，化了妝，穿了鞋，但我無法把門打開走出去。

當我重新去上課時，林本先生會教我之前出現在請假事由中各種病症的詞彙，不管是真病還是心病：肚子痛（はらをいためる／harawoitameru）、頭痛（ずつう／zutsuu）、偏頭痛（へんずつう／henzutsuu）。我喜歡「偏頭痛」是在頭痛前面加個へん，意思是古怪奇異、行跡

可疑的。而且因爲我也不只是眞頭痛，而是有個特異的頭痛。

＊

我交不到朋友。我抱怨著我多討厭東京，多想回巴黎。嘴上一直說人只能移入和融入另一個社會一次，我已經做過了，這夠難了，我想回家，結果讓那些理應是「我的朋友」的人們──那些藝術家、設計師或編輯──跟我頗爲疏遠。跟我相處很無聊。

那些喜歡東京的人愛東京。愛東京的人爲東京瘋狂。關於自己的愛城，人就是這樣。他們不能理解爲什麼你無法愛上那裡。如果你不愛東京，那應該是你有問題，你眼睛脫窗看不到細節，沒幽默感，太過負面。對我而言，住在日本像用左手寫字一樣。我看過有人可以寫得很順，但我寫出來的東西沒有人看得懂。

X搬去那裡讓我不爽，他留在那裡也讓我不爽，但在對伴侶的不爽還是有限度的，不然就無法繼續同居了。所以我把剩下的不爽通通導向了日本。

＊

在牛書店有本小野洋子寫的《葡萄柚》，初版一九六四年在東京發行。書裡有好多關於活得更好的親切建議，像在她一九六二年的〈地圖〉裡，她要讀者畫出一張想像的地圖，標出他們想去的地方，然後帶著地圖走去某處，將之當作是眞實地形的嚮導。「如果該有條街的地方沒有街，」她說，「那就把障礙挪開，造一條。」

我想像自己在東京把路障放到一邊去。但那看起來會是什麼樣子？我連路障和城市各是什麼都無法分辨。

*

住在東京牽起了所有的無力感，得巴巴等著誰的感覺，好像我沒法自主一樣。好像我又變回那個跟我媽在警官商場（Marshall's）排隊的五歲小孩，盡會無理取鬧，試著想把站了好──久──的重量釋放出來，把自己靠在、爬在、繞在劃出排隊動線的濕黏鋼管上；也好像困在我爸爸工作室的後面，等他下班收拾好東西，一開始先捲好藍圖和房子的照片，然後整理迴紋針、釘書針和圖釘；也好像早餐時坐著好久等大家吃完那樣，太陽光穿過百葉窗，打在廉價的松木窗臺上，窗臺聞起來像耳塞，上頭散著蒼蠅屍體；也好像在牙醫診所等媽媽，在一個鋪著松木的候診間裡，聞起來都是消毒水的味道，那裡的人們簇擁我去玩裝在紙板藏寶箱裡的便宜塑膠玩具；也好像在八〇年代早期去我曾祖母在皇后區的公寓找她一樣，一樣的昏暗，一樣的不舒服。那份在我自己和外在環境之間保持界線的需要，就是那樣的感覺——我不想吃這個，我不想喝那個，我不想坐在這裡。

我想起了麥可・歐希恩（Micheal O'Siadhail）關於日本和學日語的詩句。舌頭：除非你乖乖的／跟個小孩一樣／這些王國也緊閉著大門。這講的是要像小孩一樣去認識一個地方，學習一個新語言，敞開大門好好吸收。我才剛脫離我的法文童年不久，抗拒重新去當小孩子，渴望成人生活與負責。而到了這裡，一切又歸零開始。

＊

有天我發現了條運河，岸邊綴著一逕櫻花樹。若正逢花季，水上紅粉相間，應是多麼美麗。我渴念著一樣我無以名之的東西。

＊

咚咚噠咚咚咚咚咚咚咚噠咚

*

我們在那邊的時候，日本名聞遐邇的動畫導演宮崎駿推出了《崖上的波妞》。我還沒看過他任何一部電影，想說那是給小孩子看的。但我們看了預告片，還有可愛的波妞在她的泡泡裡轉來轉去，或在碗中打個大呵欠的樣子——這完全擄獲我了。我請教了林本先生，想學會那首好記主題曲唱到的字。

Ponyo ponyo ponyo sakana no ko!
Aoi umi kara ya ate kitta.[7]

我看不懂大半部的日文預告片，但可以猜測這是日版的《小美人魚》重現。波妞是一隻想要在陸地上生活的小金魚。她在一場暴風雨中探出海面，變成一個小女孩，和一個小男孩變成了朋友。她的媽媽是某種巨大的海中女皇，爸爸則是住在海底的魔法師，兩個人討論著到底該把她帶回家還是隨她去。同時她則和她的新朋友宗介開心嬉耍：啪酷啪酷啾呦！啪酷啪酷啾呦！[8]最後波妞可以繼續當小女孩而不當魚，因爲她眞是天殺的太卡哇伊了。

這是日本第一個讓我發自內心而快樂的東西——我能用日文唱一首歌！然後我被一隻叫波妞的小魚女孩迷倒了。

*

So so la so so so mi do do re mi re

Mi mi so la do do la so so la so do!

*

過了被當成、或試著被當成法國人的好幾年，公開表示自己是美國人，具有某種心理障礙。有一部分是因爲在法國，移民被期待融入社會。這究竟是不是個好的移民模式，暫且不談。重點是過了好多年練習重發我的r，還有在很多細微之處做改變，我幾乎能被當成是法國人了。可是在東京，我們兩個根本沒有辦法融入當地。但X也不用這麼做，法國銀行家炙手可熱。要是我是他老婆，要養個教育背景國際化的小孩，眼前就會有個婆婆媽媽的社群在等我。但非老婆的地位低人一等，非老婆整天沒有地方可以去。他也不期望我融入，但表明了我是個問題。

他很在意我們站出場的樣子，我站出場的樣子。我到了冬天就會鼻水流不停，只要我抽出衛生紙他就會覺得丟臉。要嘛是因爲你不應該當眾擤鼻子，要嘛是因爲你得在擤鼻子之前道個歉。我從來沒有學會正確的規則，有時候根本來不及了，或沒有人在場領受道歉。我試著以最纖巧不經意的方式輕擦鼻子。這個骯外國人，他混雜著日文這樣叫我。

很早開始一切跡象就顯示，要在東京當個女人，尤其當個非日本女人，很不容易。我代表著不同的東西。我像隱形人，在路上我被男人撞到，或在星巴克時他們大衣的後襬會把我放在桌上的紙揩走。再不，我得到的關注明顯就是負面的。

X習慣在地鐵把我拉到他腿上，這樣我們只會占掉一個座位，他覺得這樣是禮讓。我們有次要去友都八喜商場換他的 Nikon 相機鏡片，我盤算著要看看自己今天可以用日文應對多少場合。我那天穿了件裙子。我翹著腳。在那男人打中我的腿之前，我根本沒看清他長什麼樣子。

他的手打進了我大腿內側，又快又帶著一種權威——而且我很確定，發出了一記聽起來很爽的聲響。痛得熱辣辣像地獄一樣。

一個矮小近乎全禿，身穿海軍藍風衣的中年男子正穿過車廂中段，走得若無其事。我咒罵他，他頭也不回地向前走。事情就這樣過了，一天也這樣結束了。

「他眞的打了我嗎？」我難以置信地問著。

「你不應該翹腳啊，」X說，「你的腿伸到走道上去了。」

所以是我的錯嘍，伸太出去。

＊

最好還是待在家裡。

＊

在蘇菲亞・柯波拉[vi]二〇〇三年的電影《愛情，不用翻譯》（*Lost in Translation*）裡，史嘉蕾・喬韓森（Scarlett Johansson）扮演了一個美國文學中常見的角色。她是那個到了國外備受文化衝擊的美國人，試著想要和當地文化找到共鳴，但無法。和我一樣，她所飾演的夏洛特

---

vi 蘇菲亞・柯波拉（Sofia Coppola，一九七一―），美國編劇、導演與監製。

（Charlotte）跟著伴侶來到東京，他去工作時她就要自己看著辦。跟夏洛特一樣，我也會在晚間從我們二十六樓的公寓向外眺望東京的夜景。我在這裡的生活，有高不可攀和脫節的一面，很像夏洛特在柏悅飯店的生活。

夏洛特需要來點計畫找事做，一點方向，但毫無頭緒。她在飯店附近晃來晃去，聽著自學錄音帶，告訴自己她的生活就在當下，發生在當下，可是她無法與之連結。

我也無法，我很憂鬱。一隻出水的魚活在生魚的國度，我無法打起精神去找間大學圖書館作博士論文的研究。我只是坐在公寓裡，在網路上當漫遊女子，想念巴黎。

我在日本重看了那部電影，對夏洛特飯店的樣板建築頗爲訝異。我記得之前看的時候，它明明更時髦的，但其實，它看起來就跟世界上其他城市的別間飯店一樣。

但跟我的公寓式飯店總是不一樣的。這是家，可是不是我家。它的目的不是作爲一個家，而是一個暫時的窩，家的複製品，是一個承諾，描繪著東京的家會是什麼樣子——也就是某種家，那種外商銀行花錢給交易員和他們老婆住的地方。

我不是老婆；這也不是個家。

東京這個場景加劇了美國人出國的家常劇情，而且還添了點恰逢當代的臨場感。如果巴黎是十九世紀的首都，紐約是二十世紀的首都，那東京毋庸置疑就是二十一世紀的首都，但它的當代性使人感到疏遠。夏洛特看著一片片東京的夜景，閃爍的紅燈刷著存在感。她意識到這對她來說太當代了；她意識到她的生活就在當下，發生在當下，可是她無法與之連結。

飯店應該是漫遊女子的避風港，一個讓你累壞的小狗歇腳的地方。或這其實是個陷阱，不讓你去行走與探索。待在裡面，叫客房服務，洗個澡。坐在窗邊向外看，若有所思。

從我的公寓飯店看出去，我無法讀到一個我理解的東京。我無法用雙腳理出城市的地誌學，那裡也沒有我看得見的天際線。我就住在這群黑色尖塔之中，閃爍的紅燈隨著無垠的城市擴延。

瑪姬・朗琪（Maggie Lange）替《巴黎評論》（*Paris Review*）寫的部落格有篇文章談到了《愛情，不用翻譯》和《慾望城市》的最後一集。在影集裡，凱莉一下午的女子漫遊毀在狗屎和凶暴的法國小孩手中，在飯店房間等她的藝術家男朋友工作回家，（假裝）睡著了。瑪姬寫道：相對於「將她們的男人放入一場假想的試煉」，「住處之外的城市是什麼樣貌，都是後話。」[vii] 這不是眞的。你根本無法凌駕城市，城市是個反派。如果有朝一日女孩因爲城市的緣

vii 原文可見於《巴黎評論》線上平臺，〈飯店裡不爽的女孩〉（Girls Moping in Hotels），刊載於二〇一三年九月二十三日。

故被關在飯店的房間裡——她會一直被押在那裡。男人是她被扣押在此的原因，如果他眞的受到試煉，爲的是那段糟糕的關係。

我所有的行旅把我帶到了這方空間裡，這六十平方公尺裡。

*

依據日本的民間信仰，你睡覺時靈魂會出竅。在《源氏物語》的第九章，六條御息所（意思是「第六大道夫人」）跑去把葵之上殺了，兩人都在睡夢中。這些靈魂，它們被稱爲「物怪」（mononoke）。就像有一個晚上X出去飲酒作樂，我在家裡看的宮崎駿電影《魔法公主》（*Princess Mononoke*）一樣。就在那個晚上，我的靈魂在我睡覺時走出赤阪，離城市遠遠的，上了飛機，回到我巴黎的床上窩起來。

*

夏洛特大演觀光客，想要和日本有所連結，至少親炙親炙它的過去。但日本文化並沒有爲了她的消費，而被包裝精美地送上門來。仍舊是無法理解，遙不可及。「我今天看到這些僧侶，然後我沒有什麼感覺。」去完京都一日遊，夏洛特在電話上跟家裡一個不懂的人這樣講道。她聽著自學錄音帶，讀哲學，但沒有一樣東西讓她能與自己的生活有深層的聯繫。日本在這方面也提供了許多種模式與人物來找尋眞正的意義：花道中的禪修、京都的傳統婚禮、在遊戲中心打電動的孩子們，甚至還有在東京開記者會的美國女演員，宣傳她最新的動作片（「我是相信轉世的，這也是爲什麼我會被吸引去演《午夜飆風》〔*Midnight Velocity*〕的原因」）。

我和夏洛特有一點很大的不同。她在整體上是迷失的，不確定她想要做什麼、當什麼樣的人。我年紀大一點，對自己更有把握。我也認知到自我探索是一輩子的實驗，並不會只在一座城市的旅行裡發生。但夏洛特不像我，她在霧茫茫的城市裡交到了一個朋友。在電影的最後一幕，比爾・穆瑞（Bill Murray）在她耳中說了句沒人聽得見的悄悄話，眞是神來之筆。不管一個人究竟能從旅行或流浪「學到」什麼東西，這都無法被歸結成一部影片或一本書，但卻能透過一個人對另一人的悄悄話流傳——他們都不經意地突破了他們原本劃定的自我，在一座不熟悉的城市孤身相伴。

*

我的研究情況堪慮。我無法專注。我無法接受不知道將來會發生什麼事，X什麼時候會辭職，我們什麼時候會搬回巴黎，兩個人，一直待在那裡。

我深深陷進了這個遙不可及的計畫。

*

有部叫《東京狂想曲》（*Tokyo!*）的電影出來了，結合了三部關於這座城市的短片。[9]我最喜歡第一支片子，米榭·龔德瑞（Michel Gondry）的〈室內設計〉（Interior Design）。其實呢，它有點像《愛情，不用翻譯》。一對年輕情侶來到東京，他是拍電影的，她還不知道自己想做什麼。他說她企圖心不足，但實際上不完全是這樣。他們沒有錢，所以待在一個朋友的單房公寓裡——和那個朋友，有時候再加上她的男朋友。

沒有一件事經得起打擊。拍電影的男朋友給人看了他的影片，每個人都愛，那個年輕女子很快地遭到了冷落。沒工作也沒野心，她挨家挨戶看著寥落的公寓。「禁帶男友，禁養寵物，」小公寓的主人這樣說道。有一間窗外還有隻死貓，另一間到處都是蟑螂。

接著那部影片有了個奇怪的轉折。她看著鏡子中的自己，發現她的上半身不見了，只剩下一條脊椎骨。一天天過去了，她的兩條腿變成了木頭，下肢貼在地上，不只是雙膝內翻，根本沒了膝蓋。

突然之間，她連路都走不下去了。

她變成了一張椅子。

女。

但故事沒在這裡結束！她奔跑的時候可以變回女人身——赤條條的女人身。

在影片稍早，在她還是完整的女人，還不完全是張椅子時，她男朋友告訴她天黑後牆縫裡會有鬼跑出來，跟紙板一樣扁平，在城市裡遊蕩。

在這個後現代版的物怪故事裡，她變成了椅子的鬼——或她的鬼魂硬化成了張椅子。有人在路上把她撿了回家，以爲她只是一張椅子。他出去工作時她跑到他床上去睡覺，替他的植物澆水，彈他的斑鳩琴，在他的浴缸裡洗澡。她看起來挺快樂的。

那個人回到家時，發現椅子濕淋淋的在浴缸裡，他心平氣和地擦去椅子上的水。他用電腦工作時她在他肩膀後探頭。他扭頭向後看，她躲了起來，又成了張椅子。

＊

蘇菲．卡爾曾經在日本做過一個題目叫《極度疼痛》（*Douleur Exquise*）的計畫，極度的痛苦（法式那種）。她在一九八四年得到了政府獎助金去日本念三個月的書，但她並不想去，她不想要拋下一段感情。後來她離開了九十二天，他離開了她。她在筆記中寫道：「我決定要做一個和我的痛苦而不是我的旅程有關的計畫。」計畫採取了系列照片的形式，每張照片印有倒數日子的戳記，從她抵達日本開始一直到被甩掉爲止。有張照片是飯店房間床上一角的枕頭，整整齊齊，沒被睡過：「離傷心還有六十七天。」床上另一角被動過的照片：「離傷心還有六十六天。」一件藍色洋裝和一條牛仔褲：「離傷心還有七天。」

那部作品還有一篇相片散文，在文章中她和一些人一起分享他們最傷心的時刻。起先是一張旅館房間的傷心雙人床，上頭有部紅電話，那種一九八〇年代會有的——有轉盤，有可以接起來的聽筒，還有彈簧狀的電話線，在你跟心愛的人講話時可以緊張地把線纏在手指上的那種。他原定要在她旅行結束時跟她在印度碰面的。結果她在新德里旅館接到了一則訊息，說「M無法見你。意外。巴黎。打給鮑伯。」[10]

鮑伯根本不知道M出了什麼讓他無法旅行的意外，只知道M因爲手指感染去了趟醫院。就這樣。

後來發現他有了別人。

九十八天前，我愛的男人離開了我。

一九八四年一月二十五日。新德里帝國酒店，兩百六十一號房。

夠了。

＊

隨著時間增長，我開始愛上了日本——把所有人包括我自己都嚇到了。我上次去日本時，一踏出機場，整個世界好像突然轉成了高畫質畫面，一清二楚。我之前眞的有好好看它嗎？

我花了點時間尋獲我能有所連結的地方。那是淺草附近的寺廟，有 cosplay 玩家的原宿公園。或在上野，我看見一尊穿著和服的胖大男子雕像，帶著條狗，一個盆景展覽會，還有一隻在太陽下睡覺的虎斑貓，躺在一塵不染的人行道上；有間寺廟的籬笆上掛著上百塊小木牌，上面寫著人們的祈願。京都的色彩能讓我沉澱心靈，那些深邃的綠與灰，恰恰與東京飛快的步調和浴室磁磚大樓相對。（東京的 To-kyo 倒過來就是京都的 Kyo-to，京都倒過來也就是東京。）京都也有浴室磁磚大樓，但因爲還有好多其他東西，使之微不足道。鴨川靜靜流過市中心，沿岸羅列著步道和餐廳庭園。京都好住多了，容易適應，美學上耐人尋味，而且更有甚者——是個好走路的地方。我從來沒有看過櫻花季的京都，但總希望有天能見到。我在那些廟堂裡逛到忘我，拍攝門廊上的細節、池中的魚、樹上的蜘蛛網，停不下手，總想要準準抓住光線的質地。

我過去總想要在路面上與城市相遇，但在東京這樣行不通。在東京漫遊，我得走樓梯，搭電梯，爬梯子，到樓上或屋頂上去找我找尋著的東西。你不能只是在城裡晃呀晃的，等著美麗憑空出現。這不是巴黎。

這不是給害羞鬼待的地方。走那種退卻的卡哇伊路線，兩腿內八杵在人行道上，準會錯過城市最棒的東西。

*

當我和日本的關係愈發豐富，我對X的感覺漸漸走了味。好像我無法同時愛他們兩者。我們兩個瞬間故障了，他不是我看日本時想要一併看見的人。我原本投注在日本上的厭惡飛濺了出來，把他潑得濕濕的。

我們在常去的那間法國餐廳大吵一架，因爲我不經意指了他身後一張吧檯凳子外的女人。

他看到我指了陌生人就抓狂了：「你不可以那樣做！」他根本在冒煙。我有意頑抗，一點也不莫名其妙，說「第一、她搞不好根本不會講法文，所以不知道我在講什麼；第二、我覺得她根本沒發現我在指她，因爲你坐在我們兩個人中間。」我們越吵越凶，然後我把他丟在吧檯凳子上離開了。我自己走回家，高跟鞋還在腳上，氣到根本感覺不到我的腳在痛。隔天早上醒來，我發現他在家裡的餐桌下呼呼大睡。

我把發生的事情想過一遍又一遍，試著釐清來龍去脈。他覺得我讓他丟臉，所以他把場面搞得很難看。我也把場面搞得很難看，因爲他指控我把場面搞得很難看。巴特：「一個場景（the scene）就像句子一樣，結構上它沒有義務要停止，沒有內部限制讓它有個盡頭，因爲就像在句子裡一樣，句子一旦有了個核心（一件事或一個決定），剩下的延伸可以永無止盡地被更新。」[11]我們就這樣一來一往對上了。我這樣做因爲你那樣做因爲我這樣做因爲你那樣做了。除了抽身離去，還有什麼辦法可以打破這個迴圈？

那時我們幾乎分手了，可我們沒有。結果我們訂婚了。

*

然後那裡還有地震。他愛地震愛得不得了，我則嚇得要死。他喜歡玩味埋在表面底下的東西一股腦拔地而出這個概念。我只希望每樣東西靜靜穩穩的。我們遇到第一個地震時，我跑到門口坐下來，等著的同時整棟搖晃的房子嘎吱作響，好像在一艘船上。我們在一棟三歲不到的大樓的第二十六層，大樓的地基有吸收能量的彈簧，但實際的感覺並不如我所料想的，以爲我們會免於被來自地面的叵測變動侵擾，因爲我們住在高懸空中的船上。

他樂不可支，直到我們後來發現這到底有多嚴重。在日本北部的岩手縣，有座溫泉旅館倒塌了，三個人因此喪生。

*

死掉的話語，死掉的聲道，死於荒廢——我緊閉著我的嘴。我的退卻是我擺出來的姿勢，是我的骨幹在宣示我放棄你了，我不在乎你喜不喜歡我，反正我不喜歡你。我拒絕你的原則，嚴正拒絕，斷狠狠拒絕。你不屬於我的世界，我連你在講什麼都不知道。

我們僵持不下，走到了一條死巷。我用你的語言這樣說著，這個我現在習得的語言——你的語言，我嘴裡的你的語言，我的嘴裡你的舌，[viii]你把我帶來這個新的地方，讓我新長出的舌頭在嘴裡無用武之地。路裂開了來，人行道起了泡。從我離開紐約的混凝土來找尋巴黎的鵝卵石，有多久了？爲什麼我在這裡？在這裡，我無法拿到阿斯匹靈或安眠藥；在這裡該賣優格的走道放的是豆腐，我無法好好思考，我無法讓一個思緒引到下一個思緒去。我告訴你，我就是討厭這些，我就是討厭這些，我說的是你——在我們意識到之前，我開始摔東西，跳上跳下，用你的語言吼你，用我的語言吼你，用我的母語吼你。你說我媽媽把我慣壞了。你也把我們慣壞了，毀了。我從來沒想過我們會來這裡。

*

關於斷層（fault line）有好些陳腔濫調。

地基中的裂痕。斷層帶。在這一切之下的不穩定。沒有一個人能掌握的移動地塊。有了太多緊張加壓，所以我們震了開來。

錯誤（fault）。錯的。你的錯。我的錯。有咎在身。

《牛津英文字典》：「錯誤：一項缺陷、不完美，在有形的或知性上的組成、表象、結構

---

viii 原文為法文，「ta langue, ta langue dans ma bouche」；法文字 langue 有兩義：「舌頭」和「語言」。

或產出水平等方面，會受到詬病的特質或徵象。」

到底是誰有錯？

可以錯多少？

不久之後，回到巴黎，我結束了這一切。

過塞納河，在宮殿大道北面，再過一次塞納河，左轉右轉左轉右轉，再左轉，到西佛里路上。繼續走十分鐘，經過羅浮宮，穿過迷你凱旋門，到杜樂麗花園裡。以前曾有座宮殿在這裡。

巴黎・抗議
Paris・Protest

一萬個手持好槍的女公民，能讓市政廳屁滾尿流。

——古斯塔夫・福樓拜，《情感教育》

一八四八年。巴黎再度進入革命的高燒，一陣即將席捲全歐洲的憤怒，而且這次革命者走的這步棋要取得勝局。二月二十四日，國王路易・菲利浦退位了，藉著美國牙醫的協助潛逃英國。他和王后喬裝成平民，自稱「史密斯先生與史密斯太太」。人們馬上搗毀杜樂麗皇宮，劫掠摧殘。在把王座扔出窗外之前，他們輪流坐在上面；扔出去後，在六十年前巴士底監獄的舊址把王座給燒了。兩天後，第二共和國成立了。[1]

起義期間——五月十五號——那天之所以重要，還有別的原因，我們之後會說到的。此時已經家喻戶曉的喬治・桑，前往參加一場支持波蘭獨立的集會。在路上她遇見了一群人，正被樓上窗戶裡的一個女人罵到臭頭。「這女的是誰？」她問人群中的其中一個人——「喬治・桑，」他們這樣回答。

她看著送葬隊伍帶走在起義中陣亡的人。這次她不是從小公寓的陽臺眺望出去看的，而是和下臺不久的首相弗蘭索瓦・葛伊佐（François Guizot）一起看，在他家裡。她向養女奧古斯汀（Augustine）回憶道：「這早我一邊和拉馬丁（Lamartine）聊天，一邊從葛伊佐家裡窗外望去，我看見了隊伍的行列，好美，好簡單，好動人〔……〕在瑪德蓮教堂（Madeleine）和七月柱（July Column）中間聚集了四十萬人，沒半個警員，沒半個警官，但他們好有秩序又有尊嚴，平靜地互相守望，沒有誰踩到誰的腳，沒有誰的帽子掉在地上被踩爛。好可敬。巴黎人是世界上最棒的。」[2]

四月二十號博愛節（Fête de la Fraternité）的慶祝活動使喬治・桑感動不已。凱旋門煙火把大型遊行的氣氛帶到高點。在寫給兒子的信中，她稱之爲「人類史上辦過最大的活動！」不

---

i 宮殿大道（Boulevard du Palais）；西佛里路（rue de Rivoli）。

過為她作傳的貝琳達．傑克（Belinda Jack）的評論不太領情：「平和的大型集會總會使喬治．桑揮灑誇張的筆墨。」我可以理解那種宣示團結帶來的深刻感動。群眾團聚公然捍衛一項理念很有號召力，但這也很有可能潛藏危機，喬治．桑就是看見了這點。

五月十五日，支持波蘭獨立的遊行從巴士底廣場出發，邁向協和廣場。有一部分的示威群眾過河，到了廟宇般的波旁宮（Palais Bourbon），也就是國民議會開議的會場（如今仍是）。那撮人宣布議會被解散了，折回市政廳去，這路可不短，他們意圖在那裡成立一個起義政府，結果帶頭的人被逮捕監禁。

這使她大驚失色。她接著尾隨了遊行三個小時，並告訴警長科希迪耶爾（Caussidière），她和行列中大多數人一樣，認定這是個支持波蘭的遊行。「沒有人覺得國民議會內部會爆發肢體衝突和混亂，」她這麼說。多數的國民議會議員支持波蘭獨立，這讓大多數遊行的群眾開心不已。發現他們自己內部有偏激暴力的小圈子，大家都很震驚，這群人「在任何意義下都與大眾意願相違」。但她同時也看見警察鎮壓示威時過度激憤、甚至出現施虐傾向。她最後提醒科希迪耶爾可別「將秩序，這種屬於過去的官方字眼，跟猜疑搞混了。帶著猜疑執法只會引起不滿和挑釁。在不侵犯個人自由的情況下維持秩序是很簡單的。你沒有征服人民的權利。」[3]喬治．桑同時知道狂熱分子不可信，不管他們揮舞著誰的旗幟。

*

住在巴黎，我時時感覺到，只要時機對了，反抗總有辦法爆發。加拿大短篇故事作家馬維斯·嘉蘭（Mavis Gallant）替《紐約客》寫了談一九六八年五月學運的文章，她表達了針對學運的保留態度，還有她對那群學生的景仰，她認爲他們勇氣可嘉，不過景仰中帶著對多數人沉溺其中的「被圍困錯覺」（false siege psychosis）的不耐煩；那種四面楚歌的錯覺使緊張氣氛居高不下好幾個月。這走到哪裡都一樣——每一場社會運動都有等份的誠心誠意和自我造神傾向。但巴黎人對於起身遊行、向權力進諫和表達不滿隨時準備就緒的特質，這樣的特質始終讓我印象深刻。這是我想住在這裡的部分理由。我無法跟將之造成神話的欲望劃清關係。但我知道製造神話是危險的。

在他的《廊街計畫》（*Arcades Project*）裡，華特·班雅明說「街道是群體的居所。」[4]在街上，我們可以並肩而立，爲同一個理念挺身。當感到有什麼事出了錯，或忍無可忍，或非宣示些什麼不可時，遊行是一種本能的回應。遊行讓我們在群體中感到堅強，遊行讓我們感覺良好，遊行是一種政治活動，但也是一種社交活動。我們鮮少有機會可以在同一時間做同一件事，當我們這麼做，便感到自己歸屬於一個大於自身的整體。

歷經了革命迭起的十九世紀，和兵馬倥傯、罷工學運連連的二十世紀，巴黎式的示威久而久之成了一種約定俗成的反抗運動。它以緩緩前行的政治宣示，取代了瘋築街壘的狂潮。遊行從哪裡開始，往哪裡走，都是意義非凡的：左翼的遊行起迄都會在蘊含革命或共和國理念的地點，像是巴士底廣場、民族站（Nation）或共和國站（République），多半在巴黎城東。有時他們也會沿著左岸蜿蜒而行，在國民議會外打住。右翼的遊行則不一樣，起迄挑在在富有的第七區，或第五區的莫貝—醫保互助會站（Maubert-Mutualité）一帶的天主教拉丁禮教會。

對這裡大多數的人而言，「manif」（遊行）[ii]是一種劃分生命階段的通過儀式。小的時候爸爸媽媽會牽著他們去；上了高中後遊行就成了他們的成年禮，蹺課去示威是法國中學式的叛逆；上了大學他們多少還會參加一些；出了社會，一年多半走上街頭一次。遊行是高度有組織的活動，由數個團體出於同樣的訴求聯盟起來，壯大聲勢。有些機靈的小販會見機擺攤烤起肉來，賣一歐元一條的北非香腸；也有用塑膠杯打啤酒來賣的。假使行程沒出什麼悲劇，整個活動還挺熱鬧好玩的。二○○三年，我有個法國朋友在紐約參加了二月十五日反對出兵伊拉克的抗議，她十分詫異活動最後居然有騎警出來防堵民眾。她和同行的朋友得躲進第五大道上的商店裡去。

也不是所有巴黎的示威都會平和地起頭，平和地收尾。二○○五年一場反對勞雇新法的抗爭裡，起初只有些爭取工作保障的學生在身上貼貼紙遊行，後來招來了無政府主義者和煽動搞破壞的（法文裡叫他們「casseurs」，砸東西的人」）——一群不會讓遊行善終的人。他們披著兜帽或頭巾遮住面孔、砸破櫥窗、放火燒車、沿街行搶、向鎮暴警察扔東西，有次還把索邦廣場上一間有名的書店毀了。

一九八六年，有個名叫馬力克·烏瑟金的年輕男子因爲身處遊行周圍而被意外殺害。警察（聲稱）誤認他是專搞破壞的一員，所以攻擊了他。當時法國大學制度起了大變動。大學學費喊漲，一漲就翻了快兩倍（漲幅現值兩百歐元），同時招生政策即將採納入學測驗，讓大學有辦法收特定的學生，不收特定的學生——這大大違反了大學作爲公眾權益的理念：只要有高中文憑，誰都可以上法國大學。學生爲了這事走上街頭，訴求徹底改革大學體制。十一月十七日，二十萬學生示威了，十二月四日人數逼近五十萬。隔天有幫學生占領了索邦大學（Sorbonne）。就在他們被追捕，試圖在親王殿下路和佛吉哈路交叉口堆起街壘時，烏瑟金路過了，顯然不是在抗議，但他在清晨時分從一間爵士樂酒吧走出來，於是被警察騎摩托車追緝，毆打致死。

*

ii 法文口語稱遊行為manif，來自全稱 la manifestation。

剛搬到巴黎時，我對示威活動敬而遠之。你永遠不知道自己會陷入什麼狀況去。媽媽的話言猶在耳：別忘了你是個移民。別惹麻煩。保持低調。我想到爸爸一九六八年的經驗：他在費城念研究所，讀建築碩士班，那時候是學期末。（他說的）有些學生進了工作室，試著召集大家響應哥倫比亞大學的抗議，但他和同學回去畫畫了。他們說：對不起喔，我們還有期末計畫要趕。

我時常想著，要是我，會不會做不一樣的決定。也許不會。一旦一波運動發起了，多一個或少一個學生靜坐示威會有什麼差別？而且那時候，我爸爸的表親安德魯．古德曼（Andrew Goodman）一九六四年去密西西比一帶支持民權運動，被三K黨殺了。這件事在家族裡的餘波到一九六八年尚未平復。我可以理解爸爸爲何堅持遠離危險。

對X世代吊車尾的我們而言，多數人離開沙發走上街頭，靠的是九一一事件和接連反恐戰爭——雙線入侵阿富汗和伊拉克，雙子星大樓一座塔配一個國家——的刺激。雖然布希政府咬牙切齒地盲目宣戰使我駭然，但我並沒有立即加入抗議。這背後有大企業與軍火商的籌碼環環在握，有時候對我們任何一個市井小民而言，要有所撼動簡直孤掌難鳴。這有什麼意義？我想著。大權在握的那些人不會去聽我們在街上的叫喊：拒絕血石油！他們只會把我們當做一群嬉皮和理想主義者。

進兵伊拉克前夕，很難決定到底要聽誰的。我記得紐約當時瀰漫著一股無力回天的沮喪——我們的城市遭逢攻擊，人心惶惶。我記得自己當時心想，反戰運動需要實質的對話才能有起色（後來這證明了美國媒體在實現理念過程中徹底失敗的角色），要是我們想實現些什麼，空泛的話術對於雙方都一樣繁冗多餘。

所以，在二〇〇三年冬天，我會被捲入了反戰示威，純屬意外。那時我正要從圖書館回家，從華盛頓廣場公園（Washington Square Park）沿著大學廣場（Univerity Place）往北走，我正在人行道上試著繞過示威隊伍，警察出現了，漸漸圍堵抗議群眾，我也被連同圍住。他們將我們擠成一團，手連手製造了一圈警棍圍牆，我們被困在中間無路可逃。前一分鐘，我還是個背包裝滿圖書館館藏的研究生；下一分鐘，就有警棍往我肚子戳來，正中肋骨下懷。警察才不看誰在遊行，誰在旁觀，也不管遊行平和與否。

這麼說有點慚愧，但就是在那天的那刻，肢體上被鎮暴警察團團包圍，我對遊行的觀望態度轉成一種遲來的領悟。由於這場戰爭，無辜的人被捲入和他們無關的衝突，而且要經受的痛苦遠比幾記肋骨上的警棍還要多。那天出門時，我對那些抗議者感到事不關己，等我終於回到家，已經成了他們的一分子。

我們需要群眾運動。我們需要聚在一起，走在一起，或只是一起站在一處。這不只是要讓掌權者看見人們眞正的訴求，也要讓那些踟躕無力的人看見萬眾一心，扳動思路上的石頭——哪怕是一些些也好。抗議不只是要讓政府看見你反對，還要讓其他國民（年紀最小的也算）看見官方政策可以，也應該被反對，促進一些改變，抵制廉價的決策。

你展現自己。你押下賭注。你走路。

*

二○○九年一月我參加了我的第一場法國遊行。

在那天的六萬五千到三十萬人（到底有多少取決於你問誰）裡，許多人去抗議政府應對經濟危機的措施。有些人只要有機會表示他們有多討厭沙克吉[iii]，就會到場聲援，有些人去了，因爲這是不上班的好理由。但那場示威有點不尋常，好幾年來，這是第一次教授和學生站在同一條陣線上。我的同事們一致反對當時教育部長瓦樂西．沛克雷斯（Valérie Pécresse）推行的大學制度改革，那項改革將會嘉惠自然科學，並給我們這些作人文的製造諸多不利。他們並沒有面對制度中實質的問題，而是裁減職缺和補助，或直接把整個機構廢掉。

有些教授從市政廳廣場前的格列夫廣場（Place de la Grève〔罷工廣場〕）[iv]出發，自稱這是「老頑固跳不累的圓環舞」（ronde infinie des obstinés）。他們圍成一圈遊行，七天都這樣走。立意很好，但不免被開些可想而知的玩笑。尤其是在他們在圈圈中心地上草草寫著標語：我思，故我廢，訕笑更是加劇。

示威中還有一樣比較有常識點的活動。有群教授接力朗讀十七世紀拉法葉夫人（Madame de Lafayette）的小說《克萊芙王妃》。整整八小時，學生、老師和路人都參了一腳，大聲把小說讀出來。《克萊芙王妃》饒富反沙克吉的含義。二〇〇七年競選總統時，沙克吉對於那本小說當時列入數項競爭激烈的公職考試必考書目，表示困惑。[v] 精通十七世紀法國文學，看起來未必對坐稅務局辦公桌的工作有用，但這樣的說法引起了廣泛的不滿——就在此地，在率先提出「文化免議」（exception culturelle）貿易主張的法國，竟然有人認為偉大的文學作品應該服

---

iii 尼可拉・沙克吉（Nicholas Sarkozy，一九五五—），二〇〇七年至二〇一二年擔任法國總統。

iv 葛列夫（La grève）一意河岸，又指罷工。

v 據二〇一一年《世界報》報導，二〇〇六年二月二十三日沙克吉在里昂造勢時，曾向一群公職人員承諾要終止資格考試的壓力。他說：「有天我只是好玩看了一下行政人員資格考的考科——就是沒事看好玩的——不知道是哪個虐待狂還是白痴，出了《克萊芙王妃》（*La Princesse de Clèves*）來拷問考生。我不知道這有沒有發生在你們身上過：誰去問過櫃檯小姐她對《克萊芙王妃》有何高見呢？想想看那個畫面！」兩年後受訪時，沙克吉態度軟化了，表示「把《克萊芙王妃》讀熟還是很重要的。我其實沒什麼反對的，可是好吧，她讓我有夠受的。」出自 'Et Nicolas Sarkozy fit la fortune du roman de Mme de La Fayett', *Le Monde*, 29 March 2011。

務某種用途。電影製作人克里斯多夫．歐諾雷（Christophe Honoré）被沙克吉這項凸槌行徑啓發了，拍了部二十一世紀版的《克萊芙王妃》。故事設在巴黎豪宅區的中學裡，演出該片的明星路易．卡瑞（Louis Garrel）也是二〇〇九年萬神殿外抗議朗讀團的一員。他的參與掀起了一陣革命般的悸動，因爲他也有演出貝拿多．貝托魯奇（Bernardo Bertolucci）談一九六八年五月學運的影片《夢想家》（*The Dreamers*）。我則把那本小說加入了當年一堂世界文學課的書單裡，以示響應。

我們這些英文系的，自有一套用英文打趣的標語：「我不是數字，我是老師」（I Am Not a Number, I Am a Teacher）、向海明威《戰地鐘聲》（*For Whom the Bell Tolls*）致敬的「喪鐘爲吾等而鳴」（For Us the Bell Tolls）、致敬「星際大戰」系列電影的「大學大反擊」（University Strikes Back）。我們加入法文系的隊伍，他們也有自己的標語：「文化大學，反垃圾大學！」（Fac culturelle, pas fac poubelle!）、「作研究，不作帳！」（Quand on cherche, on ne compte pas!）。我們從巴士底廣場開始，先是在那裡站了良久，等所有團體紛紛到齊。我一頭熱地準備好要呼口號，在空中揮舞拳頭，但似乎沒有人像我這樣。沒人呼口號，烏雲密布，大家都冷得要死。過了一個又一個小時，我們只在波馬榭大道（Boulebard Beaumarchais）上前進了半哩左右，天色漸暗，然後我就覺得該回家了。天色從藍轉紫，有些後頭的孩子開始升起火來。煙竄升空中，遊行隊伍周遭漾著一圈紅光，沿路上的街燈被映成一排小太陽，在霧裡燒著。走回巴士底廣場時，有些標語被點燃了，有群人莊嚴地隨侍在側。手中旗幟飄揚著。煙從七月柱四周升起，光暈愈加得紅了。我照了張相，十九世紀鬼魂般地現身在底片裡。

過了一個星期，我們又走上街頭了。人們士氣激昂，四處是媒體，能在大晴天遊行大家都很愉快。我們從于修站（Jussieu）出發，經過植物園，然後往桑西耶（Censier）去。我們走到克勞德·貝爾納路（rue Claude Bernard）上，右轉到烏爾姆路（rue d'Ulm），經過高等師範學院，接著在萬神殿外停下來。我們原要聚集在教育部外，但警察早把往教育部的路都封了。所以隊伍浩浩蕩蕩走去了維克多·庫桑路（rue Victor Cousin），領頭的人叫著「往索——邦——走！」。左邊是學院路（rue des Écoles），右是聖米歇爾大道。

事情就是在這裡變調的。有一半的隊伍左轉去了聖日爾曼大道；另一半留在聖米歇爾大道上，示威不久就在那裡結束。但要到後來你才會知道自己跟對了頭沒有，我們慢慢發自己其實跟上一群無政府主義者，帶著我們沿大道走向路心，與車陣針鋒相對。不滿的（或其實是支持的？）喇叭聲四起，這下刺激了，這才是個巴黎式的抗議！

到搞清楚狀況前，我覺得自己有點蠢。這分明不是個支持或反對什麼東西的示威，只是個由一群搗亂者開岔的事端。我恰恰淪為我在紐約時避免變成的那種人——重儀式輕內質——這太容易了。行走帶著種渾樸的力量，就是一群人聚在一起。我生平第一次立足暴民之中，我感到不安。天知道是被誰牽著鼻子走，天知道走到哪裡去，天知道做什麼事，這太容易了。

*

一八四八年，喬治・桑採取了比旁觀歷史發展更進一步的作爲。她自信瞭解社會中每個階層的人民還有他們的領袖，並將之視爲替人民生活帶來改變的契機。她相信人若要和他人在良善的協調中生活，就要參與集體活動。作爲新政府非正式的宣傳部長，她扮演了一個傳遞訊息的要角。她風風火火地投身公僕生活，對於內閣哪個職缺可以提名誰提供意見。新科內政部長樂居・羅蘭（Ledru-Rollin）也眞的言聽計從了。她著手辦了期刊《人民的權益》（*La Cause du Peuple*），也在新政府的《共和國布告》（*Bulletin de la République*）上刊載文章，大聲疾呼告訴法國人民，無論他們住在哪裡，都要密切關注巴黎當時的動態。她寫道：「人民們，現代最偉大的奮鬥在法國啓航了：建立屬於所有人民的政府，建制民主，建立共和國，保障所有的權利、利益，以及各種才能和美德……」[5]

她看見了即將到來的選舉有多麼重要，並努力想讓她的讀者也看見同樣的東西。新共和國草創不久的幾個月間，她會見了著名的政治家托克維爾（de Tocqueville）。托克維爾在回憶錄裡記下了她對他說過的話：「托克維爾先生，請試著說服您的朋友們，別去驚擾或刺激人民，使他們走上街頭。同樣的，我也會建議我這邊的人耐心點。因爲——相信我，如果開戰了，你們都將無一倖免。」[6]

在新政府底下，女人看似有了新的機會能追求她們自己的目標，爭取經濟獨立和育幼照護，還有工作權。在這場革命中，她們要的不只是有著真正需求的真正女人化成象徵民族的託寓，化成袒露胸脯的瑪麗安，向除了她同類之外的人保障自由。但大多數的男人同意小說家兼宣傳冊作家克勞德·提耶（Claude Tillier）的看法：「誰曾經見過女用頭巾軟帽下包著顆政治頭腦？」看起來只有少數十九世紀法國男性能贊同烏托邦社會主義者查爾斯·傅立葉（Charles Fourrier）的見地：「女性解放的程度，就是總體解放的準繩。」[7]或維克多·雨果在一八五三年路易絲·朱利安（Louise Julien）葬禮的發言所說的——路易絲因爲抗議路易·拿破崙的政變遭到監禁和放逐——「如果十八世紀揭示了男人的權利，十九世紀倡導的則是女人的權利。」

一八六九年，福樓拜在《情感教育》中稍稍揶揄了女性主義者，投射在老處女華特拿小姐（Mademoiselle Vatnaz）身上。她認爲「只有解放女人，才能進一步解放無產階級。」她希望女人可以從事各種工作、調查私生子的親生父親身分、得到新的法律保障，然後要嘛把婚姻廢了，不然好歹設計出個『更聰明的制度規章』。」如果這些權利無法如實給付，華特拿小姐表示「那就得用武力一條一條掙」，來一萬個手持好槍的女公民，能讓市政廳屁滾尿流。[8]

即使如此，喬治．桑本人無法排除其他人的權利，只爭取女性的權利。有幾個女性團體請她競選公職，遭到了拒絕。她這樣寫道：「若我們女性的其中幾人開始管理公眾事務，這個社會能獲益良多」，「但貧困的大眾、未受教育的女性，根本不會受惠。」這事令人難以接受。大革命以來，男性普選投票權首次得到了法律保障。雖然以男性筆名「德洛內子爵」（Vicomte de Launay）寫作的作家戴爾芬．吉哈當（Delphine Girardin）力求女性投票權一併被納入（「他們對普選投票權崇高的承諾忘記了女人」），其他人諸如喬治．桑以及她也用男性筆名「丹尼爾．史登」（Daniel Stern）寫作的朋友瑪麗．達古特（Marie d'Agoult），都認為女性投票權應該漸進式開放，而非一下子門戶大開。喬治．桑相信女人若要取得權力，整個社會必須經歷一場徹底的重組。一旦女性在家庭中得到了平等地位，她們也可以在外面的世界尋求平等。在一封一八四八年四月的信件中，她擔憂女人會因為爭取投票權讓自己顯得荒誕莫名，因為這樣做太貪多躁進了。

喬治．桑想捍衛的是法國，一個人人有機會的社會主義法國。在巴黎她爭取的是自己的權利，而別人如她所見，爭取的也是他們自己的權利。就像福樓拜的腓特烈．莫若（Frédéric Moreau），她受到了「群眾激情」的啓發，革命的喧騰使她察覺到一份「大愛的意識，一份一視同仁的崇高溫情，好像全人類的心在（她的）胸中跳動。」[9]綜觀所有她寫過的地方，只有巴黎——忙進忙出、髒兮兮、氣沖沖又美不勝收的巴黎，能讓新世界有機會成眞。

事情未如喬治・桑所期望的發展。四月二十三日，就在博愛節過後的選舉結果令人大失所望。她大加讚揚的人民並沒有紛紛出來投票，新科議員的保守程度和原來的根本沒有兩樣——成不了一個社會主義國家。喬治・桑對女性主義的曖昧態度不久後也不重要了，因爲在共和國成立幾個月間創立的那些女性主義社團，在七月二十八日通通被判爲違法社團。而一些爲工人發聲的運動——尤其是提供職缺的廠房，在六月前也都遭到取消。所以人們又暴動了，軍隊花了兩天的時間才平息動亂。

喬治・桑的政治生命也很快枯竭了。不出一年多，效果不彰的政策讓她難以忍受，她有太現實的一面，也有太理想主義的一面，[10]她時時把外交手腕擺在首要位置。當衝突和保守主義大興其道，她退出政壇，離開了巴黎。她手頭吃緊，同時害怕兒子會被逮捕，因爲他參與過叛變。再一次，她用自己能在城市行走的自由程度，來對照叛變如何付諸流水：「整個三月，我能在各時段、在城市的各處走動，也從未遇見一個工人或惡棍。要是在路上遇見了，他們也會好意讓開。到五月十七那陣子，沒有朋友陪同，我根本無法在光天化日下出門，『秩序』至上！」[11]她對一八七一年巴黎公社的態度，在後世會成爲社會主義者反控她的證據。「可憐的人民啊！」她說：「他們會需索無度，變成雞鳴狗盜，這樣會遭到什麼樣的報復？」巴黎在她筆下，成了「三教九流的賊窟，壓抑著一群懦夫和蠢蛋，他們會反過來毀掉這個骯髒的巢穴。」

她之所以不喜歡公社，有可能就是因為公社代表了一種「公民（citoyen）的回歸，於散步者（promeneur）不利。」[12]媒體所呈現的，是一座被重新規畫、美化和神化的城市，處於公社的威脅，但女性革命者的角色被呈現得更具威脅性。對漫遊者而言，大街小巷也許成了個「去政治化的空間」；但對漫遊女子來說，這不可能，也不是件好事。根據一個美國記者似是而非的報導，他說他在公社期間，看見了女人向巴黎的建物基座投擲十九世紀版的汽油彈，使得一種形象於焉誕生：「汽油女」（petroleuse），亦即「縱火的女人」。在她們的當代人眼中，革命的女人完全無法受控制，比任何一群男人還要危險。在法國大革命時，一度有法律禁止女人參加五人以上的公共集會。喬治・桑一定知道這些的，使她憤慨的就是女人不管是在公領域還是家中，都沒有和男人一樣的自由。她向福樓拜寫道，「性別只有一種。男人和女人幾乎是一樣的，我很難理解，社會是如何製造出這麼些分野和細微的論述的。」[13]

喬治・桑對一八四八年革命所做的貢獻，因其細微，並沒有得到欣賞。她認清人民和他們的政府都構築了密不透風的神話，來正當化各自的行為；她知道對立衝突並不能向前邁進。一如她和警察總長交涉所展現出來的，她是站在第三方的立場，提出異議，斡旋協調。

她眞應該站到女人那邊去，她眞應該爲她們的訴求掛名。如果她有，她就不會被以這麼模稜兩可的方式記得。但她是不會甘於在界線前退後的，她橫刀切過所有的觀點。

*

當事情發生時，我在巴黎。人們逐漸聚攏在華爾街旁邊的一座公園，搭帳棚集會，抗議金融體系的橫行和貪婪。不久他們有了圖書館、廚房、手機充電區和保健中心。「誰的街？」「我們的街！」他們這樣叫道。上百人在祖科蒂公園（Zuccotti Park）住了下來。美國出了什麼問題，他們指出的比任何演講、任何簡報、任何專欄還要清楚：這個國家百分之四十的財富，都掌握在總人口百分之一的人手中。我們，那剩下的百分之九十九，被那百分之一的人扔進了屎一般爛的經濟，每分每秒從我們身上榨錢。紐約曾經是個多元活潑的地方，但現在它成了企業利益的沙坑。影片中可見麥克風發言、淘淘論述從群眾中陣陣傳來，接著抗議者遊行過了布魯克林大橋，被警察逮捕，看到這些使我心惶。

占領運動的理念被優美地呈現在一張早期的海報裡。海報上的芭蕾舞者單腳亭立在紐約政商交易所前，那頭作勢前撲的公牛雕像上——市場牛氣地向生活的各個部分索討利潤，從藝術百工到健保，再到房市。而那個舞者，超然於市場。她的姿勢提醒了我們：這一切都應該是平衡的問題，從政府各部門到經濟體系，再到我們人人有戲份的複雜城市芭蕾。那張海報問著：我們的共同訴求是什麼？（What is our one demand?）[vi]沒有人確切回答那是什麼，保持答案開放，較耐人尋味。

其實要給出明朗爽利的答案，也是不可能的。它大過了言語，這也是爲什麼它需要一種跨界的運動。但跨界運動所具有的肢體開放性，給了威權體制破門而入宣告運動違法的空間。警察鎮壓了那座帳篷城市，沒收書本，逮捕閒晃的人，尤其是那些戴著蓋伊·福克斯面具[vii]的人，依據的是一八四五年紐約市頒布的法條，該法明令禁止戴面具的公共集會。攻擊從占領區域延燒至整個國境，從城市到各大學，我們都從電腦上看見校警向學生近距離使用催淚噴霧，大爲驚恐。雖然警方的鎮壓千眞萬確，但對警方措施的憎惡到了一個地步，就被作秀式的憤怒掩蓋了——就像聽一個笑話，但太早笑出來一樣。在政治的遊戲裡，沒有人是無辜的。

*

占領運動並沒有眞的在巴黎全面展開（「我們永遠在抗議。」我的法國朋友說），看著那些帳篷被一座座收起（「而且誰想住帳篷？」），讓我想起了一九六八年五月那些事件所挾帶的能量以及後來的失敗。平和開始的運動恆無善終，事情一平息，大家就各過各的。留下來的，只有傳說。

講到被造神化的各種集體抗爭，你很難超越一九六八年的巴黎。一切都從六〇年代建於巴黎西郊的現代大學校園——楠泰爾大學開始。不出幾年，這座大學就因爲極左派運動得到了「赤色楠泰爾」（Nanterre Rouge）的綽號，一直到四十幾年之後屹立不搖。當我去那裡教書時，發現自己走進的是一間滿是醜水泥大樓的學校。有很多大樓年久失修，有的建築立在鐵柱上，空出了下方走道，有的被階梯拱起離開周圍的柏油路，那些階梯看上去不太歡迎大學生聚

vi 指占領華爾街（Occupy Wall Street）運動海報標題。

vii 蓋伊·福克斯（Guy Fawkes，一五七〇—一六〇三），一六〇五年火藥陰謀（Gunpowder Plot）的策畫者之一。該年十一月五日蓋伊與共謀的天主教教友於議會大廈地下室內存放大量炸藥，計畫於十五日炸死英王詹姆士一世（James I）和其他議員，東窗事發而未遂。從此十一月五日訂為篝火之夜（Bonfire Night），紀念危機解除。在一九八二年的漫畫《V怪客》（*V for Vendetta*）中，對抗虛構法西斯政府的革命者V戴著風格化了的蓋伊·福克斯面具，對抗警察政府的治理。二〇〇六年華納兄弟推出了由該漫畫改編的電影《V怪客》；在占領華爾街運動、阿拉伯之春（Arab Spring）和其他運動，這種面具和肖像成為了匿名抗爭的符號。

集、吃午餐或調情。它很現代，但不怎麼親切。而且在六〇年代中期，校規就像建築風格一樣，一絲不苟。

一九六八年三月，有個自稱「憤怒者」（Les enragés）的學生團體抗議男學生不被允許在女生宿舍過夜。就在體育部長前往巡視新落成游泳池的當兒，有個名叫丹尼爾．孔—博地（Daniel Cohn-Bendit）的大膽學生打斷了部長的演講，抗議青年部部長最近發布的報告：「關於年輕人寫了四百多頁，對性愛隻字未提！」[14]孔—博地差點要被退學了，但也被拱爲學生英雄。學生群起支持他，直到大學因此關閉。接著抗議延燒到了巴黎中心的拉丁區（「人人相約拉丁區，二手神話止不住」〔Latin Quarter meeting place, Latin Quarter vicarious myth〕，安東尼奧．卡特羅奇〔Antonio Quattrocchi〕多年後在極富代表性的事件紀錄中寫道）。當有些學生遭到逮補，索邦仍處於被占領狀態，永遠是索邦——「索邦，傷心的母親，在那裡傳遞著古老的黑暗成年禮和神化儀式；索邦，溫柔的母親，學人的才智在牆內開出知識的金果，不受歷史的狂風侵襲和庸俗源源不絕的摧殘。索邦是城國。索邦是要塞。」[15]索邦校長關閉了大學，並准許警察進入驅離學生。過了數天的遊行和警民衝突，學生領袖（有丹尼爾．孔—博地伴在一旁）嘶啞吼出他們的訴求：赦免所有的抗議者、重開所有大學、警察從索邦消失。

學生示威開始後一個星期，各工會團體宣布在五月十三日星期一進行集體罷工。整整一星期，工廠一座接著一座停擺。星期四，就在巴黎市郊的雷諾（Renault）車廠中，（據卡特羅奇說的）有個年輕的工人先是高呼「我受夠了！」然後就離開了機具上的崗位。他的同事紛紛效法，整座工廠不出半小時便淨空了。[16]

就只需要這樣：一個人站起來，說出「我受夠了」。革命是個體造成的。踩過那些鋪路石。

在所有我讀過和看過關於一九六八年的資料裡，從學術研究到大眾電影，馬維斯・嘉蘭把那個風起雲湧的巴黎描摹得最爲恰當。不只是因爲她文筆生動，而是因爲她拒絕浪漫化發生在自己周遭的事情。馬維斯維持著一種反諷的距離去觀察一九六八年，我覺得身爲一個作家，這是唯一合宜的回應方式。就拿那些街壘來說——它們可不是學生展現反抗意志的臨場發揮。她和一個朋友幾經觀察才知道，那些石頭太大了，根本不是從人行道下翻挖出來的，一定是卡車從別處運來的。[17]她看穿了每個人極力想維持的形象，那些高中生其實不知道他們爲什要麼遊行，只求可以在外面混到很晚；向馬維斯（一個外國人）好聲好氣說話的遊行者，簡直把她當作是「我國小說裡勇敢戰勝腦炎的小孩。後來才知道，原來是因爲她以爲我是阿爾及利亞人，而那是她證明自己沒有種族歧視的方式。」還有人會在地方上營造受圍困錯覺，宣稱在索邦一帶沒有麵包和牛奶，隨便跟一個朋友確認，就會知道這不是眞的。那些反對抗議的人，那些富裕的布爾喬亞在香榭麗舍大道上高呼「法國人的法蘭西！」展現著另一種暴力——馬維斯寫道，莫貝廣場就像「那種永遠在燒垃圾的垃圾場，從好幾哩遠就能聞到慢烤的小火。燻黑的垃圾、微焦的樹、燒爛的車。不想繼續看了。沿著塞納河走，得一直歪著腳走——地上有許多洞、木屑、石塊，和鐵做的東西。東西連個形體名字都沒了。」[18]四處堆滿垃圾，整座城像是被掀了過來一樣，一如翻倒的巨型垃圾桶。

話說回來，那些在網路上找得到的黑白影片，看起來棒透了，每座陽臺上都是人。丹費爾—羅什洛廣場（Place Denfert-Rochereau）上，學生爬上了貝爾福獅像（Lion de Belfort），周圍擠了三萬人。看著影片，聽著裡面的聲音，這和今天的示威遊行沒兩樣。遠方的車聲和人聲嘈雜鼎沸。有人在打鼓，像火車發出規律的喀鏘響；有人吹著哨子，每一聲的斷音切得分明。當群眾逼近，喧騰的聲勢節節高升。警鈴一高一低地呼嘯，口號陣陣傳來：釋—放—！我—同—學—！煙幕中只見幢幢人影，以芭蕾般的跳躍姿丟擲石頭、逃離追緝的警察，或拳腳相向。人山人海一波又一波地壓來，手勾著手。又有好幾隻拳頭在空中揮舞，強調著抗議的訴求，活脫是從鮑伯．法斯[viii]的作品裡生出來的，人手一支香菸。想想看那畫面：擺出革命之姿，手裡一支菸。[19]聖米歇爾大道上的陽臺滿滿都是人，他們搞不清楚狀況，但仍舊感到很亢奮。馬維斯認爲這樣的公民不服從很容易淪爲一種娛樂。學運剛爆發的幾天，她形容當時的氣氛爲「彷彿帶電，惶惶不安，但歡樂得怪異。這好像是村子裡的假期，全村的人都湧到廣場上來了。」

隨著整個五月都泡在運動掀起的危機中，「享受大罷工讓大家樂不思蜀，似乎根本沒人回去工作。」[20]福樓拜也曾注意到類似的感覺：「空氣中飄著一股嘉年華的歡快，一種要大點營火的勢頭。」他說的是一八四八年二月的革命，「沒有任何東西，能比那頭幾天的巴黎還要迷人。」[21]他發覺一些價值被輪番表演強調，因爲抗爭而變得不可或缺。人們得說某些話，像講通關密語一樣，驗明正身：「人們得時時批評律師，然後盡可能把下列句子掛在嘴邊：『向那些大樓、社會問題、工廠貢獻石頭。』」[22]一九六八年是這樣，二〇一一年也是這樣——會變的只有詞語。馬維斯慨嘆她那個時代流失原初眞意，淨是粗製濫造：「現在什麼都變得破破的，都淪爲鄉野傳說——中國、古巴、高達的電影——我們的破破的時代。」[23]

爲了找尋原初的眞意，我們向一九六八年看齊，就像當時的他們向公社看齊一樣。那公社又向誰看齊呢？

一八四八年。

viii 鮑伯・法斯（Bob Fosse，一九二七—一九八七）美國舞者、編舞者、導演及演員，生於芝加哥。重要作品包括《睡衣遊戲》（*The Pajama Game*，一九五三年）、《酒店》（Cabaret，一九七二年）、《芝加哥》（*Chicago*，一九七五年），及《爵士春秋》（*All that Jazz*，一九八〇年）。

*

抗議有兩個元素：遊行和街壘。一個向前而行，一個堅守陣線。若沒有維持秩序的力量來否定抗議者否定的姿態，一場示威抗議不起來。兩邊各有各的戲要演。街壘是革命的符號，警力圍堵又是另一種街壘。讓人不安的事情是：革命有可能是警紀力量的共作，也有可能為之剿滅。馬維斯看見一個男人用棒子敲著「一段三加二的節奏，在過去的意思是『Al-gé-rie française』（法屬阿爾及利亞），但現在指的是『CRS　S—S』（CSS＝SS）[ix]：一個指法國橫治阿爾及利亞的帝國主義，另一個則是反抗權威的口號，都是耳熟能詳的節奏。」[24]

拿破崙三世嘗試學起一八三〇年和一八四八年革命的教訓，認知到誰掌握了巴黎的街道，就掌握了發生在那裡的戰鬥情勢。為了取得優勢，他要他的個人城市規畫家奧斯曼男爵在擬定都市更新計畫時，把群眾抗爭納入考量。華特．班雅明在《廊街計畫》裡說，這樣一來「拓寬街道讓人堆不出街壘，而且新開的路讓軍營和勞工社區之間有捷徑可走。時人稱之為『策略性美化』。」[25]

話是這麼說。不過，更寬的大道，就要讓人堆更大的街壘。

拒馬從來就沒什麼用處，永遠會有人願意為了到達目的而繞路。在我看來，繞遠路也是唯一聰明的辦法。不擇手段闖過去，但這代表前方會有暴力和武裝衝突。繞點路——「On s'en fout des frontières」，他們在一九六八年這樣叫道：邊界干我們屁事——

得要有一點出乎意料的元素，才能終結眾人的冷漠，衝破他們的日常習慣與擔憂，重劃他們思考的路線，得來一點壓迫邊界的感覺。讀著那些一九六八年的紀錄，你能看見他們——學生、工人、普通人——無不找尋著那個臨界點。過了那點，一切都會傾覆。城裡遊行的人與人之間高漲著能量，一步步將一切向前推。一下，一下，再一下，就要倒了，幾乎要倒了。

還是沒成——警察存在的目的就是要確保這不會發生。他們不需要重建城市，只消擊倒集會的人群，或剝除他們的正當性。

*

「拆除街壘還嫌太早」，我的導師珍・馬庫斯（Jane Marcus）在一九八〇年代寫道。她

ix CRS，全稱為Compagnies Républicaines de Sécurité（共和國維安衛隊），現為法國國家警察，創立於一九四四年八月，維琪政權（Vichy régime）倒臺之後。在一九六八年學運期間，CRS　S—S或CSS＝SS的標語指控維安衛隊的鎮暴措施和納粹武裝親衛隊（Die Waffen Schutzstaffel，簡稱Waffen-SS）沒有兩樣。

鼓勵那些「好女孩」女性主義者不要太早收拾帳篷，「悄悄溜進體制內去」。[26]

*

這一切都會歸結到邊界的問題，至今我仍對這方面很敏感。[27]我讀越多馬維斯的紀錄，越清楚意識到：這其實干係的不是學生、宿舍或風俗習慣問題，這還牽扯到了移民問題。

*

一九六八年，令馬維斯感到欣喜的一點是那些學生挺身支持孔—博地。五月中旬政府宣告：不只要將他從楠泰爾開除，還要將他逐出法國。他大半輩子都住在法國，但生來是沒有國籍的，因爲他是逃離納粹的德國猶太人生下的小孩。他的「法國性」是個燙手議題。馬維斯寫道，「我聽見他們高呼『我們都是德國猶太人』。」她不敢相信自己的耳朵。「這是法國，他們是法國人。我不是在作夢……我覺得自這個荒誕的五月開始以來，這件事最爲重要，因爲這代表法國民族性的蛻變——一種包容。我頭一次聽到法國人爲之發聲的對象跨出『法國人』的界線。」[28]他們可以認同他者到這個程度，認同一個最近才從法國境內被送出境消滅的民族，這是一個非同小可的同理心躍進。這樣的同理心，可是一九六八年要留給後世的資產嗎？不管他們的立意是什麼——樂於如此也好，出於對丹尼爾・孔—博地的個人崇拜也好，或純粹只是想惹父母或警察生氣，或批判他們在二十年前沒有挺身而出——一九六八年的青年走上了聖米歇爾大道，大吼「我們都是德國猶太人。」也許再過個十年，他們也許也會高呼「我們也是郊區來的。」

*

我想起《查理週報》槍擊事件之後，我在共和國廣場附近的街上，和將近一百五十萬人站在一起，悼念罹難者，團結一致，抗衡挑戰。那是自一九四四年巴黎解放以來，最大的一場示威。那天究竟梳理和抒發了多少分歧和不滿呢？有些人在講他們不想參加，因爲他們拒絕走在沙克吉、納坦尼雅胡或班・阿里後頭。[x]他們拒絕遵從媒體發明的二分法：自由對激進主義、「我們」對恐怖分子。他們說這是刻意要遺忘「深陷法國內部分歧」的「膚淺共識」。[29]可是

x 納坦尼雅胡（Benjamin Netanyahu，一九四九—），一九九六至一九九九年首度出任以色列總理，二〇〇九年起再任總理之位。班・阿里（Zine El Abidine Ben Ali，一九三六—），一九八七至二〇一一年擔任突尼西亞總統。

在那天，站在街上的我們，可不會宣稱大家除了只是想發聲回應之外，還有什麼其他團結起來的訴求。我們和小孩、小狗走在一起，標語寫著「我是查理」、「我不是查理」、「我是阿罕默德」、「我是庫亞奇兄弟」、「我被玩弄了」、「我是猶太穆斯林警察加查理」。我們是任何人、任何事物，我們涵蓋了整座城市的意見。我們和彼此辯論，在路上、在咖啡館裡、還有晚上回家的路上。重點是要一直辯論下去。

我們在聖殿大道（Boulevard du Temple）上站了一小時，喬治．桑很有可能就曾在那條路上大膽穿著她的褲裝散步。我們每次只往前移動幾吋，整群人高呼「查——理——」和「自——由——」，偶爾爆出一陣〈馬賽曲〉（Marseillaise）。唱著內容血淋淋的國歌，我們為道路重新鋪上善意。Marchons, marchons, qu'un sang impur abreuve nos sillons（進軍，進軍，讓駁雜的血澆灌我們的溝渠）。要唱這首歌，就要正視它在唱些什麼。衝突的裂痕恰恰就在歌詞裡，那些恐外症和暴力，當我們從先人手中繼承了它，我們可有辦法扭轉它、導引它、重塑它？法國國歌有段歌詞來自兒童的詩篇，內容在說當大人們死亡或離去了，孩子會如何站起來：我們將感到無上驕傲，為他們復仇或追隨他們。天知道今天跟我們走在一起的孩子從中學到了什麼。

這裡曾經有座監獄。這裡曾經有幾間劇院。這裡曾經住了古斯塔夫．福樓拜。在這裡他們曾經嘗試殺掉一個國王；在這裡達蓋爾（Daguerre）拍下了一張照片，那張照片被認爲是現存最早的一張人像照。我拍下了一個穿著長黑洋裝、戴黑帽的女子照片。她罩著紗，靜靜望著人群。她看起來就像從別的世紀來的幽靈，獨一無二，孑然一身——大樓外一個服喪的記號。遊行結束後，我想起了喬治·桑。我走上樓到一個朋友家去，看夜色低垂，伏爾泰大道（Boulevard Voltaire）上成千上萬的人仍在遊行。接著我想到喬治·桑描述一八四八年二月抗爭亡者的送葬隊伍，從七月柱到瑪德蓮教堂滿滿都是人。情景一模一樣，除了我當時所在地是民族站和共和國站之間的大道。

早個幾天，我去共和國廣場看那座象徵共和國的瑪麗安雕像是怎麼變成即興神龕的，那時我也想到了喬治·桑。大理石雕像的底座旁，有著圖畫和用法文、英文寫的標語：「大聲叫出來」、「參加，自由的定義自己下」、「思想自由、寫作自由、流墨水不流血」、「我們在建造什麼樣的社會？」塗鴉、紙筆、鮮花堆積如山，燭光彷彿永遠都不會熄滅。第一晚人們爬上了雕像，攀在上面表態，好像那是座街壘一樣。二〇一五年十一月十三日，又有瘋人朝我們逼近攻擊，我們也齊聚共和國廣場，將瑪麗安綴滿海報和花。當時正式集會遭到禁止，沒有遊行。但我們仍在廣場上見到了彼此，抱了抱彼此。

有天這將成爲一段回憶。

更久之後的有一天，這將成爲一塊告示牌。

然後有天他們會經過牌子，有別的事情要抗議或證明，也許會想起我們。

往東，到了先是成爲蒙帕納斯大道，後又成爲皇港大道的傷兵院大道。i

巴黎・街坊
Paris・Neighbourhood

我正學著怎麼看見。

——萊納・瑪利亞・里爾克，《馬爾特手記》ii

昨天阿涅斯・華達的全套電影作品寄到了。整箱影片至少有兩公斤重，跟一隻小貓差不多大。我是新浪潮（nouvelle vague）最可親的導演的死忠粉絲，著迷於她的才華洋溢和中世紀僧侶的髮型。我看的第一部作品是一九六二年的《五至七時的克麗奧》（*Cléo de 5 à 7*），那之後就迷上她了。全片將一個年輕女人在巴黎四處——主要是蒙帕納斯一帶——走動的行蹤，一分鐘一分鐘照眞實時間走，全拍了下來。那套全集叫《全部的華達》（*Tout(e) Varda*），中間的括號玩著法文「全部」或「挺」的雙關——全部的華達，挺華達的。[iii] 一個星期六下午，郵差在我家附近的咖啡館找到我，便把包裹送了過來。我正和一個朋友吃飯。咖啡館經理見了有趣，說：「這樣收包裹，好方便哪！」

我當下就把包裹拆了。十一片ＤＶＤ，每片有兩部電影，加上一些短片，還有本小冊子，收錄照片和說明文字。另外還有個裝了些東西的小信封，我先擱下了沒看。

回家後我滿腹好奇打開了小信封。結果裡頭裝的是一疊明信片和各種華達紀念小物：

1. 一片裝在紙套裡的ＤＶＤ，叫《阿涅斯的三種人生及諾瓦穆提的幾個寡婦》（*Les trois vies d'Agnès et Quelques Veuves de Noirmoutier*）。

---

i 皇港大道（Boulevard Port-Royal）；傷兵院大道（Boulevard des Invalides）。

ii 萊納・瑪利亞・里爾克（Rainer Maria Rilke，一八七五—一九二六），德語作家，出生於奧匈帝國統治下的布拉格（今為捷克首都）。里爾克創作反為包括德語詩歌、小說、散文，也撰寫法語詩歌。《馬爾特手記》（Die Aufzeichnungen des Malte Laurids Brigge）是其代表作之一，為一部半自傳性小說。

iii 法文字 tout 可作形容詞或副詞。在 Tout Varda 中，tout 是形容詞，Varda 以作者名字代稱作品總和；在 Toute Varda 中，toute 是副詞，由於 Varda 為陰性、子音開頭的字詞，故在 tout 後加上 e 標示詞性，意近「挺有華達的味道」、「十分（有）華達（的感覺）」。

2. 另一片紙套裝的ＤＶＤ，《諾西卡一九七〇：意料之外》（*inédits et inattendus, dont Nausicaa 1970*）。

3. 一張明信片，上頭有個女人光著腳沿著一道牆走路，牆上除了一張撕下一半的海報，光光的。只見她的波浪金髮和微笑的臉。將卡翻過來，上頭寫著：蘇菲亞・羅倫在波瓦—迪瓦爾津（Povoa de Varzim），葡萄牙，一九五六年。

4. 一張印著焗烤莙薘菜食譜的明信片，偷偷動了了一些瑣碎的手腳，諸如：第八步，放入預熱好的烤箱（「就像烤箱一樣黑暗，今晚的天空打扮得像黑小丑一樣」，莫里哀）。

5. 一張明信片，但好像是貼紙的樣子，集合所有華達的長片海報。

6. 一張明信片，上面的圖畫像是會在塔羅牌上看見的那種，一個女人在高塔上望向遠方，揮著一塊紅手帕。上面的字樣說：阿涅斯躲在哪裡呢？她的貓呢？女人的洋裝上有阿涅斯畫的卡通。她的貓倒掛在塔上，卡片下面寫著：「安妮，我的妹妹安妮，你可看見了什麼嗎？」那可憐的女人回答：「我看見兩個騎士，但他們還很遠。」真的有兩個男的騎著馬，朝著城堡過來。可是，如果你有好好看的話，就阿涅斯和她的貓已經在卡片上了。我旋即把這張卡片掛在我的鏡子旁邊。

7. 一段負片，上面有兩個穿紅洋裝的女人，頭上有羽毛飾品。

8. 另一張畫有幾隻貓的卡片，上頭寫說「每個人心裡都有個克里斯・馬克[iv]。」背面有這位已故傳奇電影人（同時也是華達的好朋友）的幾句名言（「電視很棒。電視會動，活跳跳的，像只裝滿小鸚鵡的水族箱。」）；上面還有隻貓名叫埃及的吉列翁（Guillaume-en-Egypte），是克里斯・馬克的化身。牠也有出現在《阿涅斯的海灘》（*Les places d'Agnès*）裡，用數位化的克里斯嗓音配成牠說話的聲音。

9. 塔瑪利製片公司[v]的吉祥物貓咪吱咕咕（Zgougou）的印花圖案。

10. 一塊木頭上面印了一隻手，伸著食指。上面寫著：從誰開始？木頭背面有顆小紅珠。我看懂了，這是某種遊戲裡決定由誰起頭的轉盤，或其實哪種遊戲都可以，靠珠珠轉動手，指到誰就從誰開始。

11. 另一張卡片上面有華達的側面像。她的眼睛是那種眼珠會轉的塑膠眼，鼻子是細銀鍊。卡片下面寫著：「操作指示：水平握住卡片，輕輕搖晃。」輕輕搖著卡片，鼻子那條銀鍊就會跟著動，好像華達在點頭。

---

iv 克里斯・馬克（Chris Marker，一九二一—二〇一二），法國導演、作家、影評、多媒體藝術家。

v 塔瑪利製片公司（Ciné-Tamaris）成立於一九五四年，出品的第一部電影就是華達的《短角情事》（*Le Pointe Courte*）。

這到底是什麼東西？我好奇道，一邊從箱子裡整齊的ＤＶＤ中抽出了《五至七時的克麗奧》，喀的一聲打開影片的珠寶盒，將片子餵進客廳的播放機裡去。是誰出主意把這些東西跟影片裝在一起的？在我的公寓裡，它們恰恰就是我的宿敵，因爲我警覺這個小到不行的空間，已經裝了太多「東西」（這兩個字在此語境中該讀作「垃圾」）。可是我覺得這些小物挺迷人的，挺迷人的。我喜歡想像它們是華達在達蓋爾路（rue Daguerre）上的家，那棟擁擠宅子裡各種小物的復刻品。尤其是那些明信片。

華達和她的明信片。看過幾部她的電影，就會注意到她對那些有魔力的圖像——明信片、塔羅牌、撲克牌、證件照、銀板底片——情有獨鍾。華達賦予了它們（或某些時候，歸給它們）一種冷僻的怪異感。她出道時是個攝影家，也因爲攝影跨進了電影——圖像說話太大聲了，她得給它們文字。但就算當上了編劇和導演，她仍和圖像爲伍。她的影片仍然有許多靜態照片與圖畫，有時她也用眞人建構圖像。在她一九五四年的第一部電影《短角情事》裡有個知名鏡頭，她用菲利普·諾瓦黑（Philippe Noiret）的臉正對上希維雅·蒙佛（Silvia Monfort）的臉，遮住了他半張臉，鏡頭停在兩張臉緊緊貼合的時刻好一下子，黑白畫面如雕像儼然。二〇〇八年，在自傳兼紀錄片《阿涅斯的海灘》裡，阿涅斯表示她看見了一點立體派反映在那個畫面裡，「布拉克[vi]！」

明信片是流浪者閃爍的信號，射向黑暗，昭示著自己的存在。明信片收合了距離。你在一個地方買下了明信片，把它們寄到別處去，它們就是從任何你遊歷的地方被送出的使者。這就是它們的用途。我們深信明信片和地方緊緊相連，使得明信片成了到此一遊的證據。華達就在一九七七年的女性主義音樂片《一個唱，一個不唱》（*One Sings, the Other Doesn't*）裡用了這招。年輕的寶琳（Pauline）向父母撒了個謊，說她需要兩萬法郎跟合唱團去參加亞維儂藝術節，但其實那筆錢是要給她的朋友蘇珊（Suzzane）去瑞士墮胎用的。寶琳在巴黎的一家店裡買了亞維儂的明信片，然後——我猜他們以往有這種服務——讓那張明信片從亞維儂寄到她爸媽手上。同時，這個蘇珊假裝到瑞士去了，其實爲了把錢存起來用，她在巴黎找了地下墮胎。

明信片構成了一個人的個人檔案庫，透過一寄一收的旅行重劃了路線，成爲一個紀念品，或一截窄窄的日誌。卡片背後，我們可能草草記下了對那個地方的印象，純供自己參考，數十年過後被好奇的孫子，或跳蚤市場的陌生人攔截發現。華達會收集她住過的地方的舊明信片，但只在離那些地方越遠越好的所在收購。「在諾瓦穆提買諾瓦穆提的明信片！」她這麼寫：「這哪裡好玩？」來點不一樣的又有什麼好玩？一張在巴黎買的紐約明信片，在東京買的巴黎

vi 喬治·布拉克（Georges Braque，一八八二—一九六三）法國畫家，以將廣告印刷等現成圖文製品融入繪畫的「拼貼」技法（collage）著名。

明信片。有一次，我在紐約買了個有紐約州外型吊飾的項鍊。我媽媽看見了說：「這會不會有點蠢？」「反正她又不會在這裡戴，」我妹妹接道：「她會在巴黎戴，在巴黎這就不會怪了。」

有些東西要剝除原有的背景，才會顯出道理。

*

片子開始了，開場鏡頭跟一桌塔羅牌一起展開：克麗奧在等待健康檢查的結果出爐，擔心最壞的事情會發生。重度迷信的她，選擇相信科學之外的知識。影片一開始她就如坐針氈，除了算命間，她哪裡也不想待。她內心有些地方不正常，而這份輕微的異常爲影片的後續打下了基底。算命師說她正在攤開來的牌中找尋克麗奧：「有你在場，這些牌的訊息比較明朗。」接著她抽出了一張卡片，上頭的女人站在一間富麗堂皇的仿路易十五世客廳裡，客廳裡有燭臺、垂簾、精工桌子和畫框。這是個上流貴婦，不然就是個高級交際花。[1]她身後掛著兩道絨布大簾，彷彿置身舞臺。但塔羅牌裡並沒有女演員卡，也沒有妓女卡。她有可能是女皇帝，根據傳統的解釋，這代表女性的力量、重生和連結，並「透過大自然有著更高層次的意識」。女皇帝也可能代表世界本身，因爲世界總是用女人的形象來象徵的，這樣一來也能讀成有旅行或發現的可能，對過去做個總結，開新章節。

算命師說她看見了「離開，一趟旅程」。

算命師：這很難講，我們得洗牌重看。

第二次抽牌帶來了一個驚喜：一個年輕男子，健談風趣。「啊！」算命師警告道：

算命師：……可是會出岔子，我看見了驚嚇，一場突如其來的什麼，那是你生的病，你把它看得很重。

她告誡克麗奧不要小題大作，換一張牌，等一等再看。克麗奧抽到的下一張牌是死亡卡，她害怕得泣不成聲。算命師要她放寬心，告訴她死亡卡預示的不一定是死亡，也有可能是深層的轉變。克麗奧將卡片灑了滿桌，說她受夠了，在她抽血時她就一清二楚了。雖然她眞的傷心欲絕，但她的淚中有絲做作。

鏡頭隨著她走出算命師的公寓，緩緩拍著從裡向外的轉移。樓梯旋了好幾層，通向大馬路。華達放慢了這一鏡的腳步，剪了剪，剪接向了克麗奧的臉（跳接：像電影裡的換行）。我按了暫停，把這一幕重看了幾次，數著剪接的次數，想搞懂她的臉往畫面前一跳再跳，是哪裡有意思。我想，這有意思是因爲顯現在她臉上各種情緒的細微差異。這並不是同樣的鏡頭重複很多次，如果眞是的話，它們並沒有被均等剪輯。我之前從來沒有注意過，但這部電影某個程度上關注的，就是推移與中斷造成的效果——法國人管這叫落差（décalage），這樣叫不無道理，因爲眞的有人活在各種落差裡。

這就是華達電影吸引我的地方，就算她的鏡頭靜止不動，她的圖像靈活有力，時時在移動。《短角情事》因爲刻意讓演員以一種平板疏離的手法念臺詞，看上去有點僵，甚至學院氣，整部電影傳達的視覺訊息，跳出了世界上既有的各種手法形式之外。這在華達本人身上也可見一斑：就算鏡頭瞄準的是同一個地方，她也能在那裡找到無數個他處。「我覺得人是由地方構成的，不只是由他們長大的地方，還有他們愛過的地方。我覺得環境住在我們身體裡。」在一九六一年的一場訪談，她說：「瞭解人，會讓你更瞭解地方；瞭解地方，會讓你更瞭解人。」《五至七時的克麗奧》裡，她便探討了街坊社區對克麗奧有什麼樣的影響力，但這並不是停滯的靜態的討論，而是觀察克麗奧內在某種特質，如何因爲她出入社區的街頭巷尾而轉變，如何因爲街頭巷尾與她擦身交錯而轉變。

*

那部電影拍攝於一九六一年。那年有淘金合唱團（The Tokens）唱的〈獅子今夜沉睡〉（The Lion Sleeps Tonight）、雪莉兒合唱團（Shirelles）的〈你明天可會不會愛我〉（Will You Love Me Tomorrow）和迪奧（Dion）的〈花心亂跑的蘇〉（Runaround Sue）；那年在漢堡（Hamburg）有四個利物浦小伙子在錄他們的第一張唱片。法國的流行歌榜上則有黛利達（Dalida）和尚·費拉（Jean Ferrat）。「耶耶音樂」[vii]正要嶄露頭角，成爲主宰六〇年代法國的流行曲風。那時的電影則有《去年在馬倫巴》（*Last Year at Marienbad*）、《夜》（*La Notte*）、《天涯何處覓知音》（*Splendor in the Grass*）或《西城故事》（*West Side Story*）。傅柯出版了《瘋癲與文明》（*Madness and Civilisation*）；法蘭茲·法農（Franz Fanon）則有《大地之不仁》（*The Wretched of the Earth*）。戴高樂（仍然）執政當權，法國經濟大好；阿爾及利亞則從一九五四

---

vii 耶耶音樂（Yé-yé music）的yé-yé，拼法來自法文化的英文「yeah yeah」，由六〇年代一群法國女歌手帶動的流行文化潮流，可以參考法蘭絲·蓋爾（France Gall）〈不要那麼蠢〉（Ne sois pas si bête）、〈蠟娃娃·音樂娃娃〉（Poupée de cire, poupée deson）或〈寶貝普普〉（Baby Pop）；吉莉安·希爾斯（Gillian Hills）的〈啾啾親親〉（Zou bisou bisou）、〈我的第一根菸〉（Ma Première cigarette）；香黛兒·凱莉（Chantal Kelly）的〈沙堡〉（Le château de sable）。她們多半頂著一頭金髮或翹翹中長鮑伯頭，打扮俏麗，甚至有日系甜美的傾向。耶耶曲風融入英式搖滾的節拍音樂（beat music），內容入時，有時探討叛逆性和女性意識。

年開始一直在爭取獨立，直到隔年，一九六二年，他們才會成功。華達小心將這些大事置入了克麗奧的故事背景。有一幕在計程車裡，克麗奧聽見廣播新聞說阿爾及利亞有群法國將領，因為軍事政變未遂而被判有罪，當地示威遊行有二十人喪生；普瓦捷（Poitiers）當地有農民抗議事件；聖納澤爾（Saint-Nazaire）則有勞工抗議。

高達和楚浮一幫人正在推展一種特屬巴黎街頭的電影視野，[viii]在當時既現代又上相，但同時又有點懷舊。不過對現在而言，這大抵上就是懷舊的。快速穿梭的車子和排山倒海的廣告，讓人覺得世界正在急速運轉。「現在」的感覺，彷彿只是數個老去的「當下」，連和自己本身都有落差。高達的製片人想要乘著前一年《斷了氣》（*Breathless*）的成功打鐵趁熱，推出另一部有類似新浪潮美學的電影。他想要一個像高達一樣的導演，可以拍出好看的巴黎，讓冒險在那裡發生，同時保持預算便宜。高達推薦了華達。華達提的案子是一部較短的片子，關於一名出了數首熱銷單曲的年輕女歌手，等待健康檢查結果出爐的同時，憂心忡忡在巴黎遊蕩了兩小時，最後遇見了一名即將收假去阿爾及利亞的士兵，他安慰了她一番，讓她不再過度恐懼。

為了省錢，華達決定在一天內拍完片子，在一九六一年三月春分那天，在巴黎由冬轉春的時候，此舉賦予了作品亞里斯多德式的完整性[ix]，勝過了高達。但很可惜的，當時所需的經費一時喬不攏，所以他們決定把拍片延到六月二十一日的夏至——一年中白晝最長的一天。後來，華達一點也不後悔。

那部電影總共有十三個章節。從下午五點到七點（更精確來說，華達開了一個技巧上的玩笑，從快要五點到六點半），克麗奧花了一下午在巴黎永無止盡的噪音髒污和八卦裡，踅進踅出。在那十三個章節裡，克麗奧從第一區開始，晃蕩到第十三區結束，造成了一個漂亮的對稱。

多年之後，華達曾問：「所以那時，巴黎對我而言到底代表著什麼呢？」

對大城市和潛在危險的莫名恐懼。我怕在那裡失去自我，孤伶伶一個，備受誤解，子然無依。當然，這些想法有點土包子，而且大多是從書上看來的。我記得里爾克有本書，裡面就有這樣的角色，一副失魂落魄的樣子。我記得在路上看見老人和獨來獨往

viii 高達（Jean-Luc Godard，一九三〇—）與楚浮（François Truffaut，一九三二—一九八四），皆為法國著名導演，法國新浪潮代表人物。

ix 亞里斯多德式的完整性（Aristotelian unity），典出亞里斯多德《詩學》（*Poetics*）第七至八段。亞里斯多德認為悲劇模擬的事件必須具備完整的結構和宏大性。完整的結構包含一個未必需要前置事件來交代，又能引發後續事件的開頭；一個結尾，相反地，是一個未必需要包含後續事件，但又能收束前開事件的點；而中段則是開頭與結尾之間，承先啟後的部分。在這個結構的定義下，亞里斯多德認為好的（悲劇）作品要能掌握適中的長度，故需要巧妙拿捏頭尾，讓作品選擇出的時段（譬如在讓戲發生一天之內），有辦法呼應呈現整部故事交代的來龍去脈。詳見：Aristotle, *Poetics*, trans. by Stephen Halliwell, Cambridge, MA: Harvard University Press, 1995), 56-59。

的人，看見街頭藝人表演詭異的才能（諸如穿刺他們的手臂、吞青蛙）。這些細碎的恐懼很快聚集成了對癌症的恐懼，像六〇年代每個人都會擔心的那樣。

《五至七時的克麗奧》混合了這種對城市的「莫名恐懼」和對死亡威脅的明確恐懼。華達想到了北方文藝復興時期畫家巴爾東．格里恩的幾幅作品，畫中的年輕女子被嚇人的骷髏所擄獲。[x] 衰老、死亡與疾病威脅著畫家德國模特兒的金髮胴體，骷髏頭染指她們裸露的肌膚，或不懷好意地扯著她們輕飄飄的裙擺和細緻頭髮。爲了要將這份死亡的恐懼轉譯到電影中，華達說：「我想像有個角色在城市裡行走〔……〕提心吊膽怕得了不治之症。屆時美麗就並非保護罩，不是鏡子，也不是別人看待我們的方式，對不對？」她想像有個年輕歌手名叫克麗奧，克麗奧佩托拉（Cléopâtre）的小名，但（後來我們才知道）她眞名其實叫佛羅倫斯（Florence）。克麗奧，一個耶耶女孩（yé-yé girl）的原型，金髮往上反梳上綁，大圓眼睛，水蛇腰細得匪夷所思。華達說克麗奧是個「陳腔濫調女（cliché-woman）：修長好看，金髮迷人。」而陳腔濫調（cliché）在法文裡，原也是相片的意思。

華達曾經解釋：影片中感人的地方是克麗奧從一面圖像成爲一個主體的旅程，從「被觀看的客體」轉爲「觀看的主體」的主軸。她一開始收到的目光，是讓她覺得自己漂亮、吸引人的支柱，但經過一下午的城市遊盪，她找到另一種獲得肯定的方式。由於死亡的意識和美貌即將衰敗的威脅，她對家裡附近的尋常景色投以新的眼光。她拋去原本揉合外人眼光的自我，找到一種平靜的自我意識。城市不讓她自我陶醉，迫使她向外注視。

當克麗奧停止純然以別人看她的方式看待自己，鏡頭也不再只從外界的角度拍攝克麗奧，開始由她的角度呈現世界。這部影片明確挑戰了一個觀念：女人無法像男人般隱姓埋名地大步在街上走，把各種好戲盡收眼底；這樣的觀念認爲，女人就是那場好戲。能投眼觀看，而不只是現身亮相，是女人在城市中享有自由的起點。

在影片中，當那份自主性眞的萌發了，克麗奧便從鏡頭中消失了，這是她眞正開始觀看的時刻，而不只是處於被看的畫面。華達她自己則帶著這份自由，又向前跨了一步（原諒我玩的雙關）。我們想像華達很有可能就在鏡頭背後，就算機器不是她親手操控的。我們可以感覺到華達坐鎮決定鏡頭要往哪裡走，鏡頭要在何時捕捉什麼畫面。看見一個漫遊女子在鏡頭前有所

x 巴爾東·格里恩（Baldung Grien，約一四八四—一五四五），德國畫家與版畫家，丟勒（Albrecht Dürer）門下高徒。文中指的畫作可能是《女人的三種時期與死亡》（*Three Ages of the Woman and the Death*）或《人的三種時期與死亡》（*Three Ages of Man and Death*）。在西洋藝術史傳統中，並置美好人體與骷髏的圖像母題，通稱為vanitas，或能用拉丁諺語「記住你將會死亡」（Memento mori）代稱。巴爾東·格里恩被引用的這兩幅畫中，骷髏頭都持有沙漏，是流逝「時間」的象徵。

轉變，是件鼓舞人心的快事。不過呢，克麗奧踏出去的每一步都提醒著我們：鏡頭後面有個人。

這部電影有可能在別的地方拍嗎？在倫敦？還是東京？也許吧，但那就不會是一樣的了。巴黎是一座鏡子的城市，四處都是鏡子——在樓房的大廳，在街上，在建築的四周（那有可能是讓路人以爲是鏡子的單面窗。我老想著，屋裡的人成天只消嘲弄那些愛美的巴黎人，路過窗鏡時向裡頭不經意瞟一眼。這也是爲什麼我刻意不朝裡頭看，免得屋裡有人注意到了，還要品頭論足一番）。巴黎就是上相，幾乎沒有什麼角度是壞的，而且時時準備好讓人拉近特寫。就連在露天咖啡座的人們也是種鏡子，看著行人在面前經過，他們臉上會閃現讚許或反感，或漫不在乎。[2]

至少在影片的前一大半，克麗奧每走一面鏡子前面，都不羞於停下來孤芳自賞。就連拂袖離開算命間那裡，她也在一樓大廳的鏡子前留步了，自我安慰反正她只要長得好看，就會沒事的。「醜就是一種死亡。只要我是美的，我比其他人都要有生命十倍。」

她一步入咖啡館，背景的聲響也跟著從大街上換到室內，從車水馬龍的喧騰到喊喊喳喳的人聲。她精神有點恍惚，好像不大確定自己到底要往哪裡走。接著她找到了她的指導老師／特助阿涅勒（Agnèle），淚如雨下。阿涅勒喚著我的小妹妹，解開了她的腰帶，遞上了手帕到她鼻前。她們離開了咖啡館——飲料是店家請的——回家彩排音樂表演。半路上，克麗奧看上了一間帽子店櫥窗裡的絨毛小帽。她進店試戴了裡頭近半數的帽子，那些款式連在六〇年代都會顯得荒腔走板。有一頂戴在她已經很像癱軟海星的髮型上，像隻躺在海星上的海星，有一頂從頭上垂下一堆羽毛鬚鬚，還有一頂像小飛俠帽一樣尖尖挺著（華達對女人的時尚明開著一個大玩笑）。「Tout me va.」克麗奧欣慰地感嘆：「我戴每頂都好看。」我們從店外透過窗戶看著她，城市投影在櫥窗的表面上，也在帽子店的鏡中。這些畫面從圍繞克麗奧的反射鏡像，緩緩成爲一個自有生命的角色，和克麗奧同臺演出。

*

郵差願意直接上鄰近的咖啡館來找我，華達應該會喜歡這點——這麼做很有彈性，很有小鎮風氣。很有城區味兒。這就是你想像中優雅悠哉的巴黎社區該有的作風。

他們說巴黎是由一千個村落組成的。其實這也是個行政上的事實。每個城區都有各自的區政廳，各自的地方政府。每一個迷你社區都有自己的市場、自己的不二價超市（Monoprix）、自己的法蘭價超市（Franprix）、自己的郵局、自己的大銀行分行和自己的大品牌分店——這麼講可能會有爭議，不過，城裡的每個村子很雷同。後奧斯曼式的螺旋狀城市規畫證實了這個印象，彷彿第一區就是其餘城區的楷模，一個接著一個向外螺旋排列，自我複製，直到和邊陲接壤。

就算每個社區表面上看起來實在是很像，它們還是有各自的氣氛。你一離開自己的社區就能察覺：你感覺得到。我記起喬治．培瑞克寫他有次在城裡散步，說他不用看小藍路標就可以察覺社區換了；他說，這種敏感度把巴黎人和拜訪巴黎的人區分了開來。情境主義者也有同樣的見解：「在街上沒幾公尺遠內氣氛驟變，城市如此清晰地被劃分成氛圍各異的區塊。」[3]

有些事情只會發生在你的社區，在其他地方則不然，這造就了一種群體感。我也許不認識和我同住一棟樓的人，但我認識賣水果的先生、賣酒的先生、坐郵局櫃檯的女士、藥局的女士，還有所有半徑五分鐘腳程所及每間咖啡店的老闆（至少有四家）。我想這在世界上任何一個街坊社區都應該是這樣，這就是社區的定義。但當這發生在巴黎，感覺就格外特別。也許是因為大家隨時脾氣都很差，和氣的時刻便格外顯眼暖心。我這樣覺得有可能因為我是個被收養的巴黎人，像新皈依的教徒一樣熱衷地愛著這座城市。但也有可能因為這讓我有家的感覺。

培瑞克說那樣的暖感是「基於需要而擺出假惺惺的好臉色，商業主義梳妝打扮的方式」，可他從來沒有搬到外國去過。[4]如果攸關生存，就沒有什麼假惺惺不假惺惺的問題，你得用些方式才能營造出一個社區來。當人們釋出的訊號超出了需要的範圍，街坊味就慢慢飄出來了。

像有一次有個住我樓下的女人跑來敲我的門，手裡捧著一個冷鹹派，問我可不可以借用一下烤箱（她的正巧壞了）。這大概就是法國都會版的「可否借用一杯糖」，或「借用一下你們家割草機好不好」。

街坊鄰居對華達而言重要非凡。雖然她來自比利時，但她是一個非常巴黎的導演。一九七七年她住在十四區的達蓋爾路（rue Daguerre）一帶，給她家的鄰里拍了部紀錄片，片名叫《達蓋爾印象》（*Daguerréotypes*）。鏡頭替我們引薦了在那裡生活和工作的人們：麵包店的、手風琴店的、雜貨店的和肉鋪的，我們時常透過商店的櫥窗看見那些人。或有時候，華達請他們講講他們過的日子、做的事、從哪裡來。她用配音在一旁說：「十四區的每個人都是從別處來的，那裡的人行道有著鄉下的味道。」

十四區是巴黎左岸三個外環城區的其中一個，南邊和郊區（牆外的巴黎〔Paris extra-muros〕）接壤，西邊則有通向蒙帕納斯車站的火車軌。蒙帕納斯大道將之與巴黎其他城區分成南北兩半，那條路上簇擁著咖啡館、電影院和可麗餅攤，慢慢接到氣派的皇港大道。十四區東界是健康路（rue de la Santé），名字來自路上一座惡名昭彰的監獄（曾經關過尚・熱內[xi]）。

xi 尚・熱內（Jean Genet，一九一〇—一九八六）法國作家。

那座監獄的位址在十七世紀之前本來有座醫院，但在一六五一年，醫院遷到了今天聖安妮醫院所在的地方。十四區也些像觸手一樣的長路，譬如緬因大街（avenue de Maine），好像永遠沒有盡頭一樣。和十四區碰頭的，有過去破落，今天時髦的第六區；過去破落，今天沒那麼破落的十三區；還有過去破落，今天優渥的十五區。四處駐滿了醫院——柯相醫院（Cochin，我有一次在那裡動手術）、聖安妮醫院、拉赫胥傅柯醫院（La Rochefoucauld）、聖約瑟夫醫院（Saint-Joseph），族繁不及備載。就連監獄也叫健康（Santé）。克麗奧在電影接近尾聲時，站在十三區的醫院大道（Boulevard de l’Hôpital）上說道：

克麗奧：這區醫院眞多。感覺在十三區和十四區受到的照護會比別處還多……[5]

華達在一九五一年搬到了達蓋爾路去住，那時藝術家的工作室在蒙帕納斯比比皆是。她是個年輕攝影師，難怪會喜歡那路名所指的路易．達蓋爾（Louis Daguerre），他是發明早期攝影法的人。她在公寓的生活十分艱辛，前三年除了一只煤爐子之外，沒有供暖，室內連廁所也沒有，也沒有電話，華達得將就充用附近小酒館的好心收發電話。但那棟房子有個小中庭，之後等她接手整棟房子，就把那裡整頓得舒服多了。華達的先生賈克．德米（Jacques Demy）是個製片家，一九五八年時在那裡住了下來。很快地那裡變成了他們在巴黎的基地，許多片子是在那裡拍的，許多朋友會上門來聚會。在一九七五年合法化墮胎的維伊法案（the Veil Law）[xii]通過之前，華達說她和德米曾兩次把屋子借給別人進行地下手術。她現在仍住在同一個地方，甚至還開了一個店面，可以在那裡買到她的電影DVD。

克麗奧也住在蒙帕納斯。她和阿涅勒叫計程車回家時，給的住址是輝根路（rue Huyghens）六號，往北可以通到拉斯帕耶大道（Boulevard Raspail）去，那條大道是蒙帕納斯的重要幹道，南緣接上蒙帕納斯墓園。計程車司機是個女的，讓她們頗感興趣：

克麗奧：那在晚上，你晚上不怕嗎？

計程車司機：不，我不太怕。

那司機說：她有次和一群坐霸王車的小鬼大吵一架，但後來把他們攆走了。這司機簡直是個開車的漫遊女子——她對城市瞭若指掌，完全獨立，而且懂得怎麼捍衛自己。

---

xii 西蒙・維伊（Simone Veil，一九二七年—）法國律師與政治人物，於季斯卡（Valéry Giscard d'Estaing）總統時代曾任衛生部長。她是奧爾什維茲集中營生還者，也是法國一九七五年墮胎合法化的主要推手。

當司機問她們介不介意她打開收音機時，克麗奧回答：「您就當在自己家吧！」在她的計程車上，無論開到哪裡去，都像在她自己家一樣。她是克麗奧在影片中注意到的第一個獨立女人。阿涅勒覺得這司機勇氣十足，別具啓發性。克麗奧呢，則因為還沒有開始她自己的旅程，不這麼覺得。

在她長長的電影生涯裡，華達家的鄰里被她拍攝的次數多到讓影評羅傑・艾貝爾（Roger Ebert）笑稱這個導演是「蒙帕納斯的聖阿涅斯」（Saint Agnès of Montparnasse）。在她爲短片《善變的獅子》（*Le Lion Volatil*）錄的評論裡，她面向鏡頭，背後有一牆壁的塔羅牌。她一邊說話一邊洗著一疊明信片，接著對著鏡頭呈現了一張有貝爾福特之獅的明信片。那是聳矗立在丹費爾—羅什洛圓環中心的巨大雕像，是貝爾福特沙岩雕像原作的複製品。雕像的作者是奧古斯特・巴爾托第（Auguste Bartholdi），爲了要紀念普魯士軍隊一八七〇到七一年圍城的事件，這也讓那隻獅子成了十四區象徵自由的雕像，是等同自由女神的地標。巴黎在一九三三年發行了一則問卷，調查如何美化城市裡的紀念物。安德烈・布勒東回答說：「給貝爾福特之獅叼根骨頭，轉個向，讓牠面朝西邊。」華達在影片裡照做了。故事是關於算命學徒和一名在地下墓穴（the Catacombs）工作的神秘男子之間的愛情。把一隻明信片上的出名獅子朝西邊轉個幾度，是華達愛搞的微調。

華達常常這樣走在鏡頭前面，要不身爲敘事者、主角，要不就是旁觀的人。除了在《阿涅斯的海灘》裡有一幕，她打扮得像顆馬鈴薯一樣。她長相十分好記：五短身材，長鼻子（我也是），把世界一網打盡的大眼睛，臉上永遠是副洞悉一切的表情。不過最受大多數人注意的還是她的髮型，從一九五〇年代開始她就頂著同一個碗狀髮型到現在——介於中世紀僧侶和聖女貞德兩者之間。一開始是黑的，頭髮灰了時，她便將之染成明亮的茄子色。《阿涅斯的海灘》演到一半時，這變得愈發特異了。等新頭髮漸漸長了出來，她便在頭頂上留了一圈灰白的髮冠。這就更像僧侶了，像那種把頭頂剃光，只留下四周一圈頭髮的。

這樣的染髮方式，不是要掩飾年紀或變換髮色，而是以令人拍案、接近龐克的一種手法來強調人造性。要說她的電影做的也是同一件事，並不爲過——結合自然主義的說故事模式和紀錄片手法，揉合事實和虛構，並指出來給觀眾看。她拒絕受故事、形式、類別或頭髮顏色的約束。

有很多年來我住在皇港大道的另一端，但那個地段和社區並不是我選的。我搬去那裡爲的是要靠當時住在慕法達路（rue Mouffetard）上的男朋友近一點。我大多數時候在他家過夜，而我家被租來充當辦公室兼儲藏室。那是在我們找到合住的公寓前，可以安放我所有東西的地方。等他接到了東京的一份工作搬了出去，那裡就成了我在巴黎的主要住處。我不去日本找他時，便住在那裡。一開始那裡的街坊感覺屬於他的領域，但久而久之，我似乎開始繼承了這個領域。我們分手後，這地方還是我的家。不把我長大的家算在內，和其他地方比，這是我住過最久的地方，住了整整八年。

我們怎麼選擇自己的窩，是件奇妙的事。我們住的社區透露了自己的什麼特質？街坊鄰里的價值是什麼？我的街坊是面鏡子，反映了我過去所做的各種抉擇。挑段路來走，看路會通到哪裡去；挑個題目來發展，看它會長出什麼。可以確定的是，你無法預料途中會發生什麼事，這就是華達版的電影漫遊。即使她對達蓋爾路上舒服的巢穴愛不釋手，她還是個流浪的人，也是個流浪的導演。她曾經跟著她的拍攝對象，一路從洛杉磯、古巴，拍到伊朗，鏡頭下都是嬉皮、安迪．沃荷的謬思女神、黑豹黨人[xiii]、共產革命分子和女性主義民謠歌手。就連她最新一部電影，一部名叫《三顆鈕扣》（*Les Trois boutons*）的短片，裡頭的年輕女子在巴黎的達蓋爾路上漫遊，找尋她想要的生活，同時鈕扣從她衣服上一顆顆掉了下來。華達對物件以及人散發出的靈感毫無招架之力，她自己在《阿涅斯的海灘》裡出入巴黎的舊物店，獵奇探勝。「我喜歡跳蚤市場。」她對著鏡頭說。你永遠不知道會在那裡找到什麼，也不知道那些東西之後會怎麼改變你計畫好的軌道。二〇〇〇年時她拍了部紀錄片，講的是收成後在地上撿拾剩餘食物的古老行業，題爲《拾穗人與拾穗女子》（*Les glanneurs et la glaneuse*）。

我說她是個漫遊女子（flâneuse），她自稱爲拾穗女子（glaneuse）。

她奉好奇心爲嚮導，循著面前的線索一路追下去，因此她拍的影片，以紀錄片爲最，多半搜羅了各種觀察以及不期而遇的機緣。在《阿涅斯的海灘》中，她造訪了位於布魯塞爾的兒時故居，現在住在那裡的是一對她素昧平生的夫婦。她到了那裡，想看的是以前她的床擺設的地方，還有她姐姐妹妹的床位，可是那位丈夫（一個即將退休搬到鄉下去的先生）只想給她看他蒐集的火車。於是她便將計就計，拍下他得意洋洋秀出各種火車的樣子：送牛奶的、送信的、載人的。他說這加起來要兩百萬比利時法郎，自認是個火車的業餘愛好者，還發明了一個字，自稱是 férrovipathe（鐵道迷），英文最好的翻譯大概就是 trainophile。華達在鏡頭後面低聲回應，複誦各個詞語，顯得被事情的轉折娛樂了一番——她在追索童年，結果撞見了一個模型火車迷。這導致她開始去想其他種類的火車，還有其他旅行，並非緬懷好時光，想的是那些受到逼迫而非自願出發的旅程——阿涅斯快要十二歲時，她全家「在槍林彈雨和救護車的呼嘯聲中」離開了布魯塞爾。那位住在她兒時故居裡的鐵道迷沒有列在原訂路線裡，但他卻成爲了那條路線。

---

xiii 黑豹黨（The Black Panther Party，簡稱ＢＰＰ），一九六〇年代至八〇年代活躍於美國的黑人民權運動團體。

*

所以我們就跟著克麗奧上了計程車，從後座窺見巴黎的一鱗半爪——幾段河、幾座橋、幾間教堂、幾個公園。等紅燈時，克麗奧在聖日爾曼大道上的藝廊櫥窗裡看見了兩次非洲面具。車子周邊圍滿了美術學院（École des Beaux-Arts，華達的學校）的學生，也罩著面具在慶祝六月二十一日。他們搞著某種有狂野原始感的儀式，又是搖著車子又是敲窗戶。克麗奧開始覺得惴惴不安，而且暈車了起來，好像每一記碰撞、每一陣搖晃都要把她內在的什麼給搖將下來，一些她努力把持住的東西。她們在拉斯帕伊大道和輝根路的交叉停了下來，克麗奧到家了。她穿過中庭，走向一座很蒙帕納斯的獨棟宅子閣樓（在現實世界中這個地址住的是艾彌爾．勒忍〔Émile Lejeune〕，前鋒派六人樂團〔Le Six〕的畫家朋友）。她們怎麼在電影演到一半的時候回家了呢？怎麼不從家裡開始然後往外跑？

她的套房看起來像是童話裡帶有魔法的地方，和外頭的現代城市迥然不同。每樣東西都是白的，角落有座四柱大床，小貓在地毯上嬉耍奔跑。

克麗奧：我喘不過氣來。

她一進門就這麼說，一邊脫衣，最後只穿件連身襯裙。她的情人荷西上門來看她，她把自己強塞進一段感情，不管男方付出多麼少（他有老婆嗎？有的話我不會多訝異）。如此一來，她的生活彷彿被往內壓縮，見到他時整部電影的世界只剩下那張床。這看起來是華達故意營造出來的，不只是要說克麗奧是個高級妓女，臥房是營生辦事的地方，還要表現出克麗奧把自己當作荷西的洋娃娃，結果使得自己動彈不得。

她的作曲家鮑伯，要她唱他爲她作的新曲子，而她搖搖欲墜的內在也眞的墜落了。那首歌很美很有附著力，也很有樂葛洪[xiv]特色。樂葛洪也因爲之後替德米電影《秋水伊人》（*The Umbrellas of Cherbourg*，一九六四年）創作的音樂而聲名大噪。

克麗奧：（唱）沒有你，我就是幢空樓房
沒有你，我就是個空殼，摸索著
沒有你，我把自己包覆在的皺紋裡
如果你來得太晚，

xiv 米榭爾・樂葛洪（Michel Legrand，一九三二——）法國音樂家、作曲家，曾為新浪潮時期數名法國電影導演作曲，包括華達、德米以及高達。

我會被他們埋葬：
醜陋寂寞，滿臉蒼白，沒有你。6

鏡頭對著她越拉越近，直到周圍的房間都消失了，只剩克麗奧的臉襯著黑色的背景，使她陷入一道視覺的深淵中。克麗奧彷彿遁入了另一個與眾不同的心理空間，她徹徹底底沉進了那首歌裡去，唱到潸潸淚下，接著她抓起狂來，斥責音樂家。

克麗奧：你讓我心神不寧，這是要剝削我……我要獨處！

她摘下了假髮，露出了自然的金色鮑伯頭，換上了一襲黑色的洋裝和新帽子，出了門去。她被那首歌逼出去了。電影恰恰演到一半。

這也許就是她先折回家的緣故。華達需要把電影切成兩半，表現出城市裡兩個不同的克麗奧。那首歌所蘊含的孤獨囹圄和拋棄，是她轉變的關鍵。只要她還是漂亮的——或滿足了某種審美標準，人們仍會看她。只要還有人看她，她便存在，也不孤單。她的美貌受到疾病的威脅，她之後又會在哪裡呢？沒有你，一個人。那首歌就像那些塔羅牌一樣，似乎詭秘地預告著未來。她完美的妝容、那身束腰加繫帶，加上戴假髮的流行偶像姿態，其實是個面具。但克麗奧事實上是誰，誰是面具下的人，她自己不得而知。她得在卡片裡找尋自己。

*

描述克麗奧這個角色怎麼起頭的時候，華達說她受到了「里爾克書裡一個在城市無所適從的角色」的影響。她無疑在說里爾克唯一的一本小說《馬爾特手記》（一九一〇年）。這部二十世紀的經典敘事講的是一個潦倒的年經丹麥詩人，在巴黎遊蕩，想從事寫作。《手記》是場關於疾病、死亡與命運的哲學沉思。馬爾特開頭幾句話就對城市感到幻滅：「這就是大家跑來住的地方嗎？我覺得這更像是人死去的地方。我在外頭四處走著，看見了醫院，看見了滑倒摔跤的人。其他人圍了上來，便讓我看不見事情的後續了，不管後來怎麼樣。我看見一名孕婦，沿著高而火熱的牆壁吃力行走，不時摸著那道牆，確定它還在那裡。對，它還在那裡。」

里爾克說的那面牆，其實是皇港大道上雅惠谷（Val de Grâce）軍醫院的外牆。我知道那道牆，它離貝托列路（rue Berthollet）有一個街區遠，如果你在那端左轉，然後在第二個路口右轉，你就會到我的舊家去。好幾個晚上，我回家經過那道牆時，順便看看巴洛克禮拜堂的圓頂，金閃閃襯著夜空濃稠的海軍藍。我很珍惜可以隨時隨地經過這片景色。從里爾克的時代到里爾克寫到它之後，那座醫院經過了整修，是個六〇年代的產物：混凝土方塊，那種世界上到處都有的——醫院建築的普世語彙。不過門面上有些軍徽，我經過時不免好奇——是說裡面的人都當兵的嗎？還是老兵也算？這間醫院強項是什麼？公家的還是私人的？服務不錯還是爛爛的？（如果你不是眞的當地人，這些事情你是不會曉得的。）還有標示寫著：訪客停車許可時段：下午三點至晚上八點。我有沒有看錯啊？

以前我一天會經過那道牆兩次，一來一往去十六區教課。早上爲了省時間，我會坐九十一號公車去蒙帕納斯車站，搭我最愛的六號線地鐵，因爲當它到了十五區從地下探出地面時，奧斯曼式的建築便會映入眼簾，接著過河到帕西（Passy）去。過河時，我喜歡站在車窗邊看艾菲爾鐵塔映入眼簾，近看上去龐大無比。我也會試著瞥一瞥遠方的聖心堂，座落在它的山丘上。如果早晨起霧，什麼也看不見。到了下午，我會在蒙帕納斯車站下車，花十五分鐘走回家，晴雨都一樣。

現在往回看，我能在那面餅乾色的牆上看見過往的自己映在上面，在牆的質地和顆粒裡，在堆積於內嵌孔縫的灰質裡。會一直是這樣嗎？我自問道：感覺這會一直持續下去，好像我在十六區教書，家住第五區的日子會一直過下去，在往後的人生中天天經過雅惠谷。我求之不得。那樣的動線——那份工作、那棟公寓和那一帶——正是我到巴黎後夢寐以求的生活。我有朋友，也有男朋友。我喜歡我的工作，喜歡我的家，也喜歡去上班的路。

現實可沒辦法天長地久。那份工作其實是兼職，沒有辦法保證可以一直做下去。我的簽證和工作權，加上那份微薄的薪水很快就會到期。我男朋友住到東京去了，這段關係看起來不妙，從一開始就註定這樣了。我對它投射一種需要感，直到我再也無法捨棄它時，我也看不清那份需要感下面還有些什麼了。這道謎題的每個部分都是精心拼湊起來的，而且我殺氣騰騰地捍衛著它。我得這麼做。因爲每個部分——請容我混雜不同的譬喻——都覆蓋著一道傷口。我自己就是個混雜的譬喻，一個想定下來的流浪者。

當我家那棟房子開始整修時，一切也漸漸龜裂了。外面架起了金屬鷹架，我臥房的採光因此被擋住了。工人不時出現在陽臺上敲掉外牆的灰泥塗料，這讓我的狗失控狂叫，一吠就是好幾小時。粉塵飄進了屋裡，他們爲了移除窗戶油漆燃燒的煙霧讓我很不舒服，我頭痛和嘔吐了好幾小時。最後我搬進了一間旅館。接著不出一星期，和施工無關的樓上屋子漏水了，因此浸濕了我廚房的牆壁，並鬆脫了固定壁櫃的裝置。壁櫃垮了下來，我的每一面盤子、每一瓶香料和一罐蜂蜜通通碎成一大坨黏搭搭、灰撲撲、香噴噴的雜碎。我好想好想尖叫，叫到有人來把我抬走。這樣我就可以變成別人要扛的責任了。我辛辛苦苦建立起來的一切，好像被抹得一乾二淨。

世事難料。世事難料。你千辛萬苦堆起來的塔，能在頃刻間化爲烏有——雖然那些並不是最重要的東西。我來到這裡時，手裡就一只行李箱，所有移民都是這樣。你初來乍到時，搖疑不定，一閃一滅，沒有任何背景托住你。很快地你就能用新東西和新人格，層層包裝自己。但你將就此一直處於高度敏感的狀態中，好像時時都被端出來展示，你最外面的那一層皮根本老早不見了。被紙輕輕刮一下，都是劇痛。

好些年來，這是我得學著打的硬仗。雖然我喜歡被巴黎啓發的感覺，將之捧在神壇上，欣賞新的生活如何和家裡不一樣，但起初飄洋異地的欣喜終究褪色了。

我開始想要在巴黎覓得我先前在紐約摒棄的角色。我想要一份大學的教職、一個家、伴侶和小孩——在紐約時人人催促著我爭取的一切，但情境設在法國。我一直希望世界會空出那個缺，我就會欣然站進去。我沒什麼反骨，我只是一個剛好從一國換到一國的人。原有的定位和歸屬都沒了，我想要重新定位，重構歸屬。

*

克麗奧離開算命間時愁容滿面，而今當她重新步出她家門時，表情胸有成竹。中庭有個小男孩——可是反映鮑伯的角色？——正彈著玩具鋼琴，旋律正是我們剛剛聽見的。背景音樂也跟進了，以焦急顫抖的琶音奏著主旋律。她奪門而去，衝出了她監禁自己的童話高塔。在影片裡，這是她第一次沒有特定目的的步行。

她上了街，背著墓園往拉斯帕伊大道走。她在街上的鏡子瞥見了自己，扯下了「這頂荒唐的帽子」，面對鏡中自己的倒影扮起鬼臉。「我甚至無法面對自己的恐懼，我一直覺得別人在看我，但其實只有我在看自己。這讓我筋疲力盡。」她經過了一間花店但沒有停下來，那些美麗的東西，過了它們死去的時刻而被擺出來賣，她邁向蒙帕納斯大道一端的圓頂咖啡館。她用點歌機播了一首她的歌，周遭的人們各有各的話題和故事。他們說著西班牙文，談論著阿爾及利亞、超現實主義、繪畫和詩。牆上有立體派的畫，也許出自當地名家之手，或是仿自當地的名家。雖然那些畫呼應著先前藝廊櫥窗中的非洲面具，但在這個情境裡它們一點也不嚇人。這可是因爲在藝廊裡，那些面具只有受到（應該吧？）藝術市場的仲介作用，但在咖啡館中，它們只是裝飾品嗎？還是說立體派到了一九六一年已經失去了原先激進的能量？也許還有別的原因：到了影片中的這個階段，那些非洲面具以及它們啓發的藝術已經進入了另一個語境，從原先的可怕禁忌到個人選擇。現在的克麗奧已經和早先計程車裡的那個女子截然不同了。個人選擇也是可以很可怕的，但沒有克麗奧在車中感到的假安全感可怕。

如果你對自己來往的去向有一定的掌握能力，這世界就沒那麼可怕了。

明信片、撲克牌、塔羅牌、立體派繪畫——都是無聲發言的圖像，都是特別的虛構故事。讀者從中創造來龍去脈，就像看著電影分鏡圖一樣。從它們衍生出來的故事是主觀的，有著開放的意義。它們並不預告無可避免的未來，呈現的東西時時在變，因爲它們反映了問卜人的情緒狀態。它們只是克麗奧瞻望的一面面鏡子中的幾面而已。也許有些結果是肯定的——譬如健檢結果——可是縱貫整部影片，事態並不明朗，還沒有眞的走向下坡。我們可以說克麗奧還在抽牌，她一開始重劃那天要做的事，好事便發生在她身上。那些帶有明亮前景的事，足以爲她帶來挑戰疾病的勇氣。

她在咖啡館裡轉了一圈，看大家有沒有注意到那首歌，沒有。她沒摘下墨鏡。她偷聽到有些人在聊她認識的藝術模特兒朵洛提（Dorothée），克麗奧決定去她工作的地方看看她（這一幕很有街坊味——當你發現隔壁桌的人和你有共同朋友）。所以現在我們跟著克麗奧的腳步走，鏡頭不再從外拍攝她，而呈現從她的角度出發向前是什麼樣子。音樂停了，只剩她在人行道上的腳步聲。我們從第一手觀察到人們如何看她，還有她是怎麼看回去的。男人、女人、老的、少的，克麗奧抬頭與每個人四目相交。華達將她腦中浮現的所有人剪了進來——他們的圖像，一個接著一個，冷冰冰下著判斷，好比那些塔羅牌上的人。

剪接鏡頭：咖啡館中的男子／算命師／克麗奧在街上遇見的人／鮑伯和他肩膀上的小貓／猴子玩偶時鐘／荷西／阿涅勒／克麗奧的假髮安放在鏡子上

一陣時鐘的滴答聲加入她的腳步聲，而當她開始注意她周遭的環境，那道聲音又淡出了。

＊

讓她走在城裡，聽起來充滿感人與肯定的正能量，並不是我想說的。如果城市是處方，城市同時也是病原。她一開始在街上所見到的，是一系列噁心的穿透景象：吞下好幾隻青蛙又把牠們吐出來的男人、拿長針穿刺自己二頭肌的男人、圓頂咖啡館巴黎窗上的彈孔（後來人們說有人在這裡被殺了）。這些對身體的各種侵犯，有些地方讓克麗奧作嘔。但那些先生們都好端端的，這是重點。一個人可以若無其事地拿根金屬棒刺穿手臂的肉；那些青蛙到了人體水族箱逛了一遭，也沒事；至於那個咖啡館的人，我們並不知道他是不是真的死了，或那個彈孔到底有沒有攸關人命。八卦喜歡悲劇。我正學著怎麼看見。馬爾特好幾次這麼說。和克麗奧一樣，他見到了許多他不想看見的東西，漸漸明白他寧可把哪些東西留在晦暗中。

＊

克麗奧進了她朋友當模特兒的工作室時，朵洛提一動也不動，靜靜立在那裡。屋裡似乎有種神聖的氛圍，除了美術科學生操握鑿刀的錚錚聲響，一片安靜。鏡頭立在克麗奧的視角緩緩掃視房間，當對上了朵洛提的視線，她轉過頭來看向鏡頭，欣然打了個招呼。這個時刻讓人耳目一新，平常一個藝術模特兒不會在這個時候說話。另一個被消滅的既定印象：一個訊息不在表象，而在不言中的畫面。

克麗奧十分訝異朵洛提能若無其事地全裸擺姿勢。她說她做不到，要是有人覺得她身體有缺陷，她會無法釋懷。朵洛提說當他們注視著她時，並不是眞的在看她這個人。他們看見的是別的東西，一些他們在找尋的理念……

朵洛提：所以呢，我好像其實人不在那裡，好像在睡覺一樣。而且我還有錢賺！

接著兩個人開著朵洛提男朋友的敞篷車兜風，克麗奧一路在車上賞玩著十四區的景色。一旦她開始用新的方式看待城市，大街小巷開始對她吐露東西。

朵洛提：這附近的路名眞沒意思，啓程路，抵達路……

克麗奧：我倒希望我們可以用活人的名字命名那些路：皮亞芙街（Piaf Street）、阿茲拿弗大街（Aznavour Avenue）。等他們過世了，還可以換換。

如果你把影片轉成靜音，這看起來就像任何一部新浪潮的電影：敞篷車、六〇年代巴黎高度風格化的黑白畫面：有著那些廣告牌、霓虹燈，愉悅擁抱一切現代的事物。除卻這幅畫面中的人物是兩個開車在路上的女人，沒有男的，沒有槍，沒有沉思的愁容，也沒有在家裡抽菸算計，等他們回來的情人。高達曾有句名言：「只消來個女的和一把槍，就能拍電影了。」而華達證明了，你只需要一個女的。

到了這個階段，整部片一直處於動態之中。當她們靠近了十四區底端的蒙蘇里公園（Parc Montsouris），克麗奧玩起了公園名字的諧音，聽起來像微笑——souris。

就像cheeeeeese一樣！

她這樣說，彷彿有個說英語的攝影師在替她拍照（她沒有喪失所有愛現的本能）。朵洛提就像瓶沁脾的通寧汽水。[7]她讓克麗奧記起了她們成名前的日子，和鮑伯一起在蒙帕納斯，想辦法混出個名堂的時光。她讓克麗奧接了點地氣。但無疑是因巧遇當晚得啓程前往阿爾及利亞的士兵安東尼，讓她有了嶄新的眼界。

*

克麗奧穿過公園時經過了一道階梯。攝影機在階梯底下等她走下來，沒有背景音樂。克麗奧吹著口哨開始走下來，接著踩起舞步走完了階梯，好像她是巴斯比·柏克萊（Busby Berkeley）音樂劇裡的明星，一次踩一步，口中唱著歌。[8]

這一幕發生了好多事。她沒有觀眾，她唱歌跳舞都是娛樂自己用的，就只是高興。而且她唱的就是她出過的其中一首單曲，那首我們在影片稍早的廣播裡聽見的。但這次我們聽到了不同的歌詞，唱道「mon corps precieux et capricieux」（我寶貴又古靈精怪的身體）。古靈精怪的是克麗奧的身體而不是她自己，所以不能仰賴它。下階梯後她停了歌聲，兩手背在後面悄然前行，我們從背後跟隨著她。她一個人在那裡，沒有聽眾。剛剛的唱歌跳舞都是做好玩的，爲了喜歡而唱唱跳跳，但她也可以終止這些表演。

營造象徵的符號確實讓華達享受其中。因此在公園裡，克麗奧過了座日本橋後看見了一個男人，他下身看得出是軍人裝束。環繞周遭的流水像是另一面鏡子，但這面鏡子假若破了，很快會自動縫合起來。那位軍人十分愛講話，克麗奧忘了澆他冷水。過了一會兒，克麗奧發現她向他吐露了一大堆事情：她的健康擔憂、她眞正的名字。他則告訴她：他放了三星期的假，但他得在當晚動身回阿爾及利亞收假。他們安慰了彼此，他幫助她自我解嘲，也讓克麗奧對他和她自己的害怕都揶揄了一番。兩個（像是塔羅牌的）符號原型——小公主和好士兵——很快地證明了自己是誰，以及他們具有的意義不單單是外表能決定的。

*

她向安東尼坦承自己眞名叫佛羅倫斯（Florence）——另一種華達式的異位。他玩味著這個名字，隨意聯想：

安東尼：佛羅倫斯是義大利、文藝復興、波提切利、一朵玫瑰花；克麗奧佩托拉是埃及、人面獅身獸、蝮蛇、母老虎。我比較喜歡佛羅倫斯，相較於獸類（fauna）我更喜歡花（flora）。

他們在巴士上穿過了十三區的義大利廣場。

安東尼：佛羅倫斯，這裡差不多算是你家。

一路上，安東尼告訴她那裡的樹是泡桐，原產於波蘭，但在中國和日本茂盛生長。在安東尼對城市的觀察中，我們又一次遇到了華達對嬉弄空間異位的愛不釋手，好像華達自己在那裡陪著、安慰著她的女主角。整部影片裡，她其實一直在那裡陪著。此時一把義大利吉他顫顫奏起了電影的主旋律。

*

安東尼向她要了張照片好帶去前線，同時又引起了另一則對影像和其中意涵的反思。她把照片給了他，不像個發簽名照的大明星，卻像個送照片給意中人的羞答答女孩。德希達在《明信片》（*The Post Card*）裡說，明信片證明了一個人和另一個人之間無可避免的距離：「我想向你說話，直接向你說，不假信件居中傳達，只向你說，但我做不到（法文裡的『我做不到』，je n'arrive pas，直譯就是『我到不了那裡』），而這是悲慘深邃的地方。我的愛，一齣關於目的地的悲劇。一切都成了張明信片。」[9]在攝影裡是這樣，在電影裡也是。就像羅蘭·巴特說過的：影像是此際與當時之間無法跨越的鴻溝，我們回不去。時間無法倒轉，時間只向前走，將我們過往的自我、曾經愛過的人印在過去中。每一幀相片、每一部影片裡面都潛伏著死亡，「每張相片都是這場災難。」[10]城市恰恰是這項印記的反面，有些人名字長存在街道上（法國有不少條路都以賈克·德米命名），但若照克麗奧的方式做，街道只能用活人的名字命名，在他們過世後改名字，賦予了它們某種悲傷的變動性。我們之中的大多數人，不管活著或死去了，都不會在任何地方留下名字。在我們的公寓、我們的熟路、愛過的地方，都留有隱形的記號，只有我們最敏感的子孫有辦法察覺。當他們跨過某道地鐵的門或門檻，也許會感受到一絲一毫氣氛的轉變，不曉得在那之前有誰走過同樣的地方。華達說：「環境住在我們身體裡。」[11]由這些我們納爲自己一部分的地方可知，我們是由我們愛過的地方和經歷過轉變的地方構成的。我們從中抽取零碎的片段，在我們的內在世界中將它們湊合在一起。

＊

有時候我們用雙手捧住的東西，其實是我們想要脫手丟掉的。

這很難承認。我們怎麼知道自己到底想保留什麼，哪些又只是關於自己的陳舊看法？

＊

我們沒辦法客觀看待自己的人生，所以我們轉向紙牌。我們喜歡猜測臆想的遊戲，就像我們喜歡拿著L型金屬棒找黃金。告訴我哪裡有黃金。以前我會做一件從電影學來的事情，我會找本書——常常是《傲慢與偏見》，希望我可以有伊莉莎白．班奈特的聰慧——隨便打開一頁，任意用手指向一個地方，被指到的字會被我當成某種預言或建議。這叫書物卜（stichomancy），是種古老的占卜法。但世界上沒有一本書，沒有一張塔羅牌或GPS系統可以告訴我們接下來要走去哪裡。我想到了馬賽爾．杜象，根據布列東所說的，他曾經丟硬幣決定到底該去紐約還是留在巴黎。「丟的時候，他毫不在意。」布列東這麼寫道。[12]

但我認爲華達的影片想傳達的是：沒有一件事，沒有一個情境是永遠靜止不變的，事事時時在變。在華達的宇宙中，美貌、生命和意義關乎的都是預料之外的事情，它們湧自一道水流。

影評菲爾・鮑瑞（Phil Powrie）曾說：華達重視的「既不是你現在身在何處，也不是要往哪裡去，而是動態、轉變與生成。」[13]在醫院裡克麗奧有點無所適從，她從來沒有用兩隻腳走來過，都是搭計程車來的。一得知那晚她的醫生很有可能已經下班了，她決定不再煩惱看醫生的事，而和安東尼坐在公園裡。就算她只是暫時與自己和解，也暫且不去探問未來。

華達曾經說女性主義的第一項動作就是去注視，去說：「我被看了，但我也可以是看的人。」她的影片例行的就是這件事，對這個世界和我們在其中的位置投以懷疑。我們這些拾穗人、漫遊女子、浪人與街坊鄰居，沒有什麼是客觀的。在法文裡「客觀」（l'objectif）這個詞也表示鏡頭，即使我們將鏡頭對著自己，也只能透過它看見一種世界。這聽起來頗令人欣慰——如果眞的是這樣，那就沒有什麼事情在客觀上是糟糕的了，連生病也不會是。

醫生還是有出現，開著他的敞篷車經過了他們。

醫生：不用太焦慮，兩個月的放射治療會讓你好起來的。

鏡頭隨著汽車開走了。克麗奧的震驚被捕捉在汽車的移動之中，隨著行車加速拉遠。這樣的旅行鏡頭，出自旅行的導演之手。

*

雖然克麗奧畏懼了兩天的事情如實降臨了，但她不再感到害怕了。

克麗奧：我好像是快樂的。

她與安東尼沒再多說什麼，背景音樂也沒了，只有禮拜堂的鐘聲和他們落在人行道上的腳步聲。鏡頭走在他們倆前方，拉近框住他們彼此注視的臉。然後影片就結束了。

每個地方都行，穿過馬路，睜開你的眼睛。

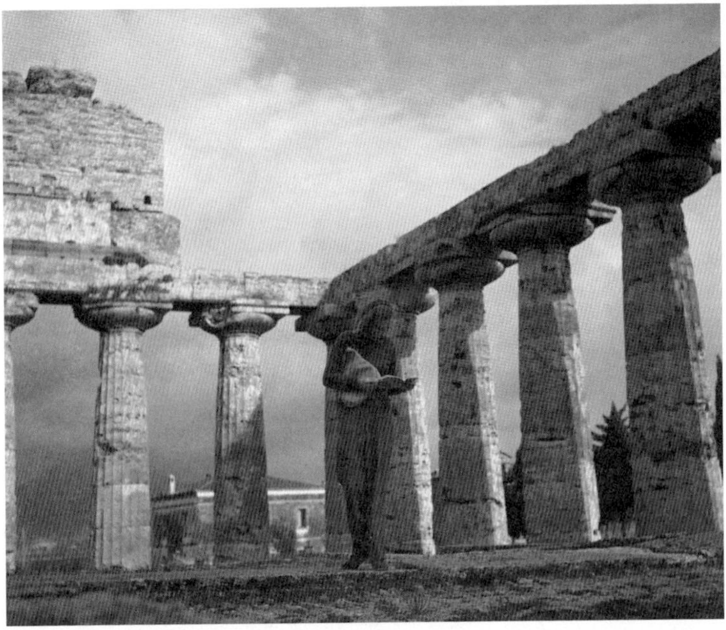

四處跑．從地面看上去

Everywhere · The View from the Ground

這世界上空間太多了。我瞠目結舌，爲之瘋狂。

——瑪莎．葛虹寫給史丹利．派內爾（Stanley Pennell）的信

羅伯特．卡帕i將相機放在地上，朝上對著瑪莎．葛虹，她站在義大利沛斯圖姆（Paestum）獻給穀神的古希臘神殿遺跡之中。卡帕也有可能站在幾步之外，在環繞神殿的臺階上，把相機放在某塊石牆上保持穩定。無論如何，這個角度都怪得很。她看起來比實際上還要高大，相片的構圖將她左右框在石砌建築中，跟那些多利克（Doric）石柱等高，彷彿是尊活生生的女像柱，頭碰上了神殿的楣梁，看書看得入神。她彷彿屬於那個地方，那裡——在義大利的一座人們誤認爲獻給穀神（主保豐收與生育的女神）的希臘神殿裡。但再看看照片，攝影師和相片裡的人

都知道神殿其實是獻給智慧女神的。在這座古名爲波賽多尼亞（Poseidonia）的城市，靠海的城市，灰眼雅典娜成了灰褲子葛虹。[ii]她打住了腳步，但隨時都有可能移動，誰知她往哪裡去，也不知道是被她正在讀的什麼，或只是些隨想、無名的衝動所驅使。她在陽光下瞇著眼，仔細看著她的旅遊手冊，如果那是本旅遊手冊。但她可不是個跑到了國外的稱職美國觀光客，她是瑪莎・葛虹，大名鼎鼎的戰地記者，永遠在尋覓一個家的無家浪人、小說家、落跑者、離婚太太、自負的油條記者、一個人在國外的女子。

卡帕當時在約翰・哈斯登[iii]拍攝《戰勝惡魔》（*Beat the Devil*）的地方拉費羅（Ravello）工作，葛虹和他從拍攝地一路開了下來。那時候是一九五三年四月，她和兒子山第（Sandy Matthews）在羅馬附近的一間苦寒的別墅度過了冬天。自從她和卡帕一九三七年在西班牙相

i 羅伯特・卡帕（Robert Capa，一九一三—一九五四），匈牙利戰地攝影記者。

ii 「灰眼雅典娜」是荷馬史詩中智慧女神雅典娜最常被使用的外號（epithet）之一。「灰眼」來自 glaulopis（γλαυκῶπις），為 glaukós（γλαυκό，如銀一般閃亮，衍生作湖綠或銀灰色）與 ps（ψ，眼睛或臉龐）兩字的結合。有趣的是 glaúx（γλαύξ）意為小貓頭鷹，和 glaukós，有可能是源自貓頭鷹眼睛的獨特灰色；而貓頭鷹也是雅典娜的象徵動物。

iii 約翰・哈斯登（John Huston，一九〇六—一九八七），美國導演。

遇，他們就一直是朋友。他是個風流倜儻的匈牙利人，雙重難民——逃離霍爾地．米克洛什[iv]到了柏林，逃離希特勒而到了巴黎——他（眞名是安德烈．弗里德曼〔Endre Friedmann〕）自稱羅伯特．卡帕，想要名字聽起來像個美國影星。七十年之後，蘇珊．桑塔格[v]會說：「每個人只要聽過西班牙內戰，都會想到卡帕爲中槍的共和軍士兵照下的代表性照片——『粗粒的黑白畫面中，一名捲起白襯衫袖子的男人在一座小丘上仰天而倒，右臂甩向身後，來福槍應聲脫手——落向自己的影子，他將要倒下，死去。』」[1]

作爲一個不住在美國的美國人，葛虹對外來者習以爲常。她知道自己是選擇成爲外來者的，但她被那些別無選擇的人、被放逐、被捐棄和被邊緣化的人所吸引。她的出道作品記錄了美國經濟大蕭條帶來的慘狀，採訪了因爲窮困而連對自己都感到陌生的美國人。她來自密蘇里州的聖路易市，家庭背景傳統而且對社會階級頗爲敏感。她的家境相對富裕，爸爸是個醫生（全聖路易唯一的婦產科與接生專家）；媽媽則是在華盛頓眾所皆知的女性參政運動分子，也是愛蓮娜．羅斯福[vi]的朋友。她雙親皆有一半的猶太血統，但到了青少年時期之前，小瑪莎似乎並不以爲意。她的傳記作者卡洛琳．穆爾黑（Caroline Moorehead）推測她「對於偏見和種族歧視的關注被壓抑，可能是她日後這方面態度激烈的原因。」[2]

當他們在西班牙相遇時，卡帕二十五歲，葛虹三十。一個是扮作美國人的歐洲猶太人，另一個是來歐洲學些東西的美國猶太人——他們簡直一拍即合，兩個人都不只喜歡記錄歷史，也喜歡捕捉處於極端狀態下的人物寫照。他們意識到彼此相遇、遇見其他人，都是因爲有企圖統治世界的殘酷野心家正在將世界開膛剖肚，發動戰爭使人們流離失所，離開家裡，並跑進別人的生活中。看見卡帕拍的相片，閱讀葛虹寫的報導，觀察他們描繪歷史事件中個人樣態的方式，就能發現兩人正一起澆灌出他們日後獨具代表性的風格。這些關乎戰爭與歷史的說故事方式，也爲後半個世紀立下了標竿。尤其是葛虹，她在後半生中，將執著於把她所看見的事物轉變成別的東西。書寫幫助她處理自己目睹事件後的創傷，她稱之爲「思緒與精神上的淨化——有些東西還是被永久剔除的好。」[3]

但她的報導只是其中一門方法而已，寫小說則會是另一門。卡帕之後會繼續做彩色攝影，雖然那不符合別人對他的期待。葛虹就這樣去寫小說了，雖然她的報導工作受到較多讚揚。事實與虛構，兩者都是不可或缺的觀看管道。

---

iv 霍爾蒂・米克洛什（Horthy Miklós，一八六八—一九五七）匈牙利軍人與政治人物，一九二〇年至四四年掌握軍政實權。

v 蘇珊・桑塔格（Susan Sontag，一九三三—二〇〇四），美國女性主義者，著名作家、評論家。

vi 愛蓮娜・羅斯福（Eleanor Roosevelt，一八八四—一九六二）美國前第一夫人，第二十三任美國總統羅斯福的妻子。

*

卡帕一九三六年跟他的伴侶格爾達・塔羅[vii]到了西班牙。她用她的祿萊相機（Rolleiflex）記下了她在巴賽隆納街頭所見，那些在她周遭被戰爭波及的人。葛虹抵達後的幾個月，塔羅意外喪生於共和軍的坦克車下。葛虹可能因爲塔羅得到了啓發。在馬德里做報導，你可以用走的到前線去，因爲前線就在城市裡。葛虹寫下她每天在受困首都走動的見聞，鉅細靡遺收錄了戰爭對於城市以及居民帶來的日常衝擊。她想知道人是如何在那樣的狀態下過活的，那樣活著是什麼樣的感覺，他們做了什麼、怎麼因應狀況。

事後她曾描述她的戰地報導是「一個團結的信號」。但爲了要跑到戰地去，她時常得從她的家庭生活一層一層抽離——首先是離開家裡，再來是老公，最後是她的兒子。雖然她無法長久待在同一個地方，她三番兩次想爲自己打造一個家，然後再丟下那些家——譬如她從義大利收養來的山第，他時常被朋友、保姆和各種照護者代管。總結下來，她在七個不同國家創建過十一次家園，買房、賃居或蓋一棟。這種成家傾向似乎和所有的旅行飄蕩互相牴觸，彷彿她需要一個值得依賴的地點回歸，一個航程與航程之間的巢。但這似乎也表現了葛虹受到兩股不同方向的強力拉扯——回家或出走。她終其一生都在與世界的繁浩、那些排山倒海的偉大承諾交戰。「這世界上空間太多了，我瞠目結舌，爲之瘋狂。從我所愛的人與地方逃跑的衝動，是種我不想再假裝瞭解的施虐癖。」[4]

對她而言，旅行和漫遊是來自同一股衝動的延伸：漫遊（flâner）。她告訴維多利亞・葛藍丁尼（Victoria Glendinning），漫遊「和孤獨一樣重要，這樣腦中的堆肥才能得到滋養。」[5]她還爲這個字下了個人版的定義，說漫遊是「法文最棒的動詞」，「這是一種需求，必須找事忙，可在坐下或行走時從事。」[6]葛虹一反我們以爲漫遊者對凡事漠不關心的孤獨印象，重新界定漫遊，將之導向著某個目標、某種領悟，導向一些記錄與分享見聞的方式。面對戰爭與苦難，她無法冷眼旁觀。她偏好「跳進普遍的悲慘裡去，在那裡你幾乎別無選擇，但有許多孤獨的陪伴」。[7]在葛虹爲呈現悲慘所做的努力中，漫遊轉成了見證。

根據穆爾黑的記敘，葛虹「把自己逼向一面磚牆，找尋位於愛與獨立之間、社群與獨處之間、外向內向之間的平衡。困擾她的，是夾在上路與回家之間，一種美國式的舉棋不定。」[8]她無法停止打造家園，也無法停止離開那些家，就算那些家庭包括了她的第一任丈夫海明威以及兒子山第。我們用來描述結婚生小孩的字詞，和流浪相反，我們會說我們要「定下來」，好

vii 格爾達・塔羅（Gerda Taro，一九一〇—一九三七，本名格爾達・波荷瑞利〔Gerta Pohorylle〕），在德國出生的戰地猶太裔攝影師，公認為第一位女性戰地攝影記者。

像在軌道上遇到了天然的阻力，我們漸漸慢下來，然後靜止。在當個流浪者和人妻之間，或在孤獨跟「定下來」之間，有沒有個快樂的平衡呢？在葛虹的世界裡沒有，因爲她於種種極端間跌跌撞撞，她做出的見證來自她不願妥協的堅持。

*

葛虹做了一輩子的戰地記者，哪裡濺了血，哪裡滿是髒污與絕望，哪裡就有她。哪裡有故事，她要是能得到，她就會（像她後來回憶時說的）去「西班牙、芬蘭、中國；二戰的英國、義大利、法國、德國；爪哇；以色列；越南。」[9]有一次由於軍中禁止女性記者跟隨，她得不到美軍授權報導諾曼第戰役D日的行動，於是就喬裝成了護士，摸上一艘船後躲起來。（後來她還是被發現遭逮捕，受到軍方譴責，禁止入境法國。）海明威就愛葛虹的無懼，但他討厭和她競爭，同時想念有她在家陪伴的時光。他在一九四四年用義大利文打一份電報給她，說：

「你是戰地記者還是我床上的老婆？」

這是女性敢於出門遠行的黃金時期。書店裡由瑞貝卡・魏斯特、項美麗、奧莉薇亞・曼寧、戈楚・貝爾、珍・柏爾斯、芙瑞雅・史塔克、多洛西・卡靈頓和亞歷山卓・大衛—尼爾所寫的遊記目不暇給。[viii]她們寫的故事呢，和「旅行文學」這文類比起來又更多更廣些。這群女人四處遊歷、撒野和書寫。葛虹受到想看看「更多世界和其中的東西」的欲望驅使，她也成爲她們其中一員。不少女性會跟丈夫一起旅行，或因丈夫職務調動的關係而一起出國。不過葛虹的膽子經常比她的丈夫還要大，她想去中國，得拖著海明威他才要去。她想要親眼見識見識中日衝突。海明威在古巴過得好端端的，也有好理由不想去——例如他叔叔曾經去中國當醫療傳教士，有次被迫在馬背上替自己動手術割闌尾；青少年時期他讀的是毛姆和傅滿洲，[ix]接著又被迫出資贊助感化中國異教徒的使命——海明威基本上是個不會對冒險說不的人，但對那裡敬而遠之。不過在一九四一年二月初，他們還是去了，途經夏威夷，號稱是度蜜月。那時的葛虹已經是個身經百戰的戰地記者，她想要從根本腳踏實地認識中國的生活：「鴉片煙寨、窯子、

---

viii 瑞貝卡・魏斯特（Rebecca West，一八九二—一九八三），英國作家；項美麗（Emily Hahn，一九〇五—一九九七），美國作家；奧莉薇亞・曼寧（Olivia Manning，一九〇八—一九八〇），英國小說家、詩人；戈楚・貝爾（Gertrude Bell，一八六八—一九二六），英國作家、考古學家、政府行政官員；珍・柏爾斯（Jane Bowles，一九一七—一九七三），美國劇作家、作家；芙瑞雅・史塔克（Freya Stark，一八九三—一九九三），義大利裔英國遊記作家；多洛西・卡靈頓（Dorothy Carrington，一九一〇—二〇〇二）旅法英國作家；亞歷山卓・大衛—尼爾（Alexandra David-Neel，一八六八—一九六九），法國探險家、作家與藏學家。

ix 毛姆（William Somerest Maugham，一八七四—一九六五），英國劇作家、小說家、短篇故事作家。傅滿洲（Dr. Fu Manchu），二十世紀上半由英國作家薩克斯・羅默（Sax Rohmer）所創造的虛構人物，是個出身中國的天才反派。

舞廳、麻將館、市集、工廠、刑法法庭——這些是我觀看一個社會的地方。」幾個月後，當她的手長滿了「中國瘡」（Chinese rot），得塗上一層又厚又臭的膏藥，戴著過大的白色機車手套，海明威不為所動：「是誰說要來中國的？」許多年後，在一篇關於此行的文章裡，她管他叫「不情願的旅伴」（Unwilling Companion），或簡稱UC。這是他們離婚後，她唯一一次寫到他的文章。

但到西班牙去卻是海明威給她的靈感。他和約翰．多斯．帕索斯（John Dos Passos）、麗蓮安．赫爾曼（Lillian Hellmann）、阿爾西巴德．麥克萊許（Archibald MacLeish）一夥人創辦了一間叫「當代歷史」（Contemporary History）的公司，目的是要集資記錄在西班牙進行的戰爭，由尤里斯．伊文斯（Joris Ivens）主導。西班牙當時是對抗法西斯主義和極權統治的前線，同時也是（葛虹愈發堅定地認為）「一九一二年的巴爾幹地區」，下一個即將要爆發全球戰爭的衝突所在地。她力挺企圖抵制佛朗哥反動起義的共和軍勢力。

她一生中大多數時候都是反戰的，而且對於看別人打鬥興致缺缺。在她一九五九年關於戰爭的散文集《戰爭的面孔》（*The Face of War*）裡，她說她一九三四年有次在柏林遇見了一夥年輕的納粹分子，和他們聊天，試著想瞭解他們作為社會黨人的想法，嘗試同理德國的處境，就像當時所有思想正確的人會做的一樣。她寫道：「我是個和平主義者，用我的眼睛直視這些事情有違我的原則。」[10]她當時盲目堅持要不計代價維持和平。但短短兩年後，她的「眼睛」便回到了工作崗位上，前往西班牙。「我要去和那些哥兒們上戰場去，」她在寫給朋友的一封信裡這麼說。紐約《柯利爾》雜誌[x]有個編輯去信給葛虹，稱她爲該刊物的特派員。不過，她並不把自己視爲駐外特派員，她是個做過一些新聞的小說家（她在一九三四年出了一本小說《瘋狂所追尋的》〔*What Mad Pursuit*〕，但後來談起便讓她面上無光）。她背了個背包，口袋裡只有五十美元，從法國跑去西班牙。

當她在一九三七年三月到了馬德里，城市「龐大清冷，一片漆黑。街上杳無人聲，彈痕累累」。她很顯然是在戰爭打到一半時跑來的，不過這次城市的大街小巷就是交火流血的地方。叛軍駐紮在城市的三面山丘上，一天會發動好幾次下雨般的砲襲。「我無法描述那樣的感覺，整座城市都是戰場，在黑暗中等待。整體的感覺中，恐懼肯定是有的，還有勇氣——這使你在路上小心翼翼，側耳傾聽。」[11]可能爲了要強調日常生活與屠殺的超現實並置，她記道你可以搭電車去離大學不遠的前線。她跟著男性特派員四處走（敬重這些「有正經事要辦的老鳥」），並用他們的交通證件來往各處。她學會了「一點西班牙文，和一點關於戰爭的事」，並花時間陪伴傷患。一開始的前幾週，她也忙著和海明威增進感情，同時還結識另一名美國戰爭特派員

x《柯利爾》雜誌（*Collier's*），創刊於一八八八年，停刊於一九五七年的美國雜誌。

維吉尼亞・考爾斯（Virginia Cowles），她們兩個之後會在一九四六年合著一部戰爭喜劇《廣而告之的愛》（*Love Goes to Press*）。

很快的，一個「記者朋友」（海明威）建議她用文字爲戰爭盡一份力（她的動機）。對我們和她的讀者而言，她的才華回首看來是表露無遺的。但先不論她的年少豪舉，葛虹並不覺得自己是哪方面的專家——做新聞也好，寫小說也好，也絕對不會是西班牙政治，她並沒有門路認識政壇當時的關鍵玩家。回過頭來看那些年，她問道：「我何德何能談論戰爭呢？我懂什麼，又要爲誰而寫？一篇故事要有些什麼？怎麼開始？在一個人能提筆開始之前，不是應該要有些決定性的大事發生嗎？」但她的「記者朋友」說她大可寫些關於馬德里的報導。「我問，誰會對這個感興趣？這就是日常生活啊！他提醒說這可不是每個人都會過的日常生活。」[12]

她並不指望《柯利爾》雜誌會收下她的第一份稿子，但他們收了。那篇文章起先描摹了圍城的樣貌，觀察戰時人們怎麼買東西、上劇場、聽歌劇、看旅館如何變成醫院。接著她話鋒一轉，接著寫房舍歷經轟炸後的樣子、醫院裡重傷捱餓的孩子、壕溝的味道、一顆子彈離開槍管後如何飛射向你的聲音，還有在房間裡等待轟炸結束時，「看著一重又一重的煙塵瀰漫在房中，整條街道路面上鵝卵石的粉塵通通灌了進來。」[13]整條街漫進了屋裡來，讓她得出門到街上去——「一路上練習怎麼呼吸。你無法控制自己不要用怪異的方式呼吸，把空氣吸到喉嚨裡去，卻無法下嚥。」在這份奇怪的城市紀錄裡，街道以鵝卵石粉末的形式探進了人的肺部。

她在《柯利爾》刊了頭幾篇文章之後，雜誌便把她的名字加進了他們的刊頭裡。葛虹一系列的報導記述了她每天的步行，細數戰爭如何衝擊城市和活在城裡的人。她說在路口就能經歷戰爭的發生，感覺有多麼的怪異；她也有說大家如何「跑去最近（離旅館才十幾個街區，在雨中可以過癮走上一段，促進血液循環）的前線瞧瞧」打發時間；她還「走去了大學城與烏謝拉（Usera），去了西園（Parques del Oeste），去那些我們如此熟悉，如今卻成爲壕溝的城區」。她詫異道：「不管你去得多頻繁，『走去戰爭』是那麼的驚人，只消從你的房間走出去——那個你在裡面讀偵探小說或拜倫生平，聽留聲機或和朋友聊天的房間。」[14]

她筆下的人們單純處於等待之中，等待下一場轟炸，或某些別的事情發生。人們「站在家門口、廣場周圍，就是那樣耐心站著，突然間炸彈就落地了，鵝卵石碎片如噴泉般飛濺空中，酸酸苦苦的銀白煙霧冉冉飄升。」[15]在大門口乾等的人群裡，有個人等不下去了，他說他覺得這已經結束了，無論如何他都得走人：「『我還有工作要做。我是認眞做事的人，可不能把我的時間花在等待轟炸上。砰砰！』他這麼說道。他鎭靜走到了路上，然後鎭靜過了街。」他走人的決定帶動了餘下所有的人，在滿目瘡痍的廣場上尋找方向。那裡「遍地是炸出來的大圓坑，碎玻璃與石塊四散各處。一個提著菜籃的老婦人匆匆穿過了側邊的小路，兩個小男孩手拉手出現在街角，唱著歌。」寫到這裡，她向讀者、向她自己、或向馬德里人，一併用第二人稱說：「你沒辦法等上一輩子，你沒辦法整天都小心翼翼。」[16]再回到第三人稱複數，回到了她同理但有距離的語調，她說他們還是得「返回生活的例行軌道，好像只是被一場暴風雨暫時阻難了，但就只是這樣。」她在城裡四下走動，看著誰到了哪裡去，人們的生活起了什麼波瀾，看他們對正在勢頭上的轟炸有何反應。早上有三個人在咖啡館看報喝咖啡時死了，中午一過生意卻又恢復了。馬德里版無人區[xi]的酒吧到天黑時還是擠挨挨的，雖然路上有動物的死屍，還「淌著一線線交叉的人類血跡。」[17]女人彈雨無阻地爲晚餐去買菜。在一間鞋店裡，店外發生了爆炸，店員面不改色地向一些正在試穿涼鞋的女孩說，也許她們得挪到店後去，免得櫥窗破了被波及。

接下來文章有一個段落，肯定將衝突的慘劇帶給了葛虹在美國的讀者。

> 有個老婦人身著披肩，牽著一個驚魂未定的瘦弱男孩跑到了廣場上。你知道她在想什麼：她在想她非帶孩子回家不可，在自己家裡總是比較安全，有著你所熟悉的事物。你總是有辦法相信，坐在自己家裡的客廳不會被殺掉，你連想都沒想過。下波轟炸來襲時，她正走到廣場中央。

一小片滾燙銳利的扭曲鋼片從爆破的炸彈飛射而出，正中小男孩喉頭。老婦人站在那裡，握著死去孩子的手，傻望著他，一言不發。人們跑上前來要帶走孩子。往他們左邊看去，在廣場邊緣有塊亮晃晃的大招牌寫著：離開馬德里。18

這段文字證明了葛虹深切的同理心，還有她想觀看與記錄的意願——甚至是把那當義務。我們也許能從這段苦澀的觀察中，得到一項關於戰爭的重要事實：在家裡被殺掉就跟在其他地方被殺掉一樣容易，待在家裡被你的東西團團圍繞，並沒有比闖進陌生的世界安全，雖然——套她第一任老公的話——這樣想也不錯。家的觀念為我們帶來一些慰藉，但家也很有可能對你進犯反撲。

葛虹為了追求隨意來往的自由，而把遠在美國的家庭拋在背後，發現自己被老公套住，試著想像對付他釣到的馬林魚一樣，用捲線軸把她拽住。他們在古巴買了一棟房子，隨之而來的責任讓她陷入絕境。她向愛蓮娜・羅斯福寫道：「我變得很低落，我覺得我被逮住了，我最後還是有了財產（我怕它們，躲它們逃了一輩子）。以神之名，我現在到底該拿現在擁有的這座

xi 無人區（No man's land）通指第一次世界大戰期間，西戰場德國與協約國雙方壕溝之間，由於對峙交戰而處於真空的地帶。

皇宮怎麼辦？我覺得世界末日到了，我有了棟房子，不會再繼續寫作了。我會用我的餘生告訴僕傭去刷浴室的地板，給櫃子買新的墊紙。」[19]

後來房子所帶來的安樂也曾悄悄潛入她心中：「一線線日光平曳在木頭地板上，房子曠大乾淨，空空如也，在我周圍靜悄悄的。」她會再度感到「十分寧靜和安全」。[20]對她來說，「安全」兩個字代表了許多不同的東西——它能是這個詞平時通用的意思，但也可能是當別人無法跟她一樣安然在家時，油然而生的罪惡感與自我厭惡。[21]

*

葛虹對她喜歡稱為「那些狗屁客觀」的態度（那些期望記者要中立、從各個角度報導內容的觀念）不屑一顧。[22]客觀很無聊，更不消說是紙上談兵。她更在意的是捕捉某時某地的感覺。「怎麼有可能解釋這到底是什麼感覺？」她在一篇寫給《柯利爾》的文章裡這樣問道。「你能說的就是『發生了這個，發生了那個，他做了這個，她做了那個。』但這並沒有描述前往瓜達拉馬（Guadarrama）時一路上土地的樣子——柔棕色的大地，橄欖樹和叢林橡木長在乾乾的河床上，山巒嫵媚地在天空下起伏。」[23]卡帕告訴葛虹，「打仗時〔……〕你得有個立場，不然你無法消受發生在戰爭中的事。」[24]葛虹不只有一個立場，她總是在出入馬德里時調整與轉換，她說：「災難就像羅盤的指針一樣，在城裡四處漫無目的地擺盪。」[25]她用地理的語彙描述著世界，但無法營造任何客觀的方向感。她遇見一名建築師將「每天發配的麵包」用報紙包住揣在懷中，「整個早上小心翼翼，爬過斷垣殘壁，跳過積水的坑窪，不掉下一塊麵包屑；他得把它帶回家——家裡還有兩個小孩，任憑死亡、毀滅或任何事情降臨，麵包要緊。」[26]這算是某種微報導，並未告訴世人在將帥開的會裡發生了什麼事，而是對一個建築師和他的孩子而言，一塊麵包有多重要。

*

我是在紐約國際攝影中心，一個關於卡帕彩色攝影的展覽裡看見那張葛虹在沛斯圖姆拍的照片。雖然卡帕最爲人稱道的是他的黑白攝影，他在一九四一年時開始了色彩實驗。在當時彩色攝影是種古怪的媒材。彩色底片價格昂貴，而且洗出來曠日費時，對戰地報導來說不切實際，所以編輯鮮少想要採用，卡帕的同事便也覺得這不值一哂。「彩色攝影？這根本無法消化，消弭了攝影所有三度空間的價值。」亨利・卡提耶—布列松（Henri Cartier-Bresson）這樣說。不過，戰爭結束後，各家雜誌不再想要毀滅與苦難浸潤在灰階中的淒慘圖像，而想來點鮮活的顏色。卡帕盡其所能地滿足他們的需求，跑到以色列、挪威、布達佩斯、莫斯科、摩洛哥、法國，還有義大利去，去了人們從來不會去的神奇地方拍照——一些彷彿未曾被戰爭染指的地方。國際攝影中心展出的照片有些曾被像是《假期》（*Holiday*）或《生活》（*Life*）的雜誌在五〇年代刊出，但也有些未曾曝光過。展覽說明說：那些照片因爲拍的不是卡帕出名的題材，所以不被認爲是卡帕經典的一部分。我覺得寫小說對葛虹而言，就是在拍彩色照片，不是因爲寫小說像維克多·弗萊明（Victor Flemming）的音樂劇電影《綠野仙蹤》一樣，以特藝七彩（Technicolor）呈現出一個絢麗的世界（電影在一九三九年八月十五日上映，戰爭爆發的前兩個星期），而是因爲寫小說替讀者補上了原本留待想像的空白——她不只記敘了那位建築師戰時生活的切片，還爲他編出了一篇故事。

雖然在她嫁的文學之神前貶低自己的能力，葛虹仍需要將眞實世界過濾成一個杜撰的世界，一個仍然與之相像的世界。她在一九四三年跟海明威自暴自棄地說作新聞對他沒好處，但對她是好的。「報導餵養了我的眼睛和思緒，它們需要用眞實的事物而不是閱讀來滋養，純粹因爲它們不是一等一的，但那就是它們最好的食糧。報導讓我能見到原本見不到的人們，而且我想認識他們……再者——這有點詭異——我寫的所有東西，我在說我寫的每一本書，一開始都是報導。我不是珍．奧斯汀也不是勃朗特姐妹，在我能想像之前，我得親眼看見，這就是我觀看的唯一法門。」[27]如果嫁的人是海明威，哪個小說家不會覺得銳氣受挫呢？我不是珍．奧斯汀也不是勃朗特姐妹——也不是海明威啊，她也許會加上這句；我對你不是個威脅呢！不過她仍堅持想像報導是轉向小說的一種方式，從現實生活踏向虛構生活的必要的一步。雖然小說也許並不會挑起她讀者的什麼「直接作爲」，她仍希望這能「營造出某種氛圍，微微提升讀者對之的接受度。」[28]小說儲存了她的那股傲氣。

一如卡帕的彩色照片，葛虹的小說要經歷好一段時間才變得「值得一提」。她之前做過的報導，便成了她小說涉及的人物與情境所需要的田野調查，然後她再發展出那些歷史蘊含的心理衝擊。《我見識過的麻煩》（*The Trouble I've Seen*，一九三六年出版），收錄的是她在經濟大蕭條期間同羅斯福從事聯邦緊急救濟協會的工作時蒐羅而來的短篇故事，彼此相互關聯。瑞秋．雅隆斯（Rachel Arons）在《紐約客》裡說：「雖然《我見識過的麻煩》在年代上早了瑞薩德．卡普欽斯基（Ryszard Kapuscinski）的報導文學，以及六○年代新新聞主義（New Journalism）將文學創作技法化用到非虛構文類的舉動好幾十年。《我見識過的麻煩》預示了那些新聞圈的浪潮，它讀起來像小說一樣，但占了新聞式的上風，湯姆．沃爾夫（Tom Wolfe）稱那種優勢爲『讀者都知道這確有其事的簡單前提』。」[29]對卡帕和葛虹而言，色彩更貼近生活，不只是因爲我們大多數都住在彩色的世界裡，不是只有黑白灰階的，還因爲有了柯達克羅姆（Kodachrome）膠捲的顏色，作品更添了分可觀的人造感。沒有什麼比小說更能呈現尖銳事實的東西了。

早期她甚至走得太超過了，模糊了小說與謊言之間的界線。一九三六年她發表了一篇關於目睹私刑的文章。她其實只有耳聞此事，沒有眞的看見。這事是她根據在美國南方跟情人貝爾彤·德如文納（Bertrand de Jouvenal，柯蕾特的繼子兼前男友，但那是另一段故事了）旅行時聽到的兩則記錄，混在一起加油添醋寫出來的（她告訴了愛蓮娜·羅斯福）。好多年來她都沒有透露，在那天，當「一群男人又推又擠，抓住海亞辛斯（Hyacinth）瘦弱的身子，他半趴半臥在車頂上」時，她並不在場。葛虹無疑把自己加進了現場，她說每個人一動也不動，「你能聽見蚊蚋的嗡嗡聲」，接著他們將繩索纏繞在樹上，「我感到噁心而走開了。」[30]葛虹感到羞愧，不是因爲她假裝自己在場，而是因爲那篇文章被發掘加印時，她受邀去參議會反私刑法案起草委員會作證。她雖然婉拒赴約了，但始終沒有坦白。[31]她不願意在法律面前作假證，並會用餘生嘗試眞的在場。

這方面的倫理很難分析個明白，就算純粹的客觀是不可能的，我們仍指望記者記載至少要眞實。但一份第一手報導，永遠會比杜撰出來的東西還要使讀者興奮。我們喜歡眞有其事的顫慄，我們偏好手上讀的小說來自眞人眞事。如果葛虹眞的寫了篇關於私刑的短篇小說，她的膽識還是會得到讚賞。但若把一件事寫得好像她第一手看見的，幾乎在無形之中，把焦點從事發始末挪到了她在場這件事情上。在這個意義上，葛虹的作品——不只是這篇文章，還包括剩下的所有篇章，眞的或假的，或兩者的混合——指向了一項令人不舒服的事實，也就是報導即見證。想爲那些無法爲自己發聲的人發聲的衝動，在某個程度上，是讓自己的聲音被聽見的衝動。她並沒有想過，葛虹這樣寫，自己要成爲這個領域的專家，當「一個戰火中毫髮無傷的觀光客」。[32]這裡有一項令人不安的政治運作著，牽涉到戰爭有戰爭的觀光客，他們來去自如。戰地有一種「職業」階級，在別人的苦難上賺取名利。但葛虹同時向我們證明了：自利也能是一種同理的方式——她一次又一次深入別人的心裡和思緒中，甚至到編造故事的地步，而她應該在那裡設下更清楚的原則。

第二次世界大戰迫使她去面對一件事，就是她無法親眼目睹而毫髮無傷，在第一線觀察事件是有代價的。那時的葛虹將會寫下三部和二戰有關的小說：《瘡痍之地》（*A Stricken Field*，一九四〇年出版）場景設在一九三八年被納粹占領的布拉格，啓發自她在那裡的經歷，說的是一個美國女記者報導捷克斯洛伐克在歐洲的揚棄之下，走向毀滅的經過；《麗亞娜》（*Liana*，一九四五年出版）故事發生在加勒比海一帶，環繞在一個混血女孩、剝削她的法國丈夫，還有女孩心愛的流亡法國家教身上，她相信這個家教老師能拯救自己。《不歸點》（*Point of No Return*，一九四八年出版）是一本海澤．麥克羅比（Heather McRobie）曾在《跨大西洋評論》中，讚爲「讓美國式的樂觀主義面對歐洲的黑暗之際，潰然瓦解」的小說。[33]

在最後的這一本小說之中，她將她在達考（Dachau）集中營的見聞，轉化到解放那個集中營的一個年輕猶太裔美國士兵身上，算是葛虹將報導轉爲小說最成功的嘗試。出版四十年後，她在一篇後記裡寫道：不歸點是飛行員飛太遠而回不來的標記，是「一個幾時幾分的特定時限。當飛行員到了不歸點，他必須調頭，否則就不會有足夠的燃料飛回英國降落。回頭，不然就死掉。」[34]葛虹說達考是她自己的「不歸點」。[35]

她在一九三七年得知這個集中營。她說這並不是最駭人的納粹集中營，但它是成立最久的，一九三三年就在了。整場戰爭中她都在等待這個集中營被解放——這是她「私人的戰爭目的」。「隨著同盟軍推進搭便車穿過德國」，她在第一群美國士兵發現該集中營的一星期後，抵達了那裡（也是在李．米勒拍下今天家喻戶曉、使人深感不安的死亡列車〔the Death Train〕照片一星期後）。隨後葛虹發現「人的命運、我們所居住的世界，變了。」[36]在她的小說裡，主人翁雅各．李維（Jacob Levy）離開了達考，上了他的吉普車，撞倒三個正在附近過馬路的德國平民，因爲他們家離集中營還不到一哩遠，卻若無其事地過活。「他們心知肚明，他們不在乎，他們還笑。」[37]從雅各怒火中燒的觀點看出去，無辜的旁觀者是不存在的。透過雅各，葛虹也暗指她筆下私刑牽涉了所有美國人，連她自己也在內，就是那個和法國情人歡樂開車過南方的她。

*

《不歸點》擲地有聲，相較之下《麗亞娜》雖然不是什麼文學大作，但在我看來，這是部葛虹拿來釐清某些事情的文本。她透過這本書試著想搞懂爲什麼自己無法安分待在同一個地方，爲什麼在她把世界盡收眼底，並且全部重看一遍之前，她靜不下來。《麗亞娜》談了很多事情：它在講帝國，講戰爭如何衝擊與前線遙遙相隔的人民；它在講種族、白人霸權、奴役的世代傳承；它也在講性別，以及男女情愛中的不平等，尤其是受到種族而複雜化的不平等。如果葛虹沒有因爲她的性別而被隔離於歐洲的前線，然後在一九四二年春天被《柯利爾》雜誌派去加勒比海調查潛水艇（她盼著要去，孜孜矻矻預習著「海戰策略和兵法、砲火學、軍徽和海島地理」），[38]她可能就不會寫出這本書了。當我讀《麗亞娜》時，也看見她在反思人們如何因爲他們的經歷產生劇變，他們如何回不去原來起頭的地方，甚至在某些時候，也無法前行。

小說中的年輕混血女孩被帶離了她的原生家庭，先是成為聖波尼法爵島上首富馬克（Marc）的情婦，再來成了他老婆。他想把她打造成一個「正宗的白人淑女」，給她重取了名字叫「茱莉」（Julie），但把她當動物一樣對待，不帶一分感情或理性。可想而知，麗亞娜在自己家中過得十分悲慘，未來在前方永無止盡也毫無意義地延伸著。她家人不被允許探訪她。回娘家時，她的小妹妹叫她公主，那個字眼本身聽起來「既迷人又奇異，來自很遠的地方。」[39]但她同時也對豪奢的生活習以為常，而且很可能跟著新踏入的圈子，內化了那個圈子對外抱持的偏見，使她無法與家人共處一室——「他們的體味、他們的床和食物的味道，從屋外近處的廁所傳來的噁心蠢動氣味，還有垃圾堆的酸臭〔……〕那味道根本滲入了地下。」[40]

久而久之，她不歸屬於任何地方。葛虹這樣描述剛變成馬克理想嬌妻不久的麗亞娜：「她穿名貴衣服就像在身上塗亮光漆」，好像那個「眞的」麗亞娜一直在那裡，預備好要被塗上白色或黑色的色料。[41]到底是誰在這樣看她呢？是哪個人觀察著她的敘事旁白，聽她「刻薄的嗓音操著一口乾淨漂亮的法文」，看她餐桌禮儀比馬克做得還要到位？馬克並不會承認這些事情，從我們在她身上所看見的特質來說，麗亞娜並沒有這個程度的自我覺察。這肯定是葛虹在當社會觀察家，將她的記者觀點用在她筆下人物的親密關係裡。

隨後麗亞娜終於遇見了愛情，鍾愛皮耶（Pierre）一人。他是新來的學校老師，在法國曾是個逃兵，但他說他離開不是出於膽怯，而是因爲如果他看見一個德國人他一定會開槍，那麼只會讓同樣的事情反向報應在法國人身上。馬克雇了皮耶來教麗亞娜閱讀，後果可想而知。馬克發現了他們的關係，就叫她離開他的家。同時皮耶再也無法忍受法國國難當頭之際，人在國外，卻又不能把麗亞娜帶在身邊。不但是因爲這樣會將她捲進戰爭，還因爲——他們雙方都同意，但誰也沒說出來——他不能帶一個黑女孩回家。

葛虹用一去不復返的母題貫穿了小說的中軸，那是「回去」的不可能——同時指出各個角色做出行爲的不可逆轉，也指出他們回不去原本開始的地方——男性角色的法國，還有麗亞娜與家人原本的生活。[42]她採取什麼方向都不對，不能退後也不能往前。沒有人能幫她，沒有人能救她，她也救不了自己。葛虹在這個膠著的陷阱中帶入了責任的觀念，在這裡，馬克與皮耶將麗亞娜抽離她原本的世界是有責任的——馬克用的是錢，皮耶則是愛——皆讓回去變得不可能。多虧了他們，「她無家可歸也無親可依」。[43]聽令那些男人替她作主，麗亞娜感覺好像自己做出裁量的各種途徑都被搶走了。她獨自在一間清冷的房子裡，面對沒有皮耶的未來，決定採取狠辣的手段。她先是燒光所有漂亮的家當細軟，讓自己「像當初一樣一窮二白」。[44]接著她割腕，死在浴室地上，「一臉疲累死灰貼著浴室白淨的地板。」[45]

在美國內外，白人對黑人根深蒂固且不假思索的不信任，都被葛虹看在眼裡，她用這本小說批判了那些不經同意便大行其道的集團與人。在遠離所有前線的加勒比小島上，這部小說探討戰爭造成的波及，並隱含著對帝國的批判，批判強國航行到哪裡，就把歐洲中心的權力結構與價值觀強加構築到哪裡去。但葛虹發出的有些言論也是有問題的，由她呈現麗亞娜家庭的方式可以推論，她並沒有充分意識到自身的偏頗。她自己在某些程度上，也把麗亞娜寫成一個不可知的謎。麗亞娜的自殺令人同情，而且就在她割腕後，她又試圖要止血，試圖挽回割下去的那一刀。她立馬反悔了，並死在憾恨裡。我們被鼓勵去把麗亞娜當作受害者來看待，不只是在生活中作爲男人的受害者，也是她媽媽野心的受害者，還是她原生殖民世界的受害者，更是她自己的受害者。她最後的自戕，將她所處文化中的暴力轉向她自己的身體，那具身體不再漂漂亮亮地套進白種女人的衣服裡，而在她完美的寢室浴室裡喋血飛濺。

最後當皮耶趕回法國時，上湧而拍打船舷的海波，像是呼應上一章麗亞娜濺血的傷心回音。他像誦經一樣重複著他對家國的理念，誓死捍衛法國和法國代表的精神：尊嚴與（男）人權。[46]那女人呢？葛虹暗示道。那黑人呢？還有那些被他們無從置喙的體系所打倒的人，甚至是以法國之名？這本書重重著墨這種全球性的意識，在它的寫作年代中，所有失根的人勉力拚搏想要有個能住的家，成爲人類世界的一分子，有個身分，有地方待，安安全全。」[47]但戰爭究竟會怎麼結束，誰能決定那個世界該如何建造，還沒個準——那本小說於一九四四年付梓。

*

最後葛虹終於在一九四三年九月前往歐洲，在上船到英國前，她待在紐約。她在一封寫於一九四三年十二月的信中向海明威求情，試著讓他明白爲什麼她得去旅行。「我也相信著我所從事的事情。這幾年來，無法看到和看懂事情發生的始末，讓我深深地悔恨，而且如果我沒去經歷這一切就回家了，我將會對你毫無用處……如果我在一座西班牙莊園周圍蓋起一圈石牆，然後坐在裡面，你才不會想要我……只要我還活著，我就永遠覺得還沒看夠。」[48]她似乎說服了海明威，他原本宣稱要自外於戰爭，在古巴偵搜潛水艇納涼就好，但後來決定動身前往歐洲去見識諾曼第登陸。他以《柯利爾》頭號特派員之姿出發，她從來就沒有原諒他這點。他們在一九四五年分手，在戰爭結束的那年，《麗亞娜》也出版了。從此以後，誰要是不小心或夠三八地提起他的名字，她都會毫不避諱地大加駁斥。

到底是婚姻這個制度，還是嫁給海明威讓她感到綁手綁腳呢？我傾向認定後者。最後到頭來，這關乎的不是什麼文學競賽，她有夠多事蹟能跟他並駕齊驅了。這關乎的是遊蕩的權利。「地名是我所見過最強力的魔法，」葛虹在她的回憶錄《我和另一個人的遊記》（*Travels With Myself and Another*）中這樣寫道。在黛博拉・李維的長文《我不想知道的事》（*Things I Don't*

Want to Know，二〇一三年出版）中，她回應了喬治．歐威爾一九四六年寫的《我爲何寫作》（*Why I Write*），她講起自己人生中的一次危機，「日子很難過，我跟我自己的命運作對，根本無法知道要往哪裡去，」於是她跑去了馬約卡島（Majorca）。然後在敘事接近尾聲時，她領會到「她要去的地方」只是一個可以讓她的行動打字機可以充電的插座。「這對一個作家而言，根本比她自己的房間還要實用，」李維在結語說，「就是那一條電線，還有給歐洲、亞洲跟非洲用的電壓轉換器。」[49]不管是哪一種長遠的關係，在同一塊熟悉的領域打轉，怎麼有辦法跟遇見一個新地方，那永無止盡的顫慄相提並論呢？葛虹和她自己的作品保持了最穩定的關係，尤其是那些她出門在外，隨時要遭遇些什麼時寫下的作品。「我到了一個陌生的地方，誰也不認識，在一間臨時布置的房間住了下來，並和一臺打字機進入共生的關係。」這項權利得來不易。

葛虹人生的最後幾十年在倫敦度過，我們得想像經過了那些成家定下來的企圖，不是到倫敦終於對了，而是到倫敦時也終於夠了。而且倫敦也是個再出發的好地方——所有的航班都會飛到希斯洛機場去，或不管怎樣，那裡總有許多班機。她逝世於一九九八年，在我首次出訪巴黎的前一年。她享壽八十九歲，但不是自然去世。幾近失明，患著好幾種癌症，她自殺了。她決定了自己要何時與如何「走人」，好像死亡只是另一個目的地。

家

紐約・回家

New York・Return

如果不能帶著走，根有什麼好的？

——葛楚・史坦

在一個旅館的房間裡有個年輕女孩，這是她第一次來到新的城市——來到那座城市，也就是來到紐約——她全身裹著毛毯，房間空調開到跟冰河洞穴一樣冷。她咳個不停，而且還發燒，但她怯於打給櫃檯找人關掉冷氣。這樣她該要付多少小費給人家啊？那還是打哆嗦好了，別讓行李員做白工，或更糟，別給太多小費，會看起來很菜。多年後在一篇文章中回想來到紐約的第一個夜晚，瓊・蒂蒂安i問：「可曾有人這麼年輕過嗎？」

八年後，那個女孩變成了女人，大蘋果也不再鮮紅欲滴。她往西回到了加州，在那裡，她就不會受到隨著年紀增長而愈趨狹窄的可能性限縮。她對紐約的讚歌〈別了那一切〉（Goodbye to All That），收在她一九六八年的文集《向伯利恆慢行》（*Slouching Towards Bethlehem*）裡，在一個題爲〈思緒七所〉（Seven Places of the Mind）的單元結尾。用這篇文章總結其他關於沙加緬度（Sacramento）、夏威夷和紐波特（Newport）的文章，蒂蒂安點出紐約就像大部分的地方一樣，不只是思緒的所在，也是常常被人以別的地方作爲濾鏡觀看的所在。

從世界各地而來的人搬到紐約去，任憑你筋疲力竭、一貧如洗、野心勃勃或毅然決然，都爲它所代表的東西——工作、成功、自由、接納、耀眼魅力——所吸引。從他處靠近紐約增大了紐約的力量。關於這座城市，許多關於「紐約」的觀念，都來自數以百萬面小小窗片下的想像視角。

而對我來說，要接納自己與紐約的關係挺困難，尤其現在我已離開那裡了。這就跟去看看，眞的去看看你媽媽的臉孔一樣困難。它太熟悉了，你未曾感到陌生，但也不能說你曾經以任何客觀的方式觀看它。

---

i 瓊·蒂蒂安（Joan Didion，一九三四—），美國報導文學作家、小說家。

＊

在亞莫爾．托歐斯ⁱⁱ的小說《上流法則》（*Rules of Civility*）裡，女主角在布萊頓（Brighton）海濱出生長大，想盡辦法爬進曼哈頓的上層社會裡。當她在書報攤被人認了出來，便假裝和這個來自自己過往的人素昧平生。賣報紙的把這些都看在眼裡，最後宣告：「這就是出生在紐約的麻煩呀〔……〕你不像人家還有紐約可以逃去。」

＊

蒂蒂安描述了她從北加州搬到紐約的新鮮感：站在街角吃一顆桃子，或聞到一抹昂貴的香水味。她記得她曾這麼想：在紐約「沒有什麼是不可挽回的，什麼東西好像都觸手可及。」一個土生土長的紐約客可不會這樣覺得。你要不沒剩下什麼好伸手探取；要不就是，伸手爭取像是在背叛你原本開始的起點。

紐約曾定義了一座城市對我而言的所有涵義，提供漫步、創造、成爲個人物、交友和上床的自由，但紐約也讓成年後的我焦慮和感到幽閉恐懼。那些長長的大道，那些聳然而立的高樓，宛如俯視監看的巨人。那些大道縱貫而走，那些街道東西穿行，你怎麼能在網格狀的世界裡漫步呢？一旦你熟了，你就是熟了。我的紐約中產階級生活被劃定如是：上大學、有事業、找人嫁、買房子、生小孩。下一代的人生也會這樣重複。我當時的同居男友是個房地產開發商，他買了部車。那簡直是我們終結的開始。他想要以每小時六十哩的速度飆向未來，我想用走的。

無法請人把冷氣關掉，可曾有人這麼年輕過嗎？二十三歲的蒂蒂安這樣問道。我那時二十五歲，有著年輕人的道義決心（或也許是佯裝出的成熟），覺得因為我們住在一起，所以我應該留下來。我能做的被限縮到跟他車裡的座椅一樣窄，最後我就再也受不了了。像是把自己釋放出來一樣，釋放到夜涼的風中，我搬去了巴黎。

*

我搬到巴黎快要十年的時候，對自己下一年或下五年究竟會到哪去毫無頭緒。有幾件事情同時發生了，讓我不禁思考自己還能不能在法國有個未來。我的公民身分申請被拒絕了，我的婚約解除了，我的工作權跟著學生簽證一起失效，所以僱主無法繼續用我。當我察覺時，申請

ii 亞莫爾·托歐斯（Amor Towles，一九六四—），美國小說家，最新作品為《莫斯科紳士》（*A Gentleman in Moscow*）。

別的教職爲時已晚。我在法國駐紐約領事館預約了一次諮詢，希望他們有辦法幫我化解困難。諮詢前兩週，我正要從倫敦到巴黎去，卻在聖潘克拉斯車站iii被法國海關攔了下來。

「爲什麼你要來我們國家？」他問。

「我住在那裡，」我這樣回答，「你的國家也是我的國家，算是啦！」

「你的簽證在哪裡？」

「兩星期前它過期了，我預約了諮詢要更——」

「如果你沒有簽證，你就不能來。」

「我想我能用觀光簽入境。」

「但如果你住在法國，你就不是觀光客。」

「噯——」

「所以你非法住在法國嘍？」

「沒有，我從來沒有非法住在法國過。」

「請跟我過來。」

他將我帶進了間後面的辦公室，檢查我的行李和電腦上的資料。我害怕——什麼？怕他不准我入境法國？那這樣之後最糟的狀況會是什麼？我把我最後的一張簽證、我去紐約的機票、預約去領事館更新簽證的確認電郵通通拿給他看。（這些是一個流浪者身上得隨時帶齊的文件。你看，我是合法移動的。看啊，我沒有做壞事。）我說我有法文博士學位，然後曾在法國大學教書。我告訴他我的歸化申請是因爲收入不夠才沒過，不然面談過程其實很順利（我們這邊遇上的人大部分甚至連法文都不會説。那位女士這樣透露，看起來像是在跟我保證我屬於「好的」移民）。最後，終於有人在電話上告訴他可以讓我上火車，於是他要我把行李收好。我強忍著淚問他，何必讓我經受這些呢。

他聳了聳肩，說：「你也知道，我們要去你國家也很難啊！」

經過了那一次，紐約就像避風港一樣。我想要回到家人和老朋友身邊，我想要回到一個會迎接我，而非斥責、質問、羞辱我的地方。我想，大概到此爲止了吧。也許搬回家的時候到了。

*

幾個月過後，疲於奔命、無所適從又沒工作，我回紐約待了六個星期來釐清現狀。結果我發現：我連自己的城市也要認不出來了。曼哈頓滿街都是銀行家和蹣跚學步的銀行家；布魯

iii 倫敦聖潘克拉斯車站（St Pancras Station），「歐洲之星」列車在倫敦的發車地。

克林則四處可見雅痞和牙牙學語的雅痞，還有那種你會在ＨＢＯ影集《女孩我最大》（*Girls*）裡面看到的那種二十多歲年輕人。在紐約活著好像只有兩種步調：已婚或非常、非常年輕，我不知道該把自己放入哪一類。看著《女孩我最大》，我眞不知道該怎麼懂它的美學、價值觀和提高的尾音——那是眞心的還是在嘲諷？兩個都有一點？是要怎麼兩者皆是？在我那個年代——《女孩我最大》是那種會讓你想說「在我那個年代」的影集——在我那個年代，我們根本不會辦晚宴邀朋友來（像漢娜辦的那種，看起來機能不健全），我們跟《慾望城市》的凱莉・布雷蕭（Carrie Bradshaw）一樣會用烤箱烘鞋子，在公共空間跟朋友聚會。感覺上我所認識的紐約已經消失了，就像電影《大魔域》（*The NeverEnding Story*）的片尾一樣，幻想國被空無（在紐約則是房地產開發商）所吞噬，化爲一粒沙（在這裡則是布魯克林）。

我住在紐約時，對布魯克林一片陌生——在那時候，我還住得起曼哈頓。某個十二月的週五夜，我答應跟朋友約在布魯克林高地（Brooklyn Heights）的一間餐廳。我的手機沒有辦美國的電信服務，所以沒有Google地圖可以用。出門前我在筆記本上簡單畫了張那區的地圖。我早到了，所以想在見朋友前四處走走。我在約克街（York Street）下車，才五點半天就黑了。布魯克林看起來名不符實，那些鵝卵石街道、那些古董衣服店和有咖啡師拉花的平等交易咖啡店都跑去哪裡了呢？我只看見一望無際的停車場、鐵絲圍欄還有高聳的公寓建築。我拐了幾個彎，來到一條照明不足的街上。那裡的房子看起來還很新，方方的像箱子，有點粗糙。有個男的頭戴毛帽，朝我走了過來。是敵是友呢？空街一條，兩個陌生人相對，十二月的冷風添了絲緊張。

最後我終於到了哈德遜大道，那裡地上有鵝卵石，加上一些舊磚房混搭有鋁皮的新房。餐廳裡很溫暖，燈光優美，磚牆漂亮，是那種你能在巴黎、倫敦或紐約找到，然後覺得「這好巴黎，這好倫敦，或好紐約」的地方。那種好都會的地方，也就是那種食物會長什麼樣子、整個晚上會是什麼感覺，你都一清二楚的地方。這樣的熟悉感同時也讓人迷失，就好像我在一張很舒服的床上醒來，但還不知道那是誰的床一樣。我坐上了一張吧檯凳，點了杯紐西蘭夏多內白酒，打開雷貝嘉·索爾尼的《迷路田野指南》（*A Field Guide to Getting Lost*）。

「迷失」（lost）這個字，索爾尼說它來自「古挪威語 los，意即一個軍隊的解散，這個字的字源指的是士兵離開隊伍回家，和整個大世界休戰。」她說「永遠不迷路，就是不去生活，不懂如何迷失會將你毀掉。」不過當我迷失的時候，我只想要溜回知道自己在哪、要往哪裡去的人龍中。如果你從行伍中脫了隊，就算戰爭結束了，你就永遠不會停止懷疑自己，忖著他們到底會不會把你找回來。

＊

經過了好些在陌生歐洲城市迷失的日子，我在這裡，在我自己的城市迷失了。有一晚在東村（East Village）我和一群朋友加一個來找我們的英國朋友喝到酩酊大醉，接著我們開始往北走，我想我們該搭地鐵到布魯克林去。「我們是要去哪裡？」我口齒含糊地問。「搭L線，」有人回答。「那L線會停在這裡嗎？」我問。我只知道L線是從城西到聯合廣場的快線。那個英國朋友向我吐槽說：「我以爲你是個紐約客。」我能在地鐵路線圖上看見那條線如何穿過紐約東河，拉得長長——將曼哈頓與布魯克林切開的一線淡藍，讓它們看起來像是兩片即將要合攏的拼圖，讓從第一大道去貝德福大道，跟從百老匯到第六大道一樣稀鬆平常。但在我腦中，東河是塊大屏障，過河的火車並不會直直前進，而是突如期來地遁入一個地域，那個地方無法被東西南北整齊劃分。最後我在布魯克林刷票上車，一路坐回到長島的家去，覺得跟郊區來的一樣又土又羞。我當紐約客的那些年是有什麼用呢？當我不在的時候，「紐約」的地圖一筆也沒動，紐約卻自己整個變了。

＊

我有親戚每次看到我都會問：所以你什麼時候要回家呀？好像我是家中浪蕩的成員，脫隊爲的是要啓程到他處去，而非索爾尼的古挪威士兵，脫隊爲的是要回家。我被當成逃兵。他們是第一代和第二代的美國人，本身或父母至早在一九三〇年代，至晚在六〇年代從義大利來到美國。他們言下之意是說我不屬於法國，屬於家裡，我啓程的地方。那爲什麼他們就不屬於義大利呢？還是他們其實這樣覺得？我從來沒問過。

我爸爸花了好幾年，才停止問我同樣的問題；我妹妹也花了幾年才不會再說：噢，我知道了，你不能回來，因爲回來會像是你的某種失敗，對嗎？可是沒有人會那樣想啊！我媽則會嘆口氣，說：只要你高興就好。她是家裡唯一一個不會扯到歸屬感，但扯到存在狀態的人。

*

在巴黎，我能替自己做決定，在完全屬於我的情境下營造生活。在我巴黎的朋友圈中，我們都有一項共通點：在某個時機下，我們都選擇離家搬到巴黎來，我們都爲眼前的可能性興奮不已。

我遇見從世界各地來的人——俄羅斯、伊朗、印度、德國與巴西——並感到前所未有的獨立感。我不用因爲自己在那裡出生就定居美國，外頭有偌大一個世界。我可以住在任何我想居住的地方，我想住在法國。

那是一次頓悟。一個下雨的夜晚，我和室友分著義大利麵當晚餐，想到這個概念何其廣大——我們可以去任何我們想去的地方、做任何事——我們這樣告訴彼此。

*

但這不是眞的。後續顯示只要有錢，美國人可以到各處去，但我們待不下來。沒有簽證就待不下來。這是我討厭那個海關人員的另外一個原因。好啊，你不能去美國——我想這樣告訴他：可是你能去西班牙、希臘、義大利、英國——隨你挑。歐盟的計畫就是要促進人與物品的自由流動，這是歷經整整一世紀的戰事後學到的一課：國界也許達成了一定的行政目的，但爲了追求資本主義和共同利益，它們應該要易於穿越。然而，歐洲今天正在經歷自第二次世界大戰以來最嚴重的難民危機。就在我寫作之際，有人——大多來自敘利亞，或阿富汗，或伊拉克——擠向德國邊境，卡在匈牙利的火車站，被塞入加萊（Calais）的難民營，冒著生命危險想要到英國去，或在前往希臘的海上翻船。他們過得去嗎？如果過了，他們會被准許留下嗎？如果是的話，他們就會成爲歐洲的明日，不過有很多人並不樂見此事發生。他們仍捍衛著一個白種、基督教的歐洲，即便那概念主要是他們自家虛構的產物。極右派人士不但覺得他們會因爲與他者接觸而變弱，還認爲他們自己會變成那群溺水的人。

*

我們美國人之中的大多數都來自別的地方，難道相較於屬於別的地方，一個美國人就更屬於美國嗎？在別人的土地上建立國家的暴力是該怎麼解釋？上有這樣的傳承，有哪種美國身分認同的模式，能毫無問題地運作？但世界上的每個國家不都是建立在誰占有哪塊地的衝突上嗎？整段人類歷史就是移民與征服的故事。我們都是被放逐的人，只是有些人的意識比其他人還要強烈。

這裡眞正的問題是：任何國族身分究竟是不是眞的站得住腳。後殖民理論家霍米・巴巴（Homi Bhabha）曾說小眾主義式（minoritarian）的身分也能很有力量，但若將他們固化成實體形式，成爲人躲在其內捍衛的城垛，力量並不會從其中而生。這些身分必須保持流動性。

美國人透過其他地方的斷裂來描述自己，將他們的起源與那些光用名字不足以定義或包容我們的國家，縫合在一起。在代表族裔的連字號前加上去的——墨西哥裔美國人（Mexican-American）、義大利裔美國人（Italian-American）——比後置的詞語更能界定你是誰。我和我妹妹有著猶太混義大利混愛爾蘭的背景，在我們長大的地方，跟其他只是猶太裔美國人、義大利美國人，或愛爾蘭美國人的孩子比，在種族上沒那麼「純粹」。我們的混種性缺乏一個詞彙，因爲在文化上的身分有塊處於剩餘（surplus）的狀態，我們就好像一點文化身分都沒有。

難不成在這些額外的身分紛紛分解後，我們才會眞的變成「美國人」？我不這麼覺得。中和這些歧異歷史的方式，不是去宣示本質：「我是甲」或「我是乙」。對我來說，中和發生在寫作中。寫作是嘗試去了解、嘗試去直抒這些身分與歸屬感的怪異綜合狀態，也是我能不被叛逆或悔恨吞噬的唯一途徑。轉哪一個彎道，走哪一條路線，走上一條路就是不去走別條的意思。書寫一件事，就是要省略好些別的事，就是要排除。爲了可讀性，有些東西就是得被去掉。每句話都是個十字路口。

*

隨著我年紀漸長，漸漸開始對我爸爸奉行的猶太教感興趣，認眞考慮過要皈依，但又反悔了。在我們這個啓蒙的時代，爸爸媽媽誰信猶太教應該無關緊要，他們應該看我家外面的門框經文盒（mezuzah）就知道了。

凡走過得留下些痕跡。巴巴說就是在那些疆界上「有些東西開始有些眉目」，開始被看見，用不同的方式產生意義。當我們逼近疆界、跨越疆界時，有些事情會就此發生；有些模稜兩可的東西會被保存下來，無法被某種同質的身分吸納。在我的經驗中，那些捍衛同質性的人，根本沒把那些穿越國界的人、不在乎或無法在乎國界的人放在眼裡，或應該說用另一種方式關注他們——忿然對抗他們。

從美國漫遊到歐洲，再到亞洲，然後回來，中途只遭遇過些微的阻難——能讓我的漫遊癖付諸實行是一項特權。但我學到，能拔掉自己的根是種同理心的展現，去面對我們沒有任何人受到屬地保護的事實。

當心那些根。當心那份純粹。當心恆定不動。當心你根屬某處的毛骨悚然感。擁抱流動、羼雜與融合。「除掉家鄉並不是要無家可歸，」這位名叫霍米的優秀評論家這樣寫道。[1]

*

二〇一五年八月，我的律師寄了一封電郵給我，說我的法國公民身分申請過了。過了十一年，從一張簽證換到下一張簽證的人生，加上兩次打回票，他們終於准了。你可以留下來。

現在既然這成眞了，我自忖，這對我又意味著什麼？我用力往下想，看可不可以從這個概念擠出些神秘的果汁或熏鼻的氣味。我能想到的就是：如果日常生活中我不再處於搖搖欲墜的邊邊角角，我要怎麼界定我自己？

然後話說回來，變成「法國人」的意思又是什麼？我在這裡交了很多朋友，在這裡談了戀愛，在這裡碎了心，在這裡結了婚，在這裡懷過孕，在這裡沒了小孩，被檢查被動過手術，被評比過排行過，得到工作，丟掉工作，照顧我自己和我的狗，買了一間公寓又出了書，這些我都用法文做了。

這代表不了什麼，這份新的護照，它沒有辦法把我變得比較法國或不那麼美國。它是對一個地方投注自己的認可，它代表我可以留下來，是一項我不會輕忽以待的授權。

在蒂蒂安散文將盡之處，她說的是放下紐約，講精確點，是放下對紐約的一份幻想。那個旅館裡的女孩並沒有眞的住下來，也沒有由內裡去認識一個地方過。

我會用剩下的人生來試圖由內在認識巴黎。有好多地方我都不認識，尤其是城市的邊陲之外，但那些地方很快就會被併入大巴黎，因爲巴黎將要把一百五十年來都沒有動過的邊界一一打破。

然後還有那些曾令我感到親密、滾瓜爛熟的地方，我會重走過那些地方，用不同的方式去了解它們。抽足再入，已非前石，他們不就是這樣講的嗎？[iv]有天你走著走著，擔心他們隨時都會把你趕走，結果隔天你就變法國人了。

*

當我要從甘迺迪機場離開時，飛機在跑道上等待起飛，我看著窗外試著不要湧起太多情緒。我爸媽應該剛開上范維克（Van Wyck）高速公路吧，我想像著。雖然我媽強忍著別哭，但她還是在哭。我爸爸還是不懂爲什麼我不回家就好。而我坐在跑道上，想著同樣的問題。

夜間漆黑的機場好美，像在告訴我紐約仍是個謎趣橫生的地方，我仍需要這樣的它，來日好待上一待。黃光、紅光、藍光層層交疊，讓遠方的地平線看起來熠熠鑲著火邊，更遠的地方則有點藍燈的跨海大橋（Cross Bay Bridge）。靠近地面的飛機掛在天空中，閃著燈表示它們

iv 原文「Never the same cobblestone twice」想法援引前蘇格拉底時期（Pre-Socratic）哲學家赫拉克利特斯（Heraclitus，西元前五三五—前四七五）名言「濯足清流，抽足再入，已非前水」（No man ever steps into the same river twice.）。

即將降落。好幾哩遠外，有條地鐵列車遙相平行駛過，鐵道上一逕的燈，那是A線正往洛克威（Rockaways）去。然後我們離地有了四十五度，下方家鄉那些黃燈對稱而澄亮，接著成了一片網格，直到它們通通消失在雲霧之下。

但在另一邊，是巴黎。

詩人瑪莉琳．哈克[v]也解這般風情，她也活在巴黎／紐約的拉扯之中。我有次聽她說：她要起飛離開巴黎時，就會一直哭一直哭。她的詩有很深邃的官能性，機智又尖銳，但我想我最喜歡的還是她將紐約與巴黎直覺地並置在一起。在她的詩選《廣場與中庭》（*Squares and Courtyards*）裡，有一對詩寫的是長島鐵道路（Long Island Rail Road）對上一首詩寫聖凱瑟琳市場廣場（Place du Marché Sainte-Catherine）。然後在《絕望集》（*Desesperanto*）裡的一首詩中，她寫：「巴黎，優雅的灰／教母，慰藉／心碎搖籃曲／地鐵站的味道／你不會拋棄我。」但這是無可避免的。在城市之間生活，我們被城市拋棄，就跟我們拋棄它們一樣頻繁。因爲如果它們能滿足我們所有的需要，我們就不用離開了。

自從我離開紐約之後，我生活中的罪惡感比我住在那裡時還要重——而且我還同時繼承了來自猶太以及天主教家庭的原生罪惡感。住在國外，我想念婚喪喜慶、颶風還有日常生活，時不時用 Skype、臉書和 WhatsApp 跟爸媽、妹妹與朋友保持生命線通暢。現在呢，我透過電腦上打開的視窗來看紐約，我就跟世界上其他地方一樣，從他處看著紐約。

當我造訪紐約時，我與紐約的強烈聯繫使我驚訝。開進東河公路（East River Drive）朝我妹妹在砲臺公園（Battery Park）的家去，頭上會經過三座橋，我媽會跟著唱起紐約之歌——威廉斯堡（Williamsburg），曼哈頓，布魯克林——這就夠讓我想要投降留下來了。我無法抗拒它們鏽斑累累的實體感，它們穿過天空的方式，那麼崇高又那麼工業地伸進曼哈頓島上較爲柔軟的那一面。那些橋是我的曾祖父輩蓋的。事實上呢，我的祖父母會認識，就是因爲他們的爸爸一起築橋。我家世代出工程師，父母雙方都是，他們一磚一磚砌起了城市，在東河泥沙之中挖出隧道。當你飛走了，去別處過自己的生活，就會遺忘這些；但就在你靠回起點的那一瞬間，重力會強化它的拉扯，將你拽向地面。

但我的城市不再是我的了。但它又永遠會是我的，比起其他地方還要親。我們用雙腳去認識自己的城市，當我們一走人，那些地景就變了。我們便無法再踩得那麼穩。但或許這是好事。這只是怎麼看的問題，還有看見不想看見的東西時所產生的反感。也許和我們熟諳的事物保持距離還是好的，和它們稍稍斷線，而不要裝熟逞能。在我們不認識的城市底下，堆疊著我們所

v 瑪莉琳·哈克（Marilyn Hacker，一九四二—），美國詩人。

認識的所有城市。

離開紐約使我有辦法重新看待它。前往城市途中，搭上長島鐵道路，我想著以前這段路有多無聊，得想法子捱過去，而不是好好享受。但自從我搬走以後，我漸漸學會去喜愛這段揉合郊區與城市的路程，愛上特屬工業風色調的混合。大型超市的後街。紅落葉堆上的咖啡杯垃圾。法明岱爾區（Farmingdale）。為聖誕節而布置的陽臺。卡在枝梢間的塑膠袋。有著列柱和假夾板的新殖民風兩層樓建築。修剪來假裝是托斯卡尼植披的松樹（如果你不住在義大利，自己的樹自己種），全島卡車貨運服務（All Island Truck Supply, LLC）。伽科計程車公司（Checker）。冬天關閉的游泳池。禁止穿越。後院，有些圍了籬笆，有些沒有。蘇珊酒吧——七十五分錢啤酒的家。貝斯沛吉區（Bethpage）。該怎麼把帶刺鐵絲網和電線分開，把磚牆上的柏油和混凝土分開呢？在一個亂糟糟、反美學的郊區小工廠裡，形隨機能走。希克斯維爾區（Hicksville）、米尼奧拉區（Mineola）、牙買加區（Jamaica）。類鄉村搖身變成了城市。外有鐵絲網圈戒護的紅頂大樓。一堆又一堆的垃圾。量販店圍籬。有露臺和小後院的屋子。指向天空的衛星接收盤，準備收取來自別的太陽系，或至少來自遠方家園的訊息。隧道。十層大樓。火災逃生出口：出租公寓建築。都鐸式門面（如果你不住在都鐸時期的英格蘭，那就假裝你是）。二十層大樓。頂樓停車場。三十層大樓，到處都是。什麼都蓋——這樣便宜嗎？

會沒事的。用磚頭堆。拿塑膠聖誕老公公裝飾陽臺。飛得低低的飛機。粉彩色半斑駁的屋子。遠方有個有座大樓，亮閃閃的屋頂上掐起了泰式簷角（如果你得離開泰國，重建一個你的泰國）。林邊洗車場。廣告看板的背面。繪兒樂（Crayola）蠟筆組風格的塗鴉。磚房風景。里程碑廚具衛浴公司（Milestone Kitchen & Bath Corp.）。穿著橘黃反光背心的男人。「你們一切過路的人哪，這事你們不介意嗎？」（〈耶利米哀歌〉〔Lamentations〕一：十二）。鐵灰色，混凝土藍，鐵鏽紅，上頭有直挺挺的紅白相間煙囪。我祖父輩蓋的橋的鋼骨。雄偉的鋼鐵天際線。裝飾風藝術的帥。南濱的錨不在了。下一站，賓州車站。這就是我，這就是那裡的我。

跋・女子漫遊

Epilogue · Flâneuserie

在最聞名的女子行走圖像中，有一張情景的意涵讓大家莫衷一是。一名年輕女子走在佛羅倫斯街頭，將披肩抓在胸前。她周遭的街上有十四個男人。至少有八個在看她。有一個手插在口袋裡，擋住了她的路。她右邊的男子表情有點扭曲，看起來正抓著他的褲襠。步子踩到一半，她帶著像是擔憂掛慮的神色。而構圖的張力——那條彎路，她往前挪的重心、往後飄的裙襬——暗示往前的動勢，同時她彷彿正預備著要繞過那些擋在路上，一動也不動的男人。

這其中表現的東西太好猜了。畫面截下的是二十世紀中的街頭騷擾。看看女人當眾過街時要處理什麼東西。

但旁人的臆測不同於照片中的女人自己所說的。二〇一一年正逢那張照片的六十週年紀念日，她受到美國國家廣播公司（ＮＢＣ）《今日秀》（*Today Show*）的節目採訪，說：「這象徵的不是騷擾，而是女人在充分享受這段時光！」[1]因爲實際上這名女子——眞名叫妮娜利・克雷格（Ninalee Craig），但當時自稱金克絲・艾倫（Jinx Allen），將要嫁給一位威尼斯公爵。她是個二十三歲的美國人，自己在法國、西班牙與義大利旅行。攝影師茹絲・歐爾金（Ruth Orkin）也是個二十幾歲的美國女性，自己在外闖蕩，手頭拮据但享受這種生活的每一分鐘。她們在城市中帶著相機「信馬由韁地亂逛」，由歐爾金拍下金克絲欣賞風景、問問題、殺價和在咖啡館裡打情罵俏的情狀，那張照片就是那時拍的。那塊披肩是塊亮橘色料子，墨西哥式的，她身上的洋裝則是向迪奧New Look系列作品致敬的款式。她的手提袋是馬的飼料袋。對金克絲和茹絲而言，照片要給觀者的訊息，關乎的是獨立性和啓發力，要敢於和常規玩耍，不論是在衣著打扮還是對女人應有舉止的期望上。

街上的女人是個游移不定的形像，這肯定是的，就像那幅很有名的鴨兔同形圖，證明了感官接收本身既有的模稜兩可。她究竟是個無入不自得的漫遊女子，還是男性眼光下的物件，是隻兔子還是鴨子？有趣的解讀方式其實產生於兩者之間，在那個充滿張力與牴觸的地帶，我們的抗拒與人們的期待對峙。那張照片便這樣成了備受崇拜的圖像，裝飾著從大學宿舍到披薩店的牆壁，這意味那張圖孕育著豐沛能量。那樣的信馬由韁，克雷格和歐爾金口中那樣的憨傻和好玩，展現了空間是拿來讓我們重塑用的。

空間不是中性的。空間是個女性主義議題。我們所占據的空間——這裡，在城市裡，我們這些城市人——時時刻刻經歷著重塑和拆解，經歷著建構與驚嘆。「空間是項疑難雜症」，喬治・培瑞克這樣寫道，他說：「我得不時劃記空間、界定空間。它永遠不是我的，永遠不是送上門來給我的，我得去征服它。」

從德黑蘭到紐約，從墨爾本到孟買，一個女人仍不能以男人被允許的方式在城市裡行走。城市羅滿看不見的疆界、摸不著的規矩，滿是區隔誰可以去哪的閘門——特定的街坊鄰里、特定的酒吧餐館、公園，所有表面上通屬公共空間的地方，實際上保留給不同種類的人。我們對之如此習以爲常，以至於我們幾乎沒有注意到，在表象底下決定這些區隔方式的價值觀。這些價值觀可能是隱形的，但它們決定了我們如何在城市中流動。

它們存在於大樓與大樓之間，藏在一堵牆的兩面，環繞籬笆與欄杆，上下樓梯，穿過紅綠燈，散見於路標與告示牌。

它們成形於地下鐵道和地上電車，在地上地下迆邐而行，俯衝地表，環套電線。它們住在小道、死巷、邊街和中庭的負面空間中。

它們占下了空間。空間中的空間，各種各樣的空間，布著一道道社會常規，像一塊禁止標誌一樣，鐵錚錚有力地嵌在那裡：

私人花園——沒鑰匙就別進來，可別跳過圍欄，非法穿越。

公共花園——晚上不要去。本園天黑後即關閉。

開放公園——住滿了流浪漢，如果你在他們的長椅床上和他們並肩坐下，會讓他們大吃一驚，除非你也無家可歸。但如果是這樣的話，你應該會坐在自己的長凳上。

城市廣場——Plaza，Place，Piazza，Platz。你怎麼使用那空間取決於你是誰，民族誌學家娜賈．莫內（Nadja Monnet）在研究巴塞隆納加泰隆尼亞廣場（Plaça de Catalunya）時，注意到了這一點。雖然那座廣場是全城最出名的景點之一，當地人傾向避開那裡，寧可在附近的酒吧碰面。她曾與一名因為坐在加泰隆尼亞廣場而感到不舒服的（女性）觀光客交談，莫內本人對那份不舒服也有同感。「在那裡見誰都不對，你不知道該把自己擺到哪裡去。如果你站在廣場中央，你會覺得自己很蠢，好像被看光了。」莫內發現就算是當地人，使用廣場空間的女性仍少於男性，「雖然在工作時間接近尾聲、學校放學時，會出現女性使用者的高峰」，女人鮮少會獨自坐在那裡的長椅上，「如果她們這麼做，並不會久留。」

維吉尼亞．吳爾芙一九二七年的散文〈出沒街頭〉意圖要藉走越城市，劃出一個去性別化的空間。出外上街，我們就成了觀察周遭的個體，是「無名閒晃人組成的茫茫共和軍一員」。

無論我們想用雌雄同體的雙性目光賞覽城市，或當城市中勾起慾望的身體，或以千萬種方式遊走兩者間，吳爾芙想告訴我們，人能藉由關注有情風景的千變萬化，而將自己融入城市的世界。只有意識到城市裡那些無形的疆界，我們才能挑戰它們。女性的漫遊（flânerie）——女子漫遊（flâneuserie）——不只改變了我們在空間中移動的方式，也介入了空間本身的組織。對於空間，我們主張自己有權去攪亂和諧、去觀察（或不觀察）、去占據（或不占據），還有去組織（或拆解）——以自己的方式。

致謝辭
Acknowledgements

紀念珍・馬庫斯（Jane Marcus）

「浪花也在我之中升起。」i

這本書得以存在，大半要歸功於蕾貝卡・卡特（Rebecca Carter）和帕麗莎・埃博拉西米（Parisa Ebrahimi），她們相信這本書，也看見它的潛能。謝謝你們的支持、耐心和力挺，眞的，謝謝你們做的全部。謝謝詹克洛與內斯比特作家經紀公司（Janklow & Nesbit）和查托與溫德斯出版社（Chatto & Windus）全員的努力與熱情。我也想要向莎拉・賈爾方特（Sarah Chalfant）、艾爾巴・齊格勒貝禮（Alba Ziegler-Bailey）、克莉絲緹娜・摩爾（Kristina Moore）及懷禮版權公司（Wylie Agency）的所有人，還有法勒、史特勞斯與吉魯出版社（Farrar,

Straus and Giroux）的艾琳・史密斯（Ileene Smith）與強納森・加拉喜（Jonathan Galassi）致謝。

有群人以千百種方式幫助了這本書，有的透過對話或建議，也有零星的評語。這些人包括了凱瑟琳・安卓（Katherine Angel）、蘇珊・巴爾博（Susan Barbour）、雷克西・布魯姆（Lexi Bloom）、費・布浩爾（Fay Brauer）、佐伊・布浩爾（Zoe Brauer）、亞曼達・丹尼斯（Amanda Dennis）、艾利森・戴佛斯（Allison Devers）、珍・哈娜・艾德斯坦（Jean Hannah Edelstein）、梅爾・弗拉許曼（Mel Flashman）、黛博拉・弗瑞戴爾（Deborah Friedell）、傑歐夫・吉爾貝特（Geoff Gilbert）、珍・古德曼（Jane Goldman）、海澤・哈特利（Heather Hartley）、艾莉莎・雅克伯森（Elissa Jacobson）、克莉絲提娜・強森（Christina Johnsson）、茱莉・克萊恩曼（Julie Kleinman）、艾蜜莉・克普利（Emily Kopley）、莎拉・克拉墨（Sara Kramer）、潘・克拉斯樂（Pam Krasner）、黛博拉・李維、莎爾緬因・樂芙古羅（Sharmaine Lovegrove）、哈莉葉・愛麗達・徠（Harriet Alida Lye）、安・馬賽拉（Anne Marsella）、丹尼爾・梅汀（Daniel Medin）、詹姆士・波爾欽（James Polchin）、賽門・普若瑟（Simon Prosser）、羅莎・藍琴—吉（Rosa Rankin-Gee）、塔提娜・德羅尼（Tatiana de Rosnay）、雷貝嘉・索爾

i 原文「And in me too the wave rises」語出維吉尼亞・吳爾芙小說《海浪》。

尼、史特利歐斯・薩德拉斯（Stelios Sardelas）、羅伯・薛爾登（Rob Sheldon）與羅素・威廉斯（Russell Williams）。

這本書有些部分來自原本投給「自由作家」（Writers at Liberty）、《格蘭塔》雜誌（*Granta*）還有散文集《再會了那一切：愛與離開紐約》（*Goodbye to All That: Writers on Loving and Leaving New York*, Seal Press, 2013）的稿子——謝謝這些地方的編輯讓我有機會和空間去想通某些議題。

也謝謝來自大英圖書館、法國國家圖書館、紐約公共圖書館的館員，還有羅瓦爾河畔聖代耶（Saint-Dyé-sur-Loire）的羅倫斯・拉伯登（Laurence Labedan），以及雷納第宮（Palazzo Rinaldi）的畢娜與拉斐爾・卡帕拉（Pina and Raffaele Caprara）。

我謝謝我的老師：瑪麗・克雷根（Mary Cregan）、瑪莉・安・考斯（Mary Ann Caws）、凱瑟琳・貝爾納德（Catherine Bernard）與珍・馬庫斯。

我還要跟我最好的朋友兼最好的讀者——伊莉莎白・福爾蒙（Elisabeth Fourmont）和喬安納・沃爾什（Joanna Walsh）說聲謝謝，你們讓我的洞見更銳利，也讓我的笑話更好笑。

致我的婆婆，卡蘿・文傑特（Carole Wingett）——通往阿普蘭路（Upland Road）的旅途總是愉快的。

致我的家人——派翠西亞與彼得・艾爾金（Patricia and Peter Elkin）、卡洛琳（Caroline）、伊姆瑞（Imri）與艾安斯利・艾斯納（Ainsley Eisner）。你們讓我有了個起點，還有一個家可以回。

也致小兔兔。

最後，在生活中的大漂移中，也致我的伴侶，賽博・埃米那（Seb Emina）。且引一句偉大的凱特・麥可蓋瑞格遺留下的話：

走在你身邊／我就永遠不會走得難過。[ii]

---

ii 語出加拿大民謠歌手凱特・麥可蓋瑞格（Kate McGarrigle，一九四六—二〇一〇），〈走路歌〉（Walking Song）。

圖片來源
List of Illustrations

參考文獻
Bibliography

Angier, Carole, *Jean Rhys: Life and Work*, Boston: Little, Brown, 1990.

Arons, Rachel, 'Chronicling Poverty With Compassion and Rage', *New Yorker*, 17 January 2013.

Athill, Diana, *Stet: A Memoir*, New York: Grove Press, 2002.

Auster, Paul, *Leviathan*, London: Faber, 1993.

Balzac, Honoré de, *Les Petits Bourgeois* (1843), *La comédie humaine*, 7 vols, Paris: Editions du Seuil, 1965–66.

Barthes, Roland, *Empire of Signs* (1970), trans. Richard Howard, New York: Hill and Wang, 1982.

—, *A Lover's Discourse* (1977), trans. Richard Howard, London: Vintage, 2002.

—, *Camera Lucida* (1980), trans. Richard Howard, New York: Hill and Wang, 1981.

Bashkirtseff, Marie, *The Journals of Marie Bashkirtseff*, 2 vols, trans. Phyllis Howard Kernberger and Katherine Kernberger, New York: Fonthill Press, 2012.

Baudelaire, Charles, 'Le Cygne', *Les Fleurs du Mal*, Alençon: Auguste Poulet-Malassis, 1857.

—, *The Painter of Modern Life* (1863), trans. Jonathan Mayne, New York: Phaidon, 1995.

Benjamin, Walter, *The Arcades Project*, ed. Rolf Tiedemann, trans. Howard Eiland and Kevin McLaughlin, New York: Belknap Press, 2002.

Berman, Marshall, 'Falling', *Restless Cities*, ed. Matthew Beaumont, Gregory Dart, Michael Sheringham and Iain Sinclair, London: Verso, 2010.

Bhabha, Homi, *The Location of Culture*, London: Routledge, 1994.

Bilger, Philippe, 'Philippe Bilger: pourquoi je ne participe pas à « la marche républicaine »', *Le Figaro*, 11 January 2015.

Blair, Sara, 'Bloomsbury and the Places of the Literary', *ELH* 71.3 (2004), pp. 813–38.

Bowen, Elizabeth, *The House in Paris* (1935), Harmondsworth: Penguin, 1976.

Bowen, Stella, *Drawn From Life: A Memoir,* Sydney: Picador, 1999.

Bowlby, Rachel, *Still Crazy After All These Years: Women, Writing and Psychoanalysis*, New York: Routledge, 1992.

Brennan, Maeve, *The Long-Winded Lady: Notes from the New Yorker*, Berkeley, CA: Counterpoint, 1997.

Burke,Thomas, *Living in Bloomsbury*, London: G. Allen & Unwin Ltd, 1939.

Burns, John F., 'To Sarajevo, Writer Brings Good Will and "Godot"', *NewYork Times*, 19 August 1993.

Calle, Sophie, *Suite Vénitienne*, trans. Dany Barash and Danny Hatfield, Seattle: Bay Press, 1988.

—, *M'as-tu Vue*, ed. Christine Macel, Paris, Centre Pompidou: Xavier Barral, 2003.

Coffey, Laura T., *The Today Show*, 18 August 2011.

Coppola, Sofia, dir. *Lost in Translation*, Universal Studios, 2003.

Davidoff, Leonora, *The Best Circles: Society, Etiquette, and The Season*, London: Croom Helm, 1973.

de Musset, Alfred, *Confession of a Child of the Century* (1836), trans. David Coward, London: Penguin Classics, 2012.

Debord, Guy, 'Introduction to a Critique of Urban Geography', in Ken Knabb, ed., *Situationist International Anthology*, Berkeley: Bureau of Public Secrets, 1981.

—, 'Theory of the Dérive', trans. Ken Knabb, *Situationist International Anthology*, Berkeley: Bureau of Public Secrets, 1981.

—, *Panegyric, Volumes 1 & 2*, trans. James Brook and John McHale, London: Verso, 2004.

Derrida, Jacques, *The Post Card: From Socrates to Freud and Beyond*, trans. Alan Bass, Chicago: University of Chicago Press, 1987.

Dickens, Charles, *Hard Times. The Shorter Novels of Charles Dickens*, Hertfordshire: Wordsworth Editions, 2004.

D'Souza, Aruna, and Tom McDonough, *The Invisible Flâneuse?: Gender, Public Space and Visual Culture in Nineteenth-*

Century Paris, Manchester: Manchester University Press, 2006.

Duany, Andres, Elizabeth Plater-Zyberk and Jeff Speck, *Suburban Nation: The Rise of Sprawl and the Decline of the American Dream*, New York: North Point Press, 2000.

Duras, Marguerite, *Practicalities*, trans. Barbara Bray, New York: Grove Press, 1987.

Ferguson, Patricia Parkhurst, *Paris As Revolution: Writing the Nineteenth-Century City*, Berkeley: University of California Press, 1994.

Flaubert, Gustave, *Sentimental Education*, trans. Robert Baldick, Baltimore: Penguin Books, 1964.

Ford, Ford Madox, Preface, Jean Rhys, *The Left Bank & Other Stories*, London: Jonathan Cape, 1927.

Fox, Lorna Scott, 'No Intention of Retreating', *London Review of Books*, 26:17, 2 September 2004, pp. 26–8.

Frickey, Pierrette M., *Critical Perspectives on Jean Rhys*, Washington DC: Three Continents Press, 1990.

Gallagher, Leigh, *The End of the Suburbs: Where the American Dream Is Moving*, New York: Portfolio/Penguin, 2013.

Gallant, Mavis, *Paris Notebooks: Essays & Reviews*, New York: Random House, 1988.

Garrioch, David, *The Making of Revolutionary Paris*, Berkeley: University of California Press, 2002.

Gellhorn, Martha, *The Face of War*, London: Virago, 1986.

—, *Liana* (1944), London: Picador, 1993.

—, *Point of No Return* (1948), Lincoln, NE: Bison Books, 1995.

—, *Selected Letters of Martha Gellhorn*, ed. Caroline Moorehead, New York: Henry Holt, 2006.

Gray, Francine du Plessix, *Rage & Fire: A Life of Louise Colet*, New York: Simon & Schuster, 1994.

Green, Barbara, *Spectacular Confessions: Autobiography, Performative Activism and the Sites of Suffrage*, 1905–38, Basingstoke: Macmillan, 1997.

Greenberg, Michael, 'In Zuccotti Park', *New York Review of Books*, 10 November 2011.

Groskop, Viv, 'Sex and the City', *Guardian*, 19 September 2008.

Harlan, Elizabeth, *George Sand*, New Haven: Yale University Press, 2005.

Hare, Augustus J.C., *Walks in London,* London: Daldy, Isbister & Co., 1878, 2nd edn, 1879.

Hazan, Eric, *La Barricade: histoire d'un objet révolutionnaire*, Paris: Editions Autrement, 2013.

Hemingway, Ernest, *A Moveable Feast*, New York: Charles Scribner's Sons, 1964.

Huart, Louis, *Physiologie du flâneur*, Paris: Aubert, 1841.

Jack, Belinda, *George Sand: A Woman's Life Writ Large*, New York: Vintage, 1999.

Joyce, James, and Philip F. Herring, *Joyce's Ulysses notesheets in the British Museum, Issue 3,* published for the Bibliographical Society of the University of Virginia by the University Press of Virginia, 1972.

Kurlansky, Mark, *1968: The Year That Rocked the World*, New York: Ballantine, 2004.

Lavallée, Théophile, and George Sand, *Le Diable à Paris: Paris et les Parisiens*, *Mœurs et coutumes, caractères et portraits des habitants de Paris*, Paris: J. Hetzel, 1845.

Leaska, Mitchell, ed., *A Passionate Apprentice: Virginia Woolf, The Early Journals, 1897–1909*, New York: Harcourt Brace Jovanovich, 1990.

Lefebvre, Henri, *Production of Space* (1974), trans. Donald Nicholson-Smith, Oxford: Blackwell, 1991.

Leland, Jacob Michael, 'Yes, that is a roll of bills in my pocket: the economy of masculinity in *The Sun Also Rises*', *Hemingway Review*, 22 March 2004.

Leronde, Jacques, *Revue des Deux Mondes*, 1 June 1832.

Levy, Amy, 'Women and Club Life', published in *Women's World*, a magazine edited by Oscar Wilde, 1888.

Levy, Deborah, *Things I Don't Want to Know*, London: Notting Hill Editions, 2013.

Litchfi eld, John, 'The Stones of Paris', *Independent*, 22 September 2007.

Macfarlane, Robert, 'A Road of One's Own: Past and Present Artists of the Randomly Motivated Walk', *Times Literary Supplement*, 7 October 2005.

Magid, Jill, Interview with Sophie Calle, *Tokion*, Fall 2008, pp. 46–53.

Marcus, Jane, 'Storming the Toolshed', *Art & Anger: Reading Like a Woman*, Columbus: Ohio University Press, 1988.

McEwan, Ian, 'How could we have forgotten that this was always going to happen?', *Guardian*, 8 July 2005.

McRobie, Heather, 'Martha Without Ernest', *Times Literary Supplement*, 16 January 2013.

Miyazaki, Hayao, *Ponyo*, Studio Ghibli, 2008.

Monnet, Nadja, 'Qu'implique flâner au féminin en ce début de vingt et unième siècle? Réflexions d'une ethnographe à l'œuvre sur la place de Catalogne à Barcelone', *Wagadu*, Vol. 7, Fall 2009.

Moorehead, Caroline, *Martha Gellhorn: A Life*, New York: Random House, 2011.

Mumford, Lewis, *The City in History: Its Origins, Its Transformations, and Its Prospects*, New York: Harcourt, Brace & World, 1961.

Munson, Elizabeth, 'Walking on the Periphery: Gender and the Discourse of Modernization', *Journal of Social History* 36.1 (2002): 63–75.

Nicholson, Geoff, *The Lost Art of Walking: The History, Science, Philosophy, and Literature of Pedestrianism*, New York: Riverhead Books, 2008.

Niépovié, Gaetan, *Etudes physiologiques sur les grans métropoles de l'Europe occidentale*, Paris: Ch. Gosselin, 1840.

Nora, Pierre, *Realms of Memory: Rethinking the French Past*, Vol. 1, trans. Arthur Goldhammer, ed. Lawrence D. Kritzman, New York: Columbia University Press, 1996.

Parsons, Deborah, *Streetwalking the Metropolis: Women, the City, and Modernity*, Oxford: OUP, 2000.

Perec, Georges, *Species of Spaces*, ed. and trans. John Sturrock, London: Penguin, 2008.

Pollock, Griselda, *Vision and Difference*, London: Routledge, 1988.

Powrie, Phil, 'Heterotopic Spaces and Nomadic Gazes in Varda: From *Cléo de 5 à 7* to *Les Glaneurs et la glaneuse*', *L'Esprit Créateur*, Vol. 51, No. 1 (2011), pp. 68–82.

Quattrocchi, Antonio, and Tom Nairn, *The Beginning of the End,* Panther Books, 1968 (repr. London: Verso, 1998).

Rose, Gillian, *Feminism and Geography: The Limits of Geographical Knowledge*, Minneapolis: University of Minnesota Press, 1993.

Rosen, Lucille, *Commack: A Look Into the Past*, New York: Commack Public School Print Shop, 1970.
Rowbotham, Sheila, *Women, Resistance and Revolution*, London: Allen Lane, 1973.
Rhys, Jean, *Complete Novels*, New York: W.W. Norton, 1985.
—, *Smile Please: An Unfinished Autobiography*, Harmondsworth: Penguin, 1979.
—, *Collected Short Stories*, New York: W.W. Norton, 1992.
—, Francis Wyndham and Diana Melly, *The Letters of Jean Rhys*, New York: Viking, 1984.
Sand, George, *Correspondance*, 26 vols, ed. Georges Lubin, Paris: Classiques Garnier, 2013.
—, *Story of My Life*, ed. Thelma Jurgrau, group trans., Albany: SUNY Press, 1991.
—, *Gabriel* (1839), *Oeuvres Complètes*, Paris: Perrotin, 1843.
—, *Indiana* (1832), Paris: Calmann-Lévy, 1852.
—, *Histoire de ma vie*, 4 vols., Paris: Michel Levy, 1856.
—, *Journal d'un voyageur pendant la guerre*, Paris: Michel Levy, 1871.
—, *Indiana* (1832), trans. G. Burnham Ives, Chicago: Academy Chicago Publishers, 2000.
Sante, Luc, *The Other Paris*, New York: FSG, 2015.
Saunders, Max, *Ford Madox Ford: a dual life*, 2 vols, Oxford: OUP, 1996.
Self, Will, *Psychogeography*, London: Bloomsbury, 2007.
Shikibu, Murasaki, *Tale of Genji*, trans. Royall Tyler, Harmondsworth: Penguin Classics, 2002.
Smith, Alison, *Agnès Varda*, Manchester: Manchester University Press, 1998.
Snaith, Anna, *Virginia Woolf: Public and Private Negotiations*, Basingstoke: Palgrave, 2000.
Solnit, Rebecca, *Wanderlust: A History of Walking*, New York: Penguin Books, 2001.
—, *A Field Guide to Getting Lost*, New York: Viking, 2005.
Sontag, Susan, *Regarding the Pain of Others*, New York: FSG, 2003.

Sparks, Elisa Kay, 'Leonard and Virginia's London Library: Mapping London's Tides, Streams and Statues', in Gina Potts and Lisa Shahiri, *Virginia Woolf's Bloomsbury, Vol I: Aesthetic Theory and Literary Practice*, Basingstoke: Palgrave Macmillan, 2010.

Speck, Jeff, *Walkable City: How Downtown Can Save America, One Step at a Time*, New York: Macmillan, 2012.

Squier, Susan, *Virginia Woolf and London: The Sexual Politics of the City*, Chapel Hill, NC: University of North Carolina Press, 1985.

Sturrock, John, 'Give Me Calf 's Tears', *London Review of Books* (21:22), 11 November 1999, pp. 28–9.

Sutherland, John, 'Clarissa's Invisible Taxi', *Can Jane Eyre Ever be Happy?*, Oxford: OUP, 1997.

Tiller, Bernard, '"De la balade à la manif ": La représentation picturale de la foule dans les rues de Paris après 1871', *Sociétés et représentations*, 17:1 (2004), pp. 87–98.

Tompkins, Calvin, *Duchamp: A Biography*, New York: Henry Holt, 1998.

Tuan, Yi-Fu, *Space and Place: The Perspectives of Experience*, Minneapolis: University of Minnesota Press, 1977.

Van Slyke, Gretchen, 'Women at War: Skirting the Issue in the French Revolution', *L'esprit créateur*, 37:1 (Spring 1997), pp. 33–43.

Varda, Agnès, *La Pointe Courte*, Ciné-Tamaris, 1955.

—, *Cléo de 5 à 7*, Ciné-Tamaris, 1961.

—, Interview with Jean Michaud and Raymond Bellour, *Cinéma 61*, No. 60, October 1961, pp. 4–20.

—, *Varda par Agnès*, Paris: Editions du Cahier du cinéma, 1994.

—, *Les glaneurs et la glaneuse*, Ciné-Tamaris, 2000.

—, *Les plages d'Agnès*, Ciné-Tamaris, 2008.

Vicinus, Martha, *Independent Women: Work and Community for Single Women 1850–1920*, London: Virago, 1985.

Warner, Marina, *Monuments and Maidens: The Allegory of the Female Form*, Weidenfeld & Nicolson, 1985.

Whelan, Richard, *Robert Capa: A Biography,* Lincoln: University of Nebraska Press, 1994.

Whitman, Walt, 'Starting Newspapers', *Specimen Days in America*, London: Folio Society, 1979.

Wilson, Elizabeth, *The Sphinx in the City: Urban Life, the Control of Disorder, and Women*, Berkeley: University of California Press, 1992.

—, *The Contradictions of Culture: Cities, Culture, Women*, London: Sage, 2001.

Wolff, Janet, 'The Invisible Flâneuse: Women and the Literature of Modernity', *Theory, Culture, and Society* 3 (1985), pp. 37–46.

Woolf, Virginia, 'London Revisited', *Times Literary Supplement*, 9 November 1916, in *Collected Essays*, Volume 2, London: Hogarth Press, 1966.

—, *Mrs Dalloway* (1925), London: Penguin, 2000.

—, 'Street Haunting' (1927), in *The Essays of Virginia Woolf, Volume 4*, ed. Andrew McNeillie and Stuart N. Clarke, New York: Harcourt Brace Jovanovich, 1986.

—, *A Room of One's Own* (1929), New York: Harcourt, 1989.

—, *The Waves*, New York: Harcourt Brace Jovanovich, 1931.

—, *The Years*. New York: Harcourt Brace & Co., 1937.

—, 'Moments of Being', in *Moments of Being*, ed. Jeanne Schulkind, New York: Harcourt Brace Jovanovich, 1976.

—, *The Waves: two holograph drafts*, ed. John Whichello Graham, London: Hogarth Press, 1976.

—, *The Pargiters: The Novel-Essay Portion of the Years*, ed. Mitchell A. Leaska, New York: New York Public Library, 1977.

—, *The Letters of Virginia Woolf*, 6 vols, ed. Nigel Nicolson and Joanne Trautmann, New York: Mariner Books, 1975–82.

—, *The Diary of Virginia Woolf*, 5 vols, ed. Anne O. Bell and Andrew McNeillie, New York: Harcourt Brace Jovanovich, 1978–85.

—, 'Mr Bennett and Mrs Brown', *The Virginia Woolf Reader*, ed. Mitchell Leaska, New York: Harcourt Brace Jovanovich, 1984.

—, *The Complete Shorter Fiction of Virginia Woolf*, ed. Susan Dick, New York: Harcourt Brace Jovanovich, 1985.

Wood, Gaby, 'Agnès Varda interview: The whole world was sexist!', *Telegraph*, 22 May 2015.

作者註
Notes

女子漫遊進行式

1 Janet Wolff, 'The Invisible Flâneuse: Women and the Literature of Modernity', *Theory, Culture, and Society* 3 (1985), pp. 37-46, 45.

2 Griselda Pollock, *Vision and Difference*, London: Routledge, 1988, p. 71.

3 Deborah Parsons, *Streetwalking the Metropolis: Women, the City, and Modernity*, Oxford: OUP, 2000, p. 4.

4 Rebecca Solnit, *Wanderlust: A History of Walking*, New York: Penguin Books, 2001, p. 233.

5 所有法文的英文翻譯皆爲作者所翻，除非另外標示。（譯註：波特萊爾詩作現有的中文譯者包括戴望舒、杜國清，以及郭宏安。本段落爲譯者參考杜國清版本爲底而譯。）

6 Patricia Parkhurst Ferguson, *Paris As Revolution: Writing the Nineteenth- Century City,* Berkeley: University of California Press, 1994, p. 81.

7 根據歷史學家伊莉莎白・威爾森（Elizabeth Wilson）所言，漫遊者是個「神話或帶著寓意的」角色，體現了關於城市的某種焦慮，關於城市對個體性的責難、帶有威脅性的深邃、將日常生活商品化的過程，還有全面自我重塑的可能性。'The Invisible Flâneur', *New Left Review* no. 191 (Jan–Feb 1992), p. 99.

8 Amy Levy, 'Women and Club Life', published in *Women's World, a magazine edited by Oscar Wilde*, 1888. 參考她的詩集

《一棵倫敦的懸鈴木》（*A London Plane-Tree*, 1889）詩集出版不久，李維便自殺了。

9 Pollock, p. 96.

10 Marie Bashkirtseff, *The Journals of Marie Bashkirtseff*, 2 vols, trans. Phyllis Howard Kernberger and Katherine Kernberger, New York: Fonthill Press, 2012, 2 January 1879.

11 Luc Sante, *The Other Paris*, New York: FSG, 2015.

12 David Garrioch, *The Making of Revolutionary Paris*, Berkeley: University of California Press, 2002, p. 39.

13 *The Golden Guide to London* (1975). 此處引自：Elizabeth Wilson, *The Contradictions of Culture: Cities, Culture, Women*, London: Sage, 2001, p. 81。

14 Leonora Davidoff, *The Best Circles: Society, Etiquette, and The Season*, London: Croom Helm, 1973. 此處引自：Parsons, p. 111。

15 馬德里經歷現代化時，聖瑪麗拱門（Arco de Santa María）和洛烏若莎街（Calle de los Urosas，以擁有那塊地的烏若莎姐妹命名）被依照奧古斯托・費古維拉（Augusto Figueroa）和路易斯・偉雷德圭瓦拉（Luis Vélez de Guevara）的名字重命名。只有一條街是以有成就的女人命名的：瑪麗亞・德賽亞斯（Maria de Zayas），一位十七世紀的作家。伊莉莎白・孟森（Elizabeth Munson）在一篇關於這個主題的文章中引用了一九〇五年的《馬德里導覽年鑑手冊》（*Almanaque y Guía matritensepara*）和一九〇七年的《實用馬德里導覽》（*Guía practica de Madrid*）。兩篇資料都展現了馬德里十個城區從一八七五年開始「在更名上的大幅度變化」。她發現總共有二十六個女性名字被刪除了，不過孟森並沒有詳述有幾個男性名字被刪掉（p. 65）。大革命時期的巴黎也歷經了類似的城市淨化，任何跟聖人或貴族有關的東西都被移除了。有一陣子聖安妮路（rue Saint-Anne）變成了愛爾維修路（rue Helvétius），紀念一位十八世紀的（男）哲學家。城市的外貌、紀念物的名字、建築、街道都反映了當時的價值體系——一個已世俗化的國家只能朝更民主的方向演進。詳見：Elizabeth Munson, 'Walking on the Periphery: Gender and the Discourse of Modernization', *Journal of Social History* 36.1 (2002): 63–75, p. 72, n. 12.

16 出處同前：p. 66. 巴黎萬神殿原本是一座要獻給巴黎主保聖人聖傑納維耶芙（St Genevieve）的教堂。法國大革命之後，它成了一座紀念偉大法國人的祠堂。「敬偉人，一個感恩的國家（Aux Grands Hommes la Patrie Reconnaissante）」就寫在它的正山牆上。直到一九九五年，過去曾住在附近的瑪麗・居里（Marie Curie）才因她對公眾的貢獻被准許移葬萬神殿。另一個女人蘇菲・貝特洛（Sophie Berthelot）則是第一位被與丈夫馬塞蘭・貝特洛（Marcellin Berthelot）一起被安葬在那裡的女性。二〇〇八年九張女人的巨幅肖像被掛在建築正面的外牆：奧蘭普・德古日、西蒙・波娃、喬治・桑、柯蕾特（Colette）、瑪麗・居里等等。但那裡埋葬的總共七十一個人之中，還只有（還只有！）兩個是女的。

17 法蘭馨・杜普雷希・格雷（Francine du Plessix Gray）說是柯列，但瑪麗娜・華納（Marina Warner）跟其他人都說是杜威。

18 Francine du Plessix Gray, *Rage & Fire: A Life of Louise Colet*, New York: Simon & Schuster, 1994; Warner, Marina, *Monuments and Maidens: The Allegory of the Female Form*, London: Weidenfeld & Nicolson, 1985. 華納說「在一八七一年後那段期間，亞爾薩斯與史特拉斯堡還被普魯士軍隊占領時，那座雕像成了政治神壇、各方朝聖的目的地，巴士底日在那裡舉辦的愛國表演後來在一八八〇年演變成了七月十四日的國宴。」（pp. 32–3）

19 Virginia Woolf, 'London Revisited', *Times Literary Supplement*, 9 Nov 1916. Collected Essays, Vol. 2, p. 51.

20 持甕女子在那裡的用意是要紀念威廉・藍姆（William Lamb）發給了一百二十個桶子給貧窮的婦女，好讓她們可以去他建造的幫浦打水，水源來自附近的弗利特河（River Fleet）。

21 Guy Debord, 'Theory of the Dérive', trans. Ken Knabb, *Situationist International Anthology*, Berkeley: Bureau of Public Secrets, 1981, p.50.

22 Robert Macfarlane, 'A Road of One's Own: Past and Present Artists of the Randomly Motivated Walk', *Times Literary Supplement*, 7 October: 3-4, 2005.

23 瑟夫話寫得很白：「岔個題：我相信這個領域擠滿了男人，原因出於某些自然及／或後天的特徵，讓我們相信我們有——或實際上讓我們熟能生巧地養成了——比女人還要優越的視覺空間能力、對方向感各方面的莫名喜好、對方向的追求、各種眉眉角角——以及最糟的——跟上路找路有關的配件？沒錯。因爲這樣，不摒棄幻想能遇見一個心理地理的繆思女神，讓旅程比原本更添趣味、更來勁、更有情緒上的啓發性，帶著一顆知所進退的心，我知道我命中註定要獨自流浪，或許有時最好能有個……男性旅伴。」（Will Self, Psychogeography, London: Bloomsbury, 2007, p. 12.）

24 Louis Huart, *Physiologie du flâneur*, Paris:Aubert, 1841, p. 53.

25 尼可森（Geoff Nicholson）寫道：「倫敦有狄更斯、德昆西、伊恩・辛克萊；紐約有華特・惠特曼（Walt Whitman）、阿爾佛烈德・卡辛（Alfred Kazin）、保羅・奧斯特（Paul Auster）。」談到行走的藝術家，他只講得出一個女人：「理查・隆恩（Richard Long）、哈米什・富爾頓（Hamish Fulton）、艾娃・赫斯（Eva Hesse）、維多・阿孔奇（Vito Acconci）、約瑟夫・波伊斯（Joseph Beuys）。」近年來，評論家和作家大家講述的城市行走故事，牽涉到的族群比起波特萊爾或湯馬斯・德昆西還要「邊緣」：朗思頓・修斯（Langston Hughes）、亨利・達爾傑（Henry Darger）、約瑟夫・康乃爾（Joseph Cornell）、大衛・沃傑那洛維奇（David Wojnarowicz），盡數打破了漫遊者作為富有白人的模型，但強調了男性性別。尼可森的防衛論述中的確有提到瑪格麗特・尼爾金（Margarita Nelken），一個在伊莉莎白・孟森（Elizabeth Munson）文章中也有被詳盡研究的西班牙女性主義者；他也提到了艾達・安德森（Ada Anderson）以及艾爾西達・拉夏貝爾（Exilda La Chapelle）——她們皆是十九世紀頗具競爭性的行走者，或女健走者（pedestriennes，顯然女性行走在當時的美國可是項「嚴肅的運動與整套產業」，風行了好一陣子）；還有多洛絲・華茲華斯（Dorothy Wordsworth），她（跟她的哥哥威廉）一起散步，在日記中記下了過程：「一七九八年三月三十日，在我不知道哪裡走了一段。一七九八年三月三十一日，散步。一七九八年四月一日，月光下散步。」他也引用了馬庫斯・波次奇（Marcus Poetzsch）題為〈獨自散步與「我不知道哪裡」：多洛絲・華茲華斯超常的散步習慣〉的文章，卻在後頭大寫男性浪漫詩人的事情。Geoff Nicholson, *The Lost Art of Walking: The History, Science, Philosophy, and Literature of Pedestrianism*, New York: Riverhead Books, 2008.

26 30 Jan 1939,Virginia Woolf, *Anne Olivier Bell and Andrew McNeillie, The Diary of Virginia Woolf*, Volume 5, London: Penguin Books, 1985, p. 203.

27 我想用吉・德波（Guy Debord）的前妻蜜雪兒・伯恩斯坦（Michèle Bernstein）來反對他本人。我想用蕾秋・李奇登斯坦（Rachel Lichtenstein）反駁伊恩・辛克萊，用蘿拉・歐德費歐・福特（Laura Oldfield Ford）反駁威爾・瑟夫，用雷貝嘉・索爾尼反對尼克・帕琶迪米特里烏，用喬安娜・卡維納（Joanna Kavenna），還有派蒂・史密斯（Patti Smith）、阿德莉安・派普（Adrian Piper）、麗莎・羅伯森（Lisa Robertson）、法依薩・古恩（Faïza Guène）、詹奈特・卡爾地夫（Janet Cardiff）、小野洋子、蘿莉・安德生（Laurie Anderson）、薇薇安・葛爾尼克（Vivian Gornick）、拉維妮亞・格林洛（Lavinia Greenlaw）、艾米娜・凱因（Amina Cain）、克蘿耶・阿里迪斯（Chloe Aridjis）、艾提亞・斐吉（Atiya Fayzee）、海瑟・哈特利（Heather Hartley）、溫蒂・麥克諾頓（Wendy MacNaughton）、丹尼爾・達頓（Danielle Dutton）、婕爾曼・庫洛、瓦雷麗亞・路易賽利（Valeria Luiselli）、亞歷山卓拉・霍洛維茲（Alexandra Horowitz）、潔西・佛賽（Jessie Fauset）、維吉尼・德彭特（Virginie Despentes）、凱特・參布雷諾（Kate Zambreno）、喬安娜・沃爾許（Joanna Walsh）、艾莉莎・葛果利（Eliza Gregory）、安妮・艾爾諾（Annie Ernaux）、安奈特・柯勒許樂（Annett Groeschner）、珊卓拉・希斯奈洛斯（Sandra Cisneros）、海莉德・阿迪華爾（Halide Adivar）、奧莉安・傑拉（Oriane Zérah）、賽希麗・魏赫斯伯（Cécile Wajsbrot）、海倫・史考斯維（Helen Scalway）、伊爾瑟・賓、法蘭・勒布維茲（Fran Lebowitz）、蕾秋・懷特瑞德（Rachel Whiteread）、拜努・庫德西亞（Banu Qudsia）、莎娣・史密斯（Zadie Smith）、柯蕾特、項美麗（Emily Hahn）、瑪麗安・布雷斯勞爾、關多琳・布魯克斯（Gwendolyn Brooks）、布芮尼絲・艾伯特（Berenice Abbott）、洛荷・阿爾邦吉佑、柔拉・涅爾・賀絲頓（Zora Neale Hurston）、薇薇安・邁爾（Vivian Maier）、蘿拉・瑞奇（Lola Ridge）、涅拉・拉森（Nella Larsen）、佛羅拉・崔斯坦（Flora Tristan）還有好多好多人，反駁特楚・柯爾（Teju Cole）。

28 瑟夫曾在像是紐約、洛杉磯這類的地方進行這種「研究」，但這仍然是非常不列顛的活動，和倫敦的種種特色息息相關。

29 Yi-Fu Tuan, *Space and Place:The Perspectives of Experience*, Minneapolis: University of Minnesota Press, 1977, p. 6.「如果我們把空間視爲讓動作得以發生的地方，那地方就是休止；在動作中的每個休止，讓地點有辦法被轉換成地方。」

30 關於漫遊女子質優的學術討論（主要以十九世紀藝術與歷史的觀點出發）詳見：Aruna D'Souza and Tom McDonough's *The invisible flâneuse? Gender, public space, and visual culture in nineteenth-century Paris*, Manchester: Manchester University Press, 2006.

長島・紐約

1 *Wanderlust*, p. 250.

2 這個問題擴及美國其他許多城市，就像傑夫．史貝克（Jeff Speck）在《可供人行的城市》（*Walkable City*）裡說的：「從二十世紀中葉以來，大多數的美國城市有意無意地變成了非行走區域。」城市規畫者「將城市變得容易抵達，但不值得走一遭。」詳見：Jeff Speck, *Walkable City: How Downtown Can Save America*, One Step at a Time, New York: Macmillan, 2012, p. 4。

3 根據路易斯．蒙佛特（Lewis Mumford），汽車對郊區而言，唯一能宣示「自主性和行動力」的途徑（p. 493）。他擔憂道「聰明的工程師早就揚言要將個人控制替換成自動化系統」（p. 494）。謝天謝地他在世時還沒能目睹汽車本身的自動化——自動駕駛汽車的出現。他們說這樣做能讓開車更安全，讓車處於控制之下……在《作秀社會》（*The Society of the Spectacle*）裡，吉．德波引用了蒙佛特的論點：「日益擴散的疏離……經過考驗後，是社會控制的良方。」詳見：*The City in History: Its Origins, Its Transformations, and Its Prospects*, New York: Harcourt, Brace & World, 1961。

4 Marshall Berman, 'Falling', Restless Cities, ed. Matthew Beaumont, Gregory Dart, Michael Sheringham and Iain Sinclair, London:Verso, 2010.

5 根據雷．蓋拉格的說法，郊區的日子其實也不長久，一旦美國人再也不想住在郊區，那裡就會發生不可逆的轉變。詳見：Leigh Gallagher, *The End of the Suburbs: Where the American Dream Is Moving*, New York: Portfolio/ Penguin, 2013。

6 *The City in History*, p. 494.

7 我們從來沒有從國王公園車站搭車進城。一趟路要花上一個半小時，中間還要在皇后區的牙買加（Jamaica）轉車。我們會開十五分鐘的車到西南邊的鹿園車站（Deer Park Station），那站位於原本主線在一八三四年分出去的戎空科馬（Ronkonkoma）支線（「戎——空——科——馬——線，戎——空——科——馬——線，開往希克斯維爾（Hicksville）的列車，沿途停靠：貝斯沛吉（Bethpage）、法明岱爾（Farmingdale）、偉恩丹奇（Wyandanch）、鹿園、布蘭特伍德（Brentwood）、中央埃斯利普（Central Islip）與戎——空——科——馬——站。」）。

8 Marguerite Duras, *Practicalities*, trans. Barbara Bray, New York: Grove Press, 1987, p. 42.

9 一九六〇年，學校意圖在晨邊公園（Morningside Park）裡蓋的體育館要設一道專屬（大多是白人的）學生的入口，和另一道給哈林區居民用的（「窮門〔poor door〕」）。這件爭議是導致一九六八年大學生抗議事件的原因之一。

巴黎．在咖啡館，他們

1 Jean Rhys, *Complete Novels*,, New York:W.W. Norton, 1985, p. 462.
2 Jean Rhys, *Smile Please: An Unfinished Autobiography*, Harmondsworth: Penguin, 1979, p. 121.
3 Jean Rhys, *Good Morning, Midnight*, in *Complete Novels*,, New York: Harcourt, 1985, p. 397.
4 *Quartet*, in *Complete Novels*,, p. 14.
5 Diana Athill, *Stet: A Memoir*, New York: Grove Press, 2002, pp. 157–8.
6 Jean Rhys, Francis Wyndham and Diana Melly, *The Letters of Jean Rhys*, New York:Viking, 1984, p. 280.
7 Carole Angier, *Jean Rhys: Life and Work*, Boston: Little, Brown, 1990, p. 136.
8 *Letters*, p. 284.
9 Stella Bowen, *Drawn From Life: A Memoir*, Sydney: Picador, 1999, pp. 195–6.
10 Jacob Michael Leland, 'Yes, that is a roll of bills in my pocket: the economy of masculinity in The Sun Also Rises', *Hemingway Review*, 22 March 2004, p. 37.
11 Ernest Hemingway, *A Moveable Feast*, New York: Charles Scribner's Sons, 1964, pp. 4–5.
12 （「戴洛維夫人說她要自己去買花。」）
13 Angier, pp. 174–5.
14 'Outside the Machine', Jean Rhys, *Collected Short Stories*, New York: W.W. Norton, 1992, pp. 87–8. 她會簽書送給覺得氣味相投的人：致某某人，活在機器外的珍．瑞絲。（To so-and-so from Jean Rhys – Outside the machine.）「因

為你也在那臺機器的外部。」楊・凡浩特（Jan van Houts）記得她曾這樣說。這段紀錄引述自：Pierrette M. Frickey, *Critical Perspectives on Jean Rhys*,Washington DC:Three Continents Press, 1990, p. 30。

15 'I Spy a Stranger', *Collected Short Stories*, p. 247.

16 *Complete Novels*,, p. 188.

17 出處同前：p. 18。

18 *Voyage in the Dark* (1934), New York: Norton, 1982, p. 74.

19 參見：Max Saunders, *Ford Madox Ford: a dual life*,Vol. 1, Oxford: OUP, 1996, p. 191。

20 聽起來他正在讀波特萊爾：群眾是他的「材料」，波特萊爾在《現代生活的畫家》（*The Painter of Modern Life*）中這樣寫道：「對完美的漫遊者而言，或對於興致勃勃的關看者而言，能在千萬人之中築一個窩是多曼妙的快樂……既感到在家的安適，又能無入而不自得……他是個對於『非我』的胃口無法饜足的『我』。」Charles Baudelaire, *The Painter of Modern Life*, trans. Jonathan Mayne, New York: Phaidon, 1995, p. 9.

21 Ford Madox Ford, Preface, Jean Rhys, *The Left Bank & Other Stories*, London: Jonathan Cape, 1927, p. 27.

22 Jean Rhys, *Quartet* (1928), in *Complete Novels*,, p. 132.

23 出處同前：p. 157。

24 出處同前：pp. 136–7。

25 出處同前：p. 145。

26 *Complete Novels*,, p. 371。

27 出處同前：p. 121。

28 出處同前。

29 'The Blue Bird', *Collected Short Stories*, p. 131.

30 *Complete Novels*,, p. 242.

31 出處同前。

32 出處同前。

倫敦．布魯姆斯伯里

1 Virginia Woolf, 'Moments of Being', in *Moments of Being*, ed. Jeanne Schulkind, New York: Harcourt Brace Jovanovich, 1976, pp. 198–9.

2 「有天下午，在這裡的廣場，我有了《燈塔行》的點子。」Virginia Woolf, Anne O. Bell and Andrew McNeillie, *The Diary of Virginia Woolf: Volume 3, 1925–1930*, Harmondsworth: Penguin, 1982, pp. 131–2, 14 March 1927.

3 Virginia Woolf, Quentin Bell and Anne O. Bell, *The Diary of Virginia Woolf: Volume 1, 1915–19*, Harmondsworth: Penguin Books, 1983, p. 9, January 1915.

4 *Diary: Volume 3*, p. 298, 28 March 1930.

5 'London Revisited', *Times Literary Supplement*, 9 November 1916, in Virginia Woolf, *Collected Essays, Volume 2*, London: Hogarth Press, 1966, p.50.

6 *Diary: Volume 3*, p. 11.

7 *Diary: Volume 5*, p. 331. 塔維斯托克廣場在今天被當作「和平公園」，場中有紀念長崎與廣島罹難者的櫻花樹、一座甘地像，和獻給過去力反二戰人士的一塊石牌。同時這也算是座女性主義廣場，不但有吳爾芙的雕像，還有露伊莎．奧德里布雷克女士（Dame Louisa Aldrich-Blake）的雕像，她是名外科醫生，也是倫敦女子醫學院（London School of Medicine for Women）的教務長。

8 Letter to Ethel Smyth, 12 January 1941, Virginia Woolf, *The Letters of Virginia Woolf, Volume Six*, 1936–1941, ed. Nigel Nicolson and Joanne Trautmann, New York: Mariner Books, 1982, p. 460; 25 September 1940, *Letters, Volume 6*, pp. 432–3.

9 出處同前：pp. 428–34。

10 *Diary, Volume 5*, pp. 356–7.

11 我的意思不是要說由於散步助長寫作，所以不散步便寫不下去，不是要指出這些是吳爾芙自殺的原因。如果她活下去，她有天肯定會繼續走下去、繼續寫。但她活不下去了。她無法再承受另一場戰爭和另一次崩潰。

12 McEwan, Ian, 'How could we have forgotten that this was always going to happen?', *Guardian,* 8 July 2005.

13 當我還在寫這本書時，巴黎又遭到了攻擊。更多隊兵，更多把槍。我連在街上閒逛，都有可能不小心在轉角和手持烏茲衝鋒槍的疲憊警員撞個滿懷。

14 Moments of Being, p. 196.

15 吳爾芙在那本書的獻詞頁上抄下了一句塞繆爾・詹森（Samuel Johnson）的話：「我覺得在查令十字街才能活得完滿。」參照：Elisa Kay Sparks, 'Leonard and Virginia's London Library: Mapping London's Tides, Streams and Statues', in Gina Potts and Lisa Shahiri, *Virginia Woolf's Bloomsbury,Vol I:Aesthetic Theory and Literary Practice*, Basingstoke: Palgrave Macmillan, 2010, p. 65。

16 Augustus J.C. Hare, *Walks in London*, 1879, pp. 164–5.

17 *Moments of Being*, p. 182.

18 出處同前：p. 184。

19 出處同前：p. 185。

20 安娜・史奈斯提到，「吳爾芙虛構下布魯姆斯伯里著重於婦女參政的運動。《流年》裡的蘿絲是活躍的婦女參政運動者（suffragette），帶著莎拉（Sara）去布魯姆斯伯里參加了一場婦女運動的集會。在《帕吉特一家》（*The Pargiters*）的第三篇散文裡，諾拉・葛蘭罕（Nora Graham）邀請了黛莉亞來參加『蓋瑞法學院路（Gray's Inn Road）』上的一場奇妙小聚會」 Anna Snaith, *Virginia Woolf: Public and Private Negotiations*, Basingstoke: Palgrave, 2000, p.27.

21 Angier, p. 97. 珍・瑞絲便是在托靈頓廣場散步時遇見了未來的丈夫尚・藍格勒。

22 Martha Vicinus, *Independent Women: Work and Community for Single Women 1850–1920*. London:Virago, 1985, pp. 295–6，同時參照莎拉・布萊爾著作（Sara Blair, 'Bloomsbury and the Places of the Literary', *ELH* 71.3 (2004), pp. 813– 38.）文中布魯姆斯伯里被詮釋成「一個在地的世界」，而非一個概念或小眾圈圈，它「時而是個棲息地，時而也是

各種屬於那個棲息地的形貌。」（p. 816）

23 Thomas Burke, *Living in Bloomsbury*, London: G. Allen & Unwin Ltd, 1939, p. 12. 此處引自前述布萊爾著作。他這裡指的不是妓院裡的性工作者，而是工作餬口的女性。

24 Barbara Green, *Spectacular Confessions:Autobiography, Performative Activism and the Sites of Suffrage*, 1905–38, Basingstoke: Macmillan, 1997, p. 194.

25 *Letters*, *Volume 1*, 1888-1912, p.120.

26 Virginia Woolf, *The Complete Shorter Fiction of Virginia Woolf*, ed. Susan Dick, San Diego: Harcourt Brace Jovanovich, 1985, p. 24.

27 出處同前。

28 Mitchell Leaska, ed., *A Passionate Apprentice: Virginia Woolf, The Early Journals, 1897–1909*, New York: Harcourt Brace Jovanovich, 1990, p. 223.

29 John Sutherland, 'Clarissa's InvisibleTaxi', *Can Jane Eyre Ever be Happy?*, Oxford: OUP, 1997.

30 *Diary,Volume 3*, p. 186; p. 302, 26 May 1924; *Diary,Volume 1,* p. 214, 4 November 1918.

31 「我有時會在倫敦暫留，聽著那些蹓躂的腳步聲。我想那就是我想捕捉的話語。」*The Waves: two holograph drafts*, ed. John Whichello Graham, London: Hogarth Press, 1976, p. 658.

32 *The Waves*, p. 183.

33 Virginia Woolf, *A Room of One's Own* (1929), New York: Harcourt, 1989, p. 93. 詳見：Susan Squier, *Virginia Woolf and London:The Sexual Politics of the City,* Chapel Hill, NC: University of North Carolina Press, 1985。

34 Virginia Woolf, 'Mr Bennett and Mrs Brown', *The Virginia Woolf Reader*, ed. Mitchell Leaska, New York: Harcourt, 1984, p. 199.

35 *A Room of One's Own*, p. 94.

36 *Diary,Volume 1*, p. 9, 6 January 1915.

37 *A Passionate Apprentice*, p. 228.

38 出處同前：p. 246。

39 出處同前：p. 232。

40 出處同前：p. 271。

41 Virginia Woolf, Elaine Showalter and Stella McNichol, *Mrs Dalloway*, London: Penguin, 2000, p. 4.

42 *Diary, Volume 3*, p. 186, 31 May 1928.

43 *Mrs Dalloway*, p. 88.

44 *A Passionate Apprentice*, p. 220.

45 *Diary, Volume 2*, pp. 47–8.

46 'Street Haunting', Virginia Woolf, Andrew McNeillie and Stuart N. Clarke, *The Essays of Virginia Woolf, Volume 4*, San Diego: Harcourt Brace Jovanovich, 1986, p. 481.

47 *A Room of One's Own*, p. 44.

48 Charles Dickens, *Hard Times*. *The Shorter Novels of Charles Dickens*, Hertfordshire: Wordsworth Editions, 2004, p. 424.

49 Virginia Woolf, *The Years*, New York: Harcourt Brace & Co., 1937, p. 361.

50 *The Pargiters*, p. 81.

51 出處同前：p. 37。在《帕吉特一家》的其他地方，吳爾芙寫道，艾蓮諾「半故意地穿過公園回家。她要去大理石拱門（the Marble Arch），她想著，在樹下走著。但當她驀地往後街一看，大驚失色。她看見一名戴圓帽的男子向個女服務生眨眼睛。她害怕——就連我現在也會……害怕，她想。她是害怕的，害怕獨自一人穿過公園，她想著，同時瞧不起自己。害怕的是身體，不是思想，但事情就是這樣定下來的。她還是會留在大路上，有燈和警察。」當她們變老後，（已經變老的）蘿絲說，就不那麼醒目了，也就可以隨時隨地自如來往了。*The Years*, p. 173。

52 *The Years*, p. 112.

53 出處同前：p. 27。

54 *The Years*, p. 29; *The Pargiters*, pp. 41–3.

55 *The Years*, p. 434.

巴黎・革命之子

1 Elizabeth Bowen, *The House in Paris* (1935), Harmondsworth: Penguin, 1976, p. 152.

2 Charles Baudelaire, 'Le Cygne', *Les Fleurs du Mal* (1857). 引文由作者英譯（譯註：中文版參照英譯翻出）。

3 Honoré de Balzac, Les Petits Bourgeois (1843), *La comédie humaine*, 7 volumes, Paris: Éditions du Seuil, 1965-6, Volume 5, p. 294.

4 Guy Debord, *Panegyric, Volumes 1 & 2*, trans. James Brook and John McHale, London: Verso, 2004, p. 39.

5 James Joyce and Philip F. Herring, *Joyce's Ulysses notesheets in the British Museum, Issue 3,* published for the Bibliographical Society of the University of Virginia by the University Press of Virginia, 1972, p. 119.

6 Théophile Lavallée and George Sand, *Le Diable à Paris: Paris et les Parisiens, Mœurs et coutumes, caractères et portraits des habitants de Paris*, Paris: J. Hetzel, 1845, p. 9.

7 更多關於巴黎歷史的迷人內容，詳見：Graham Robb, *Parisians*, New York: W.W. Norton, 2010 以及 Andrew Miller, *Pure*, Sceptre, 2011。

8 John Litchfield, '*The Stones of Paris*', *Independen*t, 22 September 2007.

9 奧斯曼不是第一個爲了替新的老巴黎鋪路而拿舊老巴黎開刀的人；第一條寬路（包括香榭麗舍大道）是七月王國（July Monarchy）時由克勞德・菲力貝爾・巴特羅・德朗布托（Claude-Philibert Barthelot de Rembuteau）興建的。

10 George Sand, *Indiana*, trans. G. Burnham Ives, Chicago: Academy Chicago Publishers, 2000, p. 46.

11 Sturrock,John, 'Give Me Calf'sTears',*London Review of Books* (21:22), 11 November 1999, pp. 28–9.

12 貝琳達・傑克（Belinda Jack）寫道，巴爾札克因爲多產而備受好評，喬治・桑卻收到揶揄：「這隱含這一長串作品在數量比例上不女性化。」*George Sand: A Woman's Life Writ Large*, New York: Vintage, 1999, p. 3.

13 Alfred de Musset, *Confession of a Child of the Century*, (1836), trans. David Coward, London: Penguin Classics, 2012.

14 Letter to Jules Boucoiran, 31 July 1830, *Correspondance: Tome I*, pp. 676–7.

15 Letter to Charles Meure,15 August 1830, *Correspondance: Tome I*, p. 690.

16 George Sand, *Story of My Life, ed.Thelma Jurgrau*, group trans.,Albany: SUNY Press, 1991, p. 905. 那款改良版大衣在那年可是炫得不得了，一件長長的外衣幾乎要拖到地上去。

17 出處同前：p. 892。

18 出處同前：p. 893。

19 George Sand, *Histoire de ma vie,Vol. 4*, Paris: Michel Levy, 1856, p. 255.

20 George Sand, *Gabriel* (1839), *Oeuvres Complètes*, Paris: Perrotin, 1843, p. 200.

21 穿裙子的男人可沒有受到這麼多規矩的約束？那爲什麼有這樣的不對等呢？爲什麼穿褲子的女人比穿裙子的男人還危險？尤其拿我們自己的時代來看，這個狀況又反過來了。爲什麼一八〇〇年代的立法者這麼刻意地要管控變裝的女人？在一篇刊於《創造精神》（*L'Esprit Créateur*）的文章中，歷史學者（喬治・桑《魯多史塔特公爵夫人》〔*The Countess of Rudolstadt*〕的譯者）葛列欽・凡斯萊克（Gretchen Van Slyke）認爲該條法律衍生自對於將女人界定爲「男性的他者的需求，不負責任的口舌和柔弱的思想受到了卵巢與子宮不可抗的危險刺激，並爲之宰制，女人在道德與政治上的次等身分也亟需男性的督導。」而「這是法國大革命傳承下最惱人的事之一。」（p. 34）

22 *Histoire de ma vie*,Vol. 7, Paris: J. Hetzel et Cie, 1864, p. 255.

23 Jacques Leronde, *Revue des Deux Mondes*, 1 June 1832. 此處引自：Belinda Jack。

24 George Sand, *Indiana*, Paris: Calmann-Lévy, 1852, p. 1.

25 *Histoire de ma vie*, Vol. 1, p. 23.

26 這些事件可以在《悲慘世界》找到共鳴，喬治·桑、巴爾札克、仲馬和海涅（Heine）都有寫過和一八三二年革命失敗有關的文章。

27 引自 Eric Hazan, *La Barricade: histoire d'un objet révolutionnaire*, Paris: Editions Autrement, 2013, p. 89。一位目睹過街壘的人這麼描述：「在一條窄街的入口，有輛公車四輪朝天橫在那裡。木箱成堆，也許本來是裝柳橙用的。在車與箱子左右和後頭，車輪邊和開口的地方有火苗燃燒著，冒著一小縷藍煙。」Gaetan Niépovié, *Études physiologiques sur les grans métropoles de l'Europe occidentale*, 1840. 此處引自：Benjamin, p. 141。

28 *Histoire de ma vie*,Vol. 7, pp. 259–64.

29 喬治·桑引述自路易·布朗著作：*The History of Ten Years*, 1830–1840。

威尼斯·放手聽命

1 Paul Auster, *Leviathan*, London: Faber 1993, pp. 60-1.

2 那張照片意圖要嘲弄一九八九年碧姬·芭杜（Brigitte Bardot）拍攝的一張照片，由於她「近年來對動物的關注遠高於人本身，到了種可笑的地步。」

3 不久前的一晚，我和朋友去過那裡，要慶祝我出書簽約。一杯薄荷香檳要十七歐元，但好吧！這是特別的日子，可以諒解。雖然出版社不像以前付那麼高的版稅了。我左邊坐了個魁梧的金髮姑娘，拎了個迷你版ＬＶ橘色小包。我右邊的男子綁了根又長又油的馬尾，他有隻毛蓬蓬的約克夏犬，端坐在ＬＶ狗包裡。我的狗也是坐在這種狗包裡的。他的包包有ＬＶ交織的印花皮革，我那包包則是在寵物店花四十歐買來的。回家後我上網查了那包包的價錢：將近兩千八百美元。ＬＶ官網那時還有個宣傳短片，叫〈遠遊之邀：威尼斯〉（L'invitation au voyage: Venise）。片中的女模要去參加一場化妝舞會，搭熱氣球降落在聖馬可廣場。大衛·鮑伊（David Bowie）則在舞會用大鍵琴演奏〈我寧可亢奮〉（I'd Rather Be High）。

4 Sophie Calle, 'Filatures parisiennes', *M'as-tu Vue*, ed. Christine Macel, Paris, Centre Pompidou: Xavier Barral, 2003, p. 66.

5 《威尼斯組曲》，在我讀過英法文的兩個版本中，標記的時間是一九八〇年二月，我便採取引用資料的日期。

但其他說法的時間是她在一九七九年跟著亨利・B到威尼斯去，我傾向認定這個時間比較準確。卡爾曾經明講她是在創作《睡覺的人》（*The Sleepers*）之前去威尼斯的，在那部作品中她隨機邀請人們到她的床上睡覺，時間確定是一九七九年四月。而且她得回到威尼斯去爲《威尼斯組曲》重拍一些照片，這件事可能發生在一九八〇年，也可能是她在出版品中改了作品創作日期的原因。

6 Sophie Calle, 'Filatures parisiennes', *M'as-tu Vue*, p. 8.

7 Sophie Calle, *Suite Vénitienne*, trans. Dany Barash and Danny Hatfield, Seattle: Bay Press, 1988, pp. 6-7.

8 出處同前：p. 20。

9 也沒什麼時間學好一個外語。

10 Sophie Calle, *Suite Vénitienne*, p. 26.（譯註：原文爲「calle de Camai, calle del Chiovere, campo San Rocco, calle Larga」。）

11 出處同前：p. 30。

12 出處同前：p. 38。

13 出處同前。

14 《威尼斯組曲》之後的計畫便設在旅館裡。蘇菲一路跟隨亨利・B之際，她開始幻想自己睡在他旅館房間的床上。所以在一九八一年，她應徵了他旅館史戴芬尼之家的打掃工作。她在打掃每個房間時，趁機拍下房客的東西，將之分門別類，猜測他們是什麼樣的人。這項計畫之後被命名爲《旅館》（*The Hotel*）。

15 *Suite Vénitienne*, p. 34.

16 不久前一個朋友告訴我蘇菲・卡爾可能有一個推特（Twitter）帳號。也許那是她，也許不是。不管到底背後是誰，那個帳號只有發過一次文：「蘇菲・卡爾準備好要跟蹤你了。」

17 *Suite Vénitienne*, p. 10.

18 出處同前：p. 50。

19 Jill Magid interviews Sophie Calle, *Tokion,* Fall 2008, pp. 46-53.

東京・裡面待

1 巴黎的小日本恰好就在羅浮宮附近的聖安妮路上。也許安妮便是巴黎日本人的主保聖人吧！

2 就是那種不能完全說是崔斯坦・薩拉（Tristan Tzara）發明的剪貼詩，但他很有可能是讓它有法可循的人。他的指示是：

拿一份報紙。

來把剪刀。

從報紙裡選一篇長度符合期待的文章開始。

把那篇文章剪下來。

接著小心把文章的每個字剪下來，把它們通通放到一個袋子裡。

輕輕搖。

搖完後每次拿出一個字條，重複這兩個步驟。

記下這些字被抽出袋子的順序。

這首詩會有你的韻味。

然後就這樣——一首原創性無限的詩，敏感得迷人，即使不被低俗的大眾所欣賞。

—Tristan Tzara, 'How to make a Dadaist Poem', 1920.

3 Roland Barthes, *Empire of Signs*, trans. Richard Howard, New York: Hill and Wang, 1982, p. 36.

4 不過有時候「卡哇伊」是會逆流自傷的。我最近看見一張山口裕子（Yuko Yamaguchi）的照片；她是凱蒂貓的設計師，頭髮染成奇怪的橘色，左右梳兩個小包高高堆在頭上，臉上點了假雀斑，臉頰一邊一圈腮紅，身穿某種圍兜裙，兩隻手指比出卡哇伊的姿勢。可愛在她身上看起來既嚇人又叛逆。

5 片假名寫出來像是比較有稜有角的平假名；平假名是用來拼出沒有漢字的日文，而片假名則是用來把外來語翻譯成日語。

6 Virginia Woolf, notes for 'Professions for Women', *The Pargiters*, p. 164.

7 波妞波妞波妞，魚的小寶貝／從深深蔚藍色的大海洋而來。（譯註：此處譯文為《崖上的波妞》於臺灣上映時所用中文版本歌詞。）

8 顯然是日文「親親抱抱」的狀聲詞。

9 好多關於城市的影片都是短的，彷彿短片的形式更貼近城市的韻律——佚失的連結，地鐵小插曲。城市的神話就是由斷片拼成的。

10 *M'as-tu Vue*, p. 364.

11 Roland Barthes, A *Lover's Discourse* (1977), trans. Richard Howard, London:Vintage, 2002.

巴黎．抗議

1 在福樓拜一八六九年的小說《情感教育》中，腓特烈．莫若在造訪情婦的路上遇上了革命活動，於是我們讀了一段周身被革命行動包圍，但不完全涉入行動本身的經歷。男人持著槍與劍。鼓敲著。人們唱著〈馬賽曲〉。右岸交火，人們四處奔走，企圖遠大。「群情激昂，行人穿梭紛紛，路燈將夜晚照得像白晝。士兵緩緩撤回軍營，疲態百出，士氣低迷。〔……〕一群人在底下挨挨擠擠，黑暗的背景襯得刺刀亮晃晃的。一陣嘈雜漸起。霎時間他們背後傳來一陣像將絲絹一扯為二的尖銳聲響，人太多了他們無法調頭擠回去，他們便紛紛轉向軻馬當路（Rue Caumartin）上去。那是從卡布辛大道（Boulevard des Capucines）上傳來的槍響。『啊，幾個布爾喬亞被宰了。』腓特烈鎮靜地道。」英譯：Robert Baldick, Baltimore: Penguin Books, 1964, pp. 281, 282–3。

2 To Augustine Brault, 5 March 1848, *Correspondance, Vol. 8*, p. 319. 葛伊佐曾任路易．菲利浦手下的教育部長和首相。拉馬丁是法國大詩人和政治家。喬治．桑身邊環繞了許多重要人物，許多地鐵站、街道和大道都以他們命名。此處引自：Harlan, Elizabeth, *George Sand*, New Heaven:Yale University Press, 2005.

3 *Correspondance*, 20 May 1848.

4 Walter Benjamin, *The Arcades Project*, ed. Rolf Tiedemann, trans. Howard Eiland and Kevin McLaughlin, New York:

Belknap Press, 2002, p. 243.

5 *Bulletins de la République* (Paris, 1848), pp. 23–4. 此處引自：Jack。

6 Tocqueville, *Souvenirs* (Paris, 1893), pp. 209–11. 此處引自：Jack。

7 *Théorie des Quatre Mouvements* (1808), Oeuvres Complètes, 1841–5, p. 43. 此處引自：Rowbotham。

8 *Sentimental Education*, p. 298.

9 出處同前：p. 292。

10 她曾向霍彤絲．阿拉爾（Hortense Allart）說：「我厭惡尋常意義下的『政治』。我認爲它是一派死板教條，不知感恩，疑心病重而且口是心非。〔……〕讓我們把這樣的政治擺到一邊去吧，也就是讓男人自己去用他們那套想辦法。」

11 To Armand Barbès, in the Vincennes prison, 10 June 1848, from *Nohant, Correspondance*, Vol. 8, p. 437.

12 Bertrand Tilier, '"De la balade à la manif": La représentation picturale de la foule dans les rues de Paris après 1871', *Sociétés et représentations*, 17:1 (2004), pp. 87–98.

13 Letter to Flaubert, 15 January 1867, *Correspondance, Vol. 20*, p. 297.

14 部長即時回應說：「嗯，不過看你長這樣，你大概不用擔心這方面的事情。」

15 Antonio Quattrocchi and Tom Nairn, *The Beginning of the End*, Panther Books, 1968 (rpr. London: Verso, 1998), p. 8.

16 出處同前：p. 46。

17 Mavis Gallant, *Paris Notebooks: Essays & Reviews*, New York: Random House, 1988, p. 41.

18 出處同前。

19 但年輕女人又在哪裡呢？那時候總是男性留下紀錄，我們的幻想也是體現在男性身上的。想想奧利維．阿薩亞（Olivier Assayas）二〇一二年的電影《五月之後》（*Après mai*）、飛利浦．蓋瑞（Philippe Garrel）二〇〇五年的《普通情人》（*Les amant réguliers*）——一樣由路易．卡瑞演出。在《夢想家》（*The Dreamers*）裡，貝拿多．貝托魯奇讓美麗的艾娃．葛琳（Eva Green）五花大綁在電影中心（Cinémathèque）的大門上，紅唇叼著一根菸，胸線起伏。但那部電影純然建立在麥可．皮特（Michael Pitt）的視角上：大門上的艾娃是個誘惑，是個問題。其他女生又在哪裡呢？她們在做什麼、想什麼，期待什麼？除了馬維斯．嘉蘭（Mavis Gallant）的，我唯一能找到的女性觀點紀錄，是姬爾．奈維（Jill Neville）的《愛情細菌》（*The Love Germ*）。

20 *Paris Notebooks*, p. 12.

21 *Sentimental Education*, p. 293.

22 *Sentimental Education*, p. 300.

23 *Paris Notebooks*, p. 22.

24 出處同前：p. 42.

25 Walter Benjamin, *The Arcades Project*, p. 12.

26 Jane Marcus, 'Storming the Toolshed', *Art & Anger: Reading Like a Woman*, Columbus: Ohio State University, 1988, p. 183.

27 就在我寫出這個章節時，在一個清冷的十月早晨，數以千計的法國高中生正在街上抗議兩名移民學生將要被遣送出境的命令。十五歲的李奧娜達（Leonarda）從校車上被抓下來，和家人一起被送回科索沃。十九歲的卡齊克（Khatchik）則被送回了亞美尼亞服兵役。昨天巴黎有二十間學校被學生占領，築起街壘阻擋任何人進入。「教育無國界」，他們在紙上這樣寫著，高呼「團結！」浩浩蕩蕩一路從巴士底站走到民族站去。有些人帶著福克斯面具。

28 *Paris Notebooks*, p. 33.

29 Philippe Bilger, 'Philippe Bilger: pourquoi je ne participe pas à «la marche républicaine»', *Le Figaro*, 11 January 2015.

巴黎．街坊

1 《五至七時的克麗奧》（*Cléo de 5 à 7*），這道標題帶了點玄機，五至七時是下班後、晚餐前的時間，是「人約黃昏後」的熱門時段。這是一天中，一個人可以稍微溜走，為自己做點什麼的時段，譬如在旅館房間裡和沒跟自己結婚的人，做點不乖的事。一開始這部影片叫做《少女》（*La Petite Fille*），但飾演該角的演員柯琳．瑪爾尙（Corine Marchand）在角色身上看到了別的東西，並引導華達去聯想像麗昂．德普奇（Liane de Pougy）或克麗奧．德梅洛（Cléo de Mérode）那流的社交名媛。華達回憶道：「『雅宴約會』（rendez-vous galants）的時段要說的，盡在不言中了。」(Varda par Agnès, Paris: Editions du Cahier du cinéma, 1994, p. 31.)

2 《五至七時的克麗奧》延攬我們成爲那些打量克麗奧的人群的同夥，不管是那些在咖啡館，還是路上的人。她對他們而言就是個偶像明星，一如她對我們而言，是這部電影的領銜女星一樣。我們從上俯視她下樓走出算命間，一直到外頭的西佛里路上。某些路段仍和今天差不多，滿是掛成排的衣服。擺攤的男子紛紛靠上前想跟她推銷衣服，另一個人則問她：「要不要一起逛逛呀？」

3 'Introduction to a Critique of Urban Geography', in Ken Knabb, ed., *Situationist International Anthology*, Berkeley: Bureau of Public Secrets, 1981, p. 5.

4 *Species of Spaces,* ed. and trans. John Sturrock, London: Penguin, 2008, pp. 58–9.

5 如果那些醫院沒辦法把你治好，好吧，反正如果你會永遠被困在那裡，十四區也不是個壞地方。我在散步時發現了那座棒透了的蒙帕納斯墓園，離達蓋爾路很近。你會在那裡找到沙特和西蒙．波娃的墳墓（他們以前住在附近，在維克多．歐爾賀大道〔avenue Victor Schoelcher〕上）。那裡還葬有：尙．波迪亞、羅伯特．德斯諾（Robert Desnos）、瑪格麗特．莒哈絲、艾彌兒．涂爾幹（Emile Durkheim）、雷翁─保羅．法爾格（Léon-Paul Fargue）、卓禮斯卡爾．于思曼（Joris-Karl Huysmans）、亨利．朗格羅瓦（Henri Langlois）、皮耶爾．路易斯（Pierre Louÿs）、莫泊桑，還沒算上艾爾伯特．德烈福斯（Albert Dreyfus）、菲利浦．諾瓦黑（Philippe Noiret）、艾瑞克．霍姆（Eric Rohmer）、尙．賽博格（Jean Seberg）、路易斯．維爾恩（Louis Vierne）、蘇珊．桑塔格以及崔斯坦．薩拉。（你儘管去喜歡你的拉雪茲神父〔Père Lachaise〕墓園沒關係，反正等我死了我想被葬在蒙帕納斯墓園裡，和那些人一起。）德米也是葬在那裡的。華達有一次也說，她也會被葬在那裡，「在我們家和長眠的地方，中間只有十隻烏鴉翅膀張開來的距離。」

6 〈沒有你〉（Sans Toi）這首歌帶點諧音地預示了華達一九八五年拍的電影《沒屋頂沒律法》（*Sans toit ni loi*）。但這部電影的英文標題卻是《浪人》（*Vagabond*）；可以參考華達提供的摘要：「一個骯髒暴躁的女孩步上了一段既漫長又忿怨的旅程，最後死在一個坑裡。」Gaby Wood, 'Agnès Varda interview:The whole world was

sexist!' *Telegraph*, 22 May 2015.

7 朵洛提讓克麗奧稍微不那麼迷信，有一幕她包包從樓梯上滾了下來，東西掉了一地。她的鏡子因此碎了。克麗奧慌得手忙腳亂，怕這會招來厄運。朵洛提便說：「這些東西不用放在心上啊，打破鏡子就跟打破盤子一樣。」

8 瑪丹娜曾經想要製作《五至七時的克麗奧》的改編版，背景可能設在紐約，女主角擔憂自己可能染上了愛滋病，士兵則即將前往伊拉克。華達則寫說：「在每場表演瑪丹娜都會有階梯要走下來，我想像我還要告訴她這該怎麼走。這一定會很好玩。」*Varda par Agnès*, p. 60.

9 Jacques Derrida, *The Post Card: From Socrates to Freud and Beyond*, trans. Alan Bass, Chicago: University of Chicago Press, 1987, p. 23.

10 Roland Barthes, Roland, *Camera Lucida*, trans. Richard Howard, New York: Hill and Wang, 1981, p. 96.

11 法文原句：「. . . je crois que le décor nous habite, nous dirige.」Interview with Jean Michaud and Raymond Bellour, Cinéma 61, no. 60, October, pp. 4–20. 此處引自：Alison Smith, *Agnès Varda*, Manchester: Manchester University Press, 1998, p. 60。

12 此處引自：Calvin Tompkins, *Duchamp: A Biography*, New York: Henry Holt, 1998, p. 247。

13 Phil Powrie, 'Heterotopic Spaces and Nomadic Gazes in Varda: From *Cléo de 5 à 7* to *Les Glaneurs et la glaneuse*', *L'Esprit Créateur*,Vol. 51, No. 1 (2011), pp. 68–82, 69.

四處跑·從地面看上去

1 Susan Sontag, *Regarding the Pain of Others*, New York: FSG, 2003, p. 22.

2 Caroline Moorehead, *Martha Gellhorn: A Life*, New York: Random House, 2011, p. 19.

3 Letter to Campbell Beckett, 29 April 1934, *Martha Gellhorn*, p. 23.

4 Letter to Stanley Pennell, 19 May1931, *Letters*, p. 12.

5 此處引自：Moorehead, p. 3。

6 To Victoria Glendinning, 30 September 1987, *Letters*, p. 468.

7 Martha Gellhorn, *The Face of War*, London:Virago, 1986, p. 89.

8 Lorna Scott Fox, 'No Intention of Retreating', *London Review of Books*, 26:17, 2 September 2004, pp. 26–8.

9 *The Face of War*, p. xiii.

10 Letter to Betty Barnes, 30 January 1937, *Letters*, p. 47.

11 *The Face of War*, pp. 20–1.

12 出處同前：p. 21。

13 'High Explosive for Everyone', *The Face of War*, p. 23.

14 *The Face of War*, pp. 35–6.

15 出處同前：p. 24。

16 出處同前：p. 25。

17 出處同前。

18 出處同前：pp. 26–7。

19 *Letters*, p. 74.

20 出處同前。

21 舉個例子來說，她的文章〈在船上亂搞〉（Messing About in Boats）開頭就寫：「在那可怕的一年，一九四二年，我在陽光下度日，安安穩穩舒舒服服，討厭自己這樣子。」*Travels With Myself and Another*, n.p.

22 *Martha Gellhorn: A Life*, p. 125.

23 'The Besieged City', *The Face of War*, p. 40.

24 此處引自：Whelan, Richard, *Robert Capa: A Biography*, Lincoln: University of Nebraska Press, 1994, p. 275。

25 *The Face of War*, p. 34.

26 出處同前：p. 33。

27 *Letters*, p. 158.

28 出處同前。

29 'Chronicling Poverty With Compassion and Rage', *New Yorker*, 17 January 2013.

30 'Justice at Night', Spectator, 20 August 1936, repr. *The View From the Ground*, New York: Atlantic Monthly Press, 1988, pp. 8, 9.

31 *Martha Gellhorn: A Life*, p. 112.

32 *The Face of War*, p. 21. 即使作爲一個旅行者，她與其說自己「像英雄一樣」，寧可形容自己是「業餘」的：「我們不是每個人都可以當……芙瑞雅・史塔克。」她一九七八年在自己一本遊記文集的序言中這樣說。*Travels With Myself and Another*.

33 'Martha Without Ernest', *Times Literary Supplement*, 16 January 2013. 葛虹的編輯麥斯・柏金斯（Max Perkins）覺得書名太哀輓了，葛虹感到火大，而小說則以《驚愕之酒》（*Wine of Astonishment*）發行。在後來的幾年間，「不歸點」這個技術專有名詞（譯註：海事上亦稱「最遠返航點」）進入了日常用語，但對葛虹來說，「這些字的意思就是我當初聽見的意思，是作戰下的命令，一道最終的宣言。」一九八八年改版時，她用了原來的書名。

34 *Point of No Return*, Lincoln, NE: Bison Books, 1995, Afterword, p. 327.

35 出處同前：p. 330。

36 出處同前。

37 出處同前：p. 292。

38 *Martha Gellhorn: A Life*, p. 221.

39 Martha Gellhorn, *Liana* (1944), London: Picador, 1993, p. 91.

40 出處同前：p. 90。

41 出處同前：p. 22。

42 在小說裡，麗亞娜一度逃離馬克又被他帶了回去。他警告她如果她再度逃走，就甭想再回來。出處同前：p.

101。

43 出處同前：p. 207。

44 出處同前：p. 238。

45 出處同前：p. 249。

46 出處同前：p. 252。

47 出處同前：p. 209。

48 *Letters*, p. 159。

49 Deborah Levy, *Things I Don't Want to Know*, London: Notting Hill Editions, 2013, p. 108.

紐約・回家

1 Homi Bhabha, *The Location of Culture*, London: Routledge, 1994, pp. 7, 13.

跋・女子漫遊

1 Laura T. Coffey, *The Today Show*, 18 August 2011.

國家圖書館出版品預行編目 (CIP) 資料

漫遊女子：大城小傳,踩踏都會空間的女性身姿 / 蘿倫.艾爾金(Lauren Elkin)著；許淳涵譯
. -- 初版. -- 臺北市：網路與書出版：大塊文化發行, 2018.03
412面；14*20公分
譯自：Flâneuse : women walk the city in Paris, New York, Tokyo, Venice and London
ISBN 978-986-6841-99-6(平裝)
1.女性 2.都市社會學
544.5　　107001484